Hans Jürgen Roth

1815
-
1894

Clara Fey

Ein Leben hat Spuren hinterlassen

Vorsichtige Anfrage, langes Nachdenken, beharrliches Arbeiten und ein beachtliches Ergebnis

Im Sommer 2009 besuchte Bischof Dr. Heinrich Mussinghoff das Generalmutterhaus der Kongregation der Schwestern vom armen Kinde Jesus in Simpelveld (NL). In der Begegnung mit unserem Bischof kamen die Schwestern natürlich auf die Gründerin ihrer Gemeinschaft zu sprechen und sie unterbreiteten ihm das Anliegen, bei der Gestaltung einer Publikation über Clara Fey behilflich zu sein, die ihr erzieherisches und religionspädagogisches Vermächtnis heutigen Menschen nahebringen könnte.
Nach dem Gespräch formulierte in einem Brief vom September 2009 Schwester Waltraud Schulte PIJ das Anliegen der Schwestern: „Wie Sie wissen, ist Clara Fey eine der drei Aachener Ordensgründerinnen aus dem 19. Jahrhundert (Franziska Schervier und Pauline von Mallinckrodt). Ihr Anliegen waren die benachteiligten Kinder und Jugendlichen ihrer Zeit. Wir besitzen einige wertvolle Aussagen über religiöse und gewaltfreie Erziehung, die in dieser Zeit nicht so üblich war. Bischof Mussinghoff regte an, mit dem Katechetischen Institut ins Gespräch zu kommen, ob aus diesem Material vielleicht etwas erarbeitet werden könnte, das auch uns Heutige zum Nachdenken bringt und diese Aachener Persönlichkeit, Ordensgründerin und Pädagogin bekannt macht."
Als Direktor des Katechetischen Instituts unseres Bistums habe ich die Anregung von Bischof Mussinghoff aufgegriffen und es zum Anliegen der Abteilung Erziehung und Schule im Bischöflichen Generalvikariat gemacht. In diesem Sinne antwortete ich Schwester Waltraud Schulte PIJ. Dabei verwies ich darauf, dass meine Abteilung bereits eine Arbeitshilfe über Franziska Schervier herausgegeben habe. Clara Fey seien wir zudem besonders verpflichtet, weil sie die Patronin unserer früheren Clara-Fey-Schule in Aachen und unseres Clara-Fey-Gymnasiums in Schleiden sei.
Bei einem Besuch in Simpelveld zeigte mir Schwester Waltraud die Materialien. An diesem Tag fassten wir den Plan, ein Buch über Clara Fey zu entwickeln. Dabei unterbreitete ich Schwester Waltraud meine Idee, Pfarrer Hans Jürgen Roth aus Remscheid als Autor zu gewinnen. Am selben Tag habe ich Hans Jürgen Roth über diesen Plan und diese Idee in Kenntnis gesetzt. Zu meiner Freude lehnte er nicht ab, sondern erbat

sich Bedenkzeit und weitere Informationen. Heute weiß ich, dass damals meine Anfrage bei ihm auf fruchtbaren Boden gefallen ist und dass er schon bald mit umfangreichen Recherchen begonnen hat. Wie sich später zeigte, berührt die Wirkungsgeschichte von Clara Fey wichtige Linien seiner Lebens- und Glaubensgeschichte.
Seit dem Entschluss, das Buch zu entwickeln bis zu seiner Fertigstellung und Präsentation sind nunmehr vier arbeitsreiche Jahre vergangen. Allein der Autor hat mehr als 1.000 Stunden investiert. An seiner Seite haben viele Personen mitgewirkt. Von Anfang an standen der Autor und ich im kontinuierlichen Austausch mit den Schwestern, u. a. mit der Generaloberin, mit Schwester Angelika sowie mit Schwester Petra, Schwester Beate Maria und Schwester Amata.
Neben der Kongregation der Schwestern vom armen Kinde Jesus haben etliche andere Personen und Einrichtungen wichtige Hinweise gegeben sowie Fotos und Materialien zur Verfügung gestellt, die Eingang in das vorliegende Buch gefunden haben.
Deshalb danke ich allen Personen und Einrichtungen, die als Geber von Ideen, Quellen, Fotos und Materialien maßgeblich dazu beigetragen haben, dass das Buch erscheinen kann. Andere Personen haben als Ratgeber, Lektoren und Korrektoren mitgewirkt. Auch ihnen gebührt ein herzlicher Dank für ihre uneigennützige und kostbare Arbeit.
Die Bergmoser + Höller Agentur hat mit Fachkenntnis und Feingespür für die kreative Zuordnung von Wort und Bild sowie für die gesamte Gestaltung gesorgt. Im Dialog mit Autor und Herausgeber haben die Mitarbeiterinnen der Agentur ein stimmiges Erscheinungsbild geschaffen.
Dem Autor, Hans Jürgen Roth, danke ich dafür, dass er seine Entdeckungen und Erkenntnisse sowie seine tiefgreifenden Erfahrungen in der Gestalt dieses Buches mit uns teilt. Was er mit Kopf, Herz und Hand bei der Entwicklung und Erstellung des vorliegenden Werkes geleistet hat, ist unermesslich.

Ich denke und hoffe, dass viele interessierte Leserinnen und Leser durch das Vorbild Clara Feys bewegt werden, ihren Spuren nachzugehen.

Benno Groten, OStD i.K.
Leiter der Abteilung Erziehung und Schule
im Bischöflichen Generalvikariat Aachen

Grußwort

Aachen um 1830 – eine Stadt im Umbruch der beginnenden Industrialisierung. Die Weltwirtschaftskrise verursachte soziales Elend. Bevölkerungsanstieg, Wohnungsnot, Arbeitslosigkeit und fehlende Bildungschancen machten das Leben für große Teile der Bevölkerung menschenunwürdig.

Clara Fey, geboren am 11. April 1815, sah ihre Lebensaufgabe darin, den verwahrlosten Kindern zu helfen. 1837 eröffnete sie mit Freundinnen in der Pfarrei St. Paul eine Armenschule, die 1840 in die Räume eines alten Dominikaner-Klosters verlegt wurde. Pflege, Erziehung und Unterricht sollten helfen, den Kindern ein menschenwürdiges Leben zu ermöglichen. 1844 gründete sie unter Einsatz ihres gesamten Vermögens das erste Waisenhaus. Aus dem gemeinsamen sozialen Engagement entwickelte sich im gleichen Jahr die Ordensgemeinschaft **„Schwestern vom armen Kinde Jesus“**.
1872 zählte die Gemeinschaft bereits mehr als 670 Schwestern und betreute 12.000 Kinder und Jugendliche. Kindertagesstätten und Wohnheime wurden gegründet.
Wegen des Kulturkampfes mussten die Schwestern 1875 Aachen verlassen. Sie verlegten das Mutterhaus nach Simpelveld (NL). Weil noch vieles in Aachen zu erledigen war, zog Clara Fey selbst erst am 1. September 1878 dorthin. Von Simpelveld aus erfolgte die Ausbreitung ins Ausland bis nach England. 1869 war die Ordensgemeinschaft durch Papst Pius IX. als päpstliches Institut anerkannt worden. 1888 approbierte Papst Leo der XIII. die Konstitutionen bzw. die Ordensregeln. Nach Ende des Kulturkampfes kehrten die Schwestern nach Deutschland zurück. Die Generaloberin Clara Fey, wie auch ihre Nachfolgerinnen in der Generalleitung, verblieben in Simpelveld. Dadurch sollte die große und bleibende Dankbarkeit Clara Feys und ihrer Schwestern für die sehr herzliche und hilfreiche Gastfreundschaft der Niederländer zum Ausdruck gebracht werden.
Als Clara Fey am 8. Mai 1894 starb, zählte die Gemeinschaft 1.157 Schwestern. Schulen, Kindertagesstätten und andere Bildungseinrichtungen tragen bis heute ihren Namen. So auch das Bischöfliche Clara-Fey-Gymnasium in Schleiden. 55 Jahre lang haben die Schwestern ihre ganze Kraft in diese Schule investiert, um Mädchen die Möglichkeit der höheren Bildung zu eröffnen. Unermüdlich haben sie alle Fähigkeiten und

Mittel eingesetzt und die Schule mit einem überzeugenden Profil geführt, solange sie es vermochten. 1973 haben die Schwestern die Trägerschaft der Schule unserem Bistum anvertraut. Seitdem wird sie durch engagierte Lehrerinnen und Lehrer in Gemeinschaft mit dem Schulträger weitergeführt. Nach wie vor ist das Clara-Fey-Gymnasium ein einladender und ansprechender Raum des Lebens und Lernens im Sinne seiner Namenspatronin. Die persönliche Zuwendung der einzelnen Mitglieder der Schulgemeinschaft zueinander, die gegenseitige Unterstützung und Wertschätzung sind gelebte Wirklichkeit in dieser Schule. In diesem Sinne ist sie ein wichtiger Ort der Persönlichkeitsentwicklung der jungen Menschen im Geiste des Evangeliums.

134 Jahre nachdem Clara Fey von Aachen nach Simpelveld umgezogen war und 118 Jahre nach ihrem Tod, ist sie am 1. September vergangenen Jahres gleichsam nach Aachen zurückgekehrt. An diesem Tag sind in einer sehr würdevollen und ausdrucksstarken Weise ihre sterblichen Überreste nach Aachen überführt und in der Domherrengruft unseres Domes beigesetzt worden. Dieses beeindruckende Ereignis hat die Absicht, dieses Buch über Clara Fey zu erstellen, in deutlicher Weise beflügelt. Es soll eine Botschaft sein, die das Lebens- und Glaubenszeugnis von Clara Fey sowie ihr Vermächtnis für die lebendige Gestaltung von Erziehung und Bildung deutlich vor Augen stellt und ihre Motivkraft für heutige Situationen wirksam werden lässt. Die Generaloberin und die Generalleitung haben nunmehr wieder ihren Sitz in der Jakobstraße. Von hier aus und somit aus der Nähe des Ursprungs und der letzten Ruhestätte von Clara Fey wird der Orden geleitet. Zu ihm gehören weltweit etwa 500 Schwestern, verteilt auf 14 Länder in Europa, Amerika und Asien. Die Kongregation setzt sich heute in aktueller Weise weiterhin ein für die schulische und außerschulische Bildungsarbeit, für Sozialarbeit, sowie für die geistliche Begleitung in den verschiedenen menschlichen Lebenslagen.
Ich wünsche, dass dieses Buch wirksame Impulse gibt, Erziehung und Bildung, wie auch Sozial- und Gesundheitsfürsorge und geistliche Begleitung im Sinne von Clara Fey weiter zu entwickeln und wirksam werden zu lassen.

+ Heinrich Mussinghoff

Heinrich Mussinghoff
Bischof von Aachen

Mein aufrichtiger Dank gilt Herrn Hans Jürgen Roth, dem Autor dieses Buches, der uns mit seinem feinen, einfühlsamen Rückblick erlaubt, den Wert des Werkes von Mutter Clara Fey sowohl in seinem Ursprung als auch im Hier und Jetzt unserer Geschichte zu erfassen. Durch die gründliche, leidenschaftliche Arbeit und große Liebe wird im Text deutlich, dass das, was mit einem Kindertraum seinen Anfang nahm, durch viele Schwierigkeiten hindurch langsam Wirklichkeit wurde. Das Werk Clara Feys blühte auf an verschiedenen Orten, in verschiedenen Kulturen und unter verschiedenen Gegebenheiten. Es half Kindern und Jugendlichen, die von der Industrialisierung betroffen waren, und noch heute, im 21. Jahrhundert, gibt es den neuen Gesichtern der Armut eine dem Evangelium gemäße Antwort.
Das vorliegende Werk bekräftigt die Spur, die diese junge Aachenerin in den Herzen vieler Menschen hinterlässt, die in ihr ein Vorbild für ihr Leben finden, denn sie wurde von Gott berufen und war durchdrungen von tiefer Liebe zum Geheimnis der Menschwerdung und der Eucharistie. Die Bewunderung und die Liebe zu Mutter Clara, die die Schwestern vom armen Kinde Jesus von meiner Kindheit an in mir weckten, wächst von Tag zu Tag und bewegt mich, die Schwestern, den Freundeskreis Clara Fey, die Jugendlichen und Kinder zu ermutigen, aus der Quelle ihres Charismas zu trinken.
Dieses Buch bietet eine Möglichkeit, sich Mutter Clara Fey zu nähern. Die Heilsgeschichte, die Gott in ihrem Leben, das von Entsagung, Opfer und Hingabe geprägt war, gewoben hat, erlaubte es, dass ihre sterblichen Überreste im September 2012 in ihre Geburtsstadt zurückkehren konnten.
Ein sehr großer Dank gilt Herrn Bischof Dr. Heinrich Mussinghoff, der – abgesehen von seiner Ehrerbietung und Liebe zu unserer Gründerin – Herrn Roth bat, diese Biographie über sie zu schreiben, um sie in der Diözese Aachen und darüber hinaus bekannter zu machen.

Ich lade die Leser und Leserinnen ein, mit offenem und bereitem Herzen das zu lesen, was Gott uns heute durch Clara Fey vermitteln möchte.

Sr. María del Rocío P.I.J.

Schwester María del Rocío P.I.J.
Generaloberin

Aachen, 08. Dezember 2013

Auf Spanisch

Expreso mi profunda gratitud al Señor Hans Jürgen Roth, autor de este libro, que con una mirada retrospectiva, delicada y sensible nos permite captar el valor de la obra de la Madre Clara Fey, tanto en sus orígenes como en el aquí y ahora de nuestra historia. Por el trabajo realizado en profundidad, con pasión e inmenso cariño, queda plasmado en el texto, que aquello que comenzó con un sueño infantil, se fue haciendo realidad en medio de muchas dificultades; floreció en diferentes lugares, culturas y contextos, para ayudar a los niños y jóvenes afectados por la revolución industrial y continúa dando hoy una respuesta evangélica a los nuevos rostros de pobreza del siglo XXI.

La presente obra confirma la huella que esta joven de Aquisgrán, llamada por Dios e impregnada con un amor profundo al misterio de la Encarnación y de la Eucaristía, deja en el corazón de muchas personas que encuentran en ella un ejemplo para su vida. La admiración y cariño que desde niña sembraron en mí las Hermanas del Niño Jesús Pobre por la Madre Clara, se acrecienta día a día y me mueve a seguir animando a las hermanas, al círculo de amigos de Clara Fey, a los jóvenes y a los niños a beber de la fuente de su carisma.

Este libro es una oportunidad para acercarse a la Madre Clara Fey. La historia de salvación que Dios fue tejiendo en su vida caracterizada por el desprendimiento, sacrificio y entrega, permitió que sus restos mortales volvieran a su ciudad natal en septiembre de 2012.
De todo corazón, un agradecimiento muy grande a Monseñor Doctor Heinrich Mussinghoff, que además de su cariño y deferencia con nuestra fundadora, solicitó al Señor Hans Jüngen Roth escribir esta biografía de ella para darla a conocer más en la diócesis de Aquisgrán y fuera de ella.

Invito a los lectores a leer con un corazón abierto y dispuesto lo que Dios hoy, a través de Clara Fey, quiere transmitirnos.

Hna. María del Rocío P.I.J.
Superiora General

Aquisgrán, 8 de diciembre de 2013

Auf Indonesisch

Saya mengucapkan terima kasih yang mendalam kepada Romo Hans Jurgen Roth, penulis buku ini, yang dengan kajiannya yang lembut dan sensitif memungkinkan kita untuk menangkap nilai dari karya Ibu Clara Fey, baik dalam khazanahnya yang asli maupun dalam aktualisasinya yang menyejarah di sini dan sekarang. Lewat ketelitian, gairah kerja dan cinta yang besar sebagaimana tercermin dalam teks, kita dapat menyimak, bahwa apa yang pada awalnya hanya merupakan mimpi masa kecil, perlahan berkembang menjadi kenyataan, walau harus melewati berbagai kesulitan.

Karya Clara Fey berkembang di berbagai tempat, budaya dan keadaan. Karyanya telah membantu anak-anak dan remaja yang terkena dampak revolusi industri waktu itu, dan saat ini pun, di abad 21, ia masih memberikan jawaban yang sesuai dengan Injil bagi wajah-wajah baru kemiskinan.

Karya ini menegaskan jejak yang ditinggalkan oleh seorang gadis Aken dalam hati banyak orang yang menemukan di dalamnya model bagi kehidupan mereka, karena dia dipanggil oleh Allah dan dijiwai dengan cinta yang mendalam pada misteri Inkarnasi dan Ekaristi. Kekaguman dan cinta akan Ibu Clara yang telah membangunkan motivasi dalam diriku sejak masa kecil untuk menjadi seorang suster Sang Timur meningkat dari hari ke hari dan menggerakkan saya untuk terus mendorong para suster, sahabat Sang Timur, kaum muda dan anak-anak untuk minum dari sumber karismanya.

Buku ini memungkinkan kita untuk lebih mendekatkan diri pada Ibu Clara Fey. Sejarah keselamatan yang telah dirajut oleh Allah dalam hidupnya, yang ditandai dengan matiraga, pengorbanan dan dedikasi, memungkinkan jazatnya kembali ke kota kelahirannya pada September 2012.

Terima kasih sebesar-besarnya kepada yang mulia Bapak Uskup Dr. Heinrich Mussinghoff, yang terdorong oleh cinta dan penghormatannya terhadap Pendiri kami telah meminta Romo Roth untuk menulis biografi ini, agar Beliau semakin dikenal, baik di dalam maupun di luar keuskupan Aken.

Saya mengajak para pembaca, supaya dengan hati yang terbuka dan bersedia, membaca apa yang hendak disampaikan oleh Allah kepada kita hari ini melalui Clara Fey.

Sr. Maria del Rocio PIJ
Pemimpin Umum

Aken, 8 Desember 2013

INHALT

WER WAR DIESE FRAU?

19 Jahre alt ist Clara hier. 60 erfüllte Lebensjahre sollen noch vor ihr liegen.

Vor knapp 200 Jahren wurde sie geboren.
Im Schatten des Aachener Domes ist sie groß geworden.
Sie hat Impulse gesetzt in einer von Männern dominierten Gesellschaft.
Sie hat die Herzen der Kleinen bewegt bis hin zu den ganz Großen.
Mit ihrem Einsatz hat sie soziale Impulse gesetzt – mit geistlichem Tiefgang.
Sie ist wie ein Stern, der über Grenzen hinweg in alle Welt leuchtet – bis heute!

118 Jahre nach ihrem Tod

Sie hat Ruhe gefunden im Dom zu Aachen, vorübergehend in der Gruft der Bischöfe: die einzige Frau an diesem Ort.
Das ist ein völlig ungewöhnliches Ereignis, das nachdenklich stimmt, das darauf hin drängt, den Spuren ihres Lebens nachzugehen und nach ihrer Bedeutung zu fragen.

In der Kapelle über der Bischofsgruft.

Ein Bild Mutter Claras – immer mit Blumen geschmückt – erinnert an die Gründerin der Kongregation.

„Bleibt in mir, dann bleibe ich in euch. Wie der Rebzweig aus sich keine Frucht bringen kann, sondern nur, wenn er am Weinstock bleibt, so könnt auch ihr keine Frucht bringen, wenn ihr nicht in mir bleibt.“

(Johannesevangelium 15,4)

Manete in me – bleibt in mir

Das ist das Leitmotiv der Gemeinschaft der Schwestern vom armen Kinde Jesus.

Die Ordensgründerin Clara Fey erkannte im Laufe ihres Lebens, dass es vor allem auf das Bleiben in IHM ankommt. Sie schaute auf das Leben Jesu, auf seine Taten und Worte und ließ sich anrühren vom Geheimnis seiner Botschaft. Es war wie der Blick in einen Spiegel, in dem sie die Banalität ihres Alltags in neuem Licht zu sehen begann.
Sie lernte, dass es nicht nur darauf ankommt, die eigenen Gaben und Talente nutzbringend anzuwenden, sondern dies auch in aller Demut zu tun, immer aus der Grundhaltung des gläubigen Bleibens im Vater. Das war wesentlich für sie:

„Es kommt nicht vorrangig auf Leistung an – und sei sie noch so gut und wichtig – sondern auf das gläubige Bleiben in IHM.“

„Mutter Clara Fey war ganz und gar orientiert auf den Dienst an Jesus in den Kleinen und Geringen; aber sie hat darin eine nicht nur aktive, sondern zugleich kontemplative Berufung entdeckt. Nur dieser „innere Raum“ ließ sie und die Ihren Wohn- und Bleiberaum eröffnen für die ortlosen, ausgesetzten Kinder. Bei Jesus bleiben, in ihm bleiben, in den tausend Funktionen und Abläufen, die uns jeder Tag zumutet, ist auch für uns der Ansatz, um einen Ort zu finden und anderen anzubieten, an dem Leben möglich ist, Leben für uns ...(und für alle), die in innerer wie äußerer Wohnungsnot sind.“
(Bischof Dr. Klaus Hemmerle)

DIE FAMILIE

Wurzel zum Baum eines Menschenlebens

REICHTUM EINES ELTERNHAUSES

Die Eltern von Clara Fey waren wohlhabend

Der **Vater Peter Ludwig Fey** (genannt Louis) besitzt in Aachen eine Spinnerei. Damit gehört er zu jener Bürgerschicht, die das Leben der Stadt entscheidend mitprägt. Ein Mann in solcher Position sucht sich natürlich standesgemäß zu verheiraten.

Die **Mutter Katharina** (geb. Schweling, Bild rechts) entstammt einer angesehenen Familie und ist hochgebildet, was ihr große Achtung einbringt.

Einem Kind, das solche Eltern hat, wird ein zweifaches Glück zuteil. Zum einen kann es in einer wirtschaftlich gesicherten Existenz aufwachsen. Zum anderen wird ihm eine Ausbildung zuteil, die es möglicherweise in die Lage versetzt, sein Leben einmal weitgehend selbst zu gestalten. Kurz, Kindern aus so einem Umfeld stehen erfahrungsgemäß einmal viele Türen zur Welt offen.

Manche sagen, das sei ein frühes Bild von Clara. Es ist zwar nicht nachgewiesen, doch stellen wir uns das Kind aus gutem Hause einmal so vor.

Dieses Haus am Seilgraben 34 spiegelt den Wohlstand der Familie Fey: Es wurde 1765 vom Urgroßvater Claras erworben, einem Tuchfabrikanten. Hier verbrachten Claras Vater und dessen Bruder nach dem frühen Tod der Eltern ihre Kindheit, bis er mit seiner Heirat (1804) in die Bendelstraße umzieht.

Die Bedeutung der Aachener Tuch- und Nadelindustrie schlägt sich nieder im bis heute erhaltenen „Aachener Gruß", wie z. B. auch an einem Denkmal (1970) am Holzgraben dargestellt.

Die Arbeiter waren meist Kinder, sie benutzten ihren kleinen Finger, um fehlerhafte Nadeln auszusortieren („auszuklinken"). Diese monotone Tätigkeit führte oft zu Fehlstellungen des kleinen Fingers. Daher konnten sich die Aachener auch in der Fremde ohne Worte am missgebildeten kleinen Finger, dem „Klenkes", erkennen. Dieser Gruß ist bis heute das Wahrzeichen der Stadt.

Der Wohlstand der Familie Fey spiegelt sich auch in ihrem Wappen.

Dazu aber kommt für Clara noch ein dritter Schatz: der tief verwurzelte religiöse Sinn in der Familie.

Schon unter Vaters Brüdern befinden sich vier Stiftsherren, also Vertreter des geistlichen Standes. Und auch diese hatten sich bei allem Besitz, Schlichtheit, Gerechtigkeitssinn und Herzlichkeit bewahrt, wie es zum Ausdruck kommt in seiner Wohltätigkeit gegen Arme und seiner Sorge um die Dienstboten.

Viele Madonnen finden sich im Dom. Die älteste – mit dem Jesuskind auf dem Arm – empfängt die Eintretenden gleich am Eingang.

Auch in Mutters Verwandtschaft gibt es mehrere Geistliche. Auch sie ist geprägt von religiösem Geist, ist reich an Güte mit einem Hang zur Einfachheit, zugleich auch voll anspruchsvoller Strenge gegenüber sich und anderen. Sorgsam bemüht um die Erziehung ihrer Kinder, greift sie zu Erzählungen biblischer Geschichten. Clara erfasst kindliches Entsetzen über den grausamen Herodes und sie ist voller Mitleid mit den armen gemordeten Kindern von Bethlehem.

Womöglich haben auch die im Dom, also ganz in der Nähe aufbewahrten größten Heiligtümer der Christenheit ihre Strahlkraft ausgeübt. Hier ruhen sie bis auf den heutigen Tag in goldenem Schrein: das Kleid, das Maria bei der Geburt Jesu getragen hat, die Windeln des Kindes und das Lendentuch des Gekreuzigten, also das erste und letzte Gewand, das der Gottessohn getragen hat. Eindrucksvoll laden sie ein, sich auf das Geheimnis der Menschwerdung Gottes einzulassen.

Taufe Claras

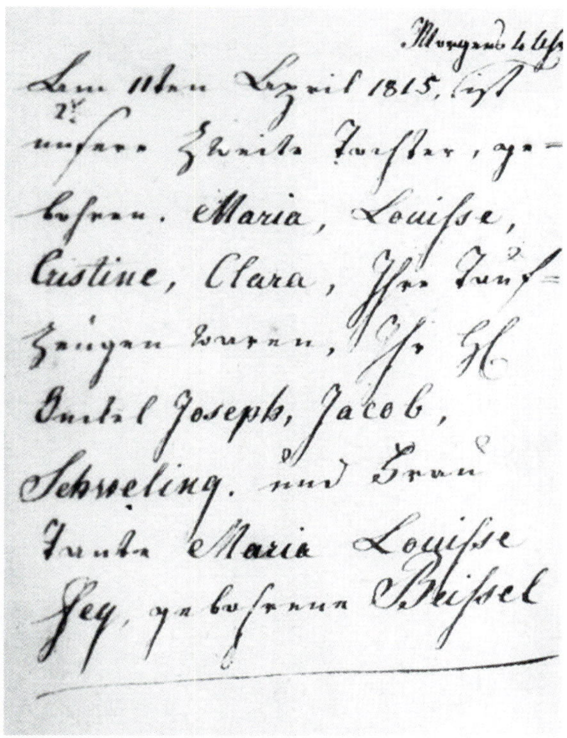

*Morgens 4 Uhr,
am 11ten April 1815 ist unsere zweite Tochter gebohren. Maria, Louise, Cristine, Clara, Ihre Taufzeugen waren ihr Herr Onkel Joseph, Jakob Schweling und Frau Tante Maria Louise Fey, geborene Beissel.*

Taufkleidchen Claras

Warum der Name Clara?
Zum einen ist der Name zu dieser Zeit sehr beliebt und noch Ende des 19. Jh. gehört er zu den häufigsten Mädchennamen Deutschlands. Zum andern hieß bereits die Schwester der Großmutter väterlicherseits so und ebenfalls ein früh verstorbenes Schwesterchen (1782) der Mutter.

Warum Maria – Louise – Christine?
Mit diesen wird ein weiterer Bezug geschaffen zu Familie und Paten. So hießen die Großmütter: mütterlicherseits Christine und väterlicherseits Maria. Die Patin bringt ihren Namen Maria Louise ein.

Taufbecken in der Pfarrkirche St. Paul

VOM REICHTUM GESCHWISTER ZU HABEN

Josef
1805-1881

Clara
1815-1894

André
(Andreas)
1806-1887

Netta
(Katharina)
1816-1880

Nicht mehr dabei ist die früh verstorbene ***Constantia*** *(1808-1830).*

Wert einer Familie

„Die Familie ist in lebendiger, organischer Weise mit der Gesellschaft verbunden; denn durch ihren Auftrag, dem Leben zu dienen, bildet sie deren Grundlage und ständigen Nährboden.

In der Familie wachsen ja die Bürger heran, und dort finden sie auch ihre erste Schule für jene sozialen Tugenden, die das Leben und die Entwicklung der Gesellschaft von innen her tragen und gestalten.

So ergibt sich aus der Natur und Berufung der Familie, dass sie sich auf keinen Fall in sich selbst verschließen darf, sondern sich vielmehr auf die anderen Familien und die Gesellschaft hin öffnen und so ihre gesellschaftliche Aufgabe wahrnehmen muss.“

Johannes Paul II.,
Apostolisches Schreiben

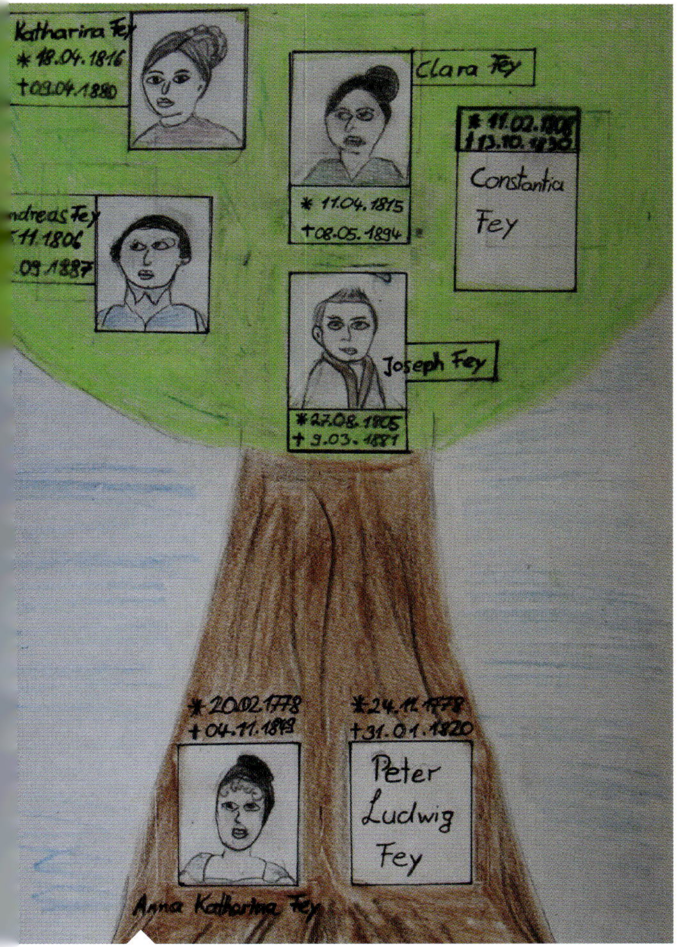

Gemalt von Annika Lütgen,
Schülerin am Clara-Fey-Gymnasium, Schleiden.

„Das Reich der Himmel ist gleich einem Senfkorn, das ein Mensch nahm und auf seinen Acker säte, das zwar kleiner ist als alle Samenkörner, aber wenn es gewachsen ist, ist es größer als die Kräuter und wird ein Baum, so dass die Vögel des Himmels kommen und sich niederlassen in seinen Zweigen."

(Mt 13,31-32)

IM VERGLEICH ZU CLARAS ERFAHRUNGEN – HEUTIGE SCHÜLERÄUSSERUNGEN

Wie sollte dein Zuhause sein, damit du einen guten Start ins Leben bekommen kannst?

Zuhause ist man da, wo die Liebe ist. Man sollte beraten werden, wenn man nicht mehr weiter weiß. Hat man einen Weg gefunden, sollte dieser unterstützt werden.

Es sollten klare Verhältnisse herrschen. Man sollte seinen Eltern alles anvertrauen können, damit keine Vertrauensbrüche entstehen. Auf der anderen Seite sollten die Eltern einem vertrauen und ihrem Kind eine Privatsphäre und Freiheiten gönnen. Es sollte ein harmonisches Miteinander vorliegen.

Ich brauch Leute um mich (meine Familie). Mein eigenes Zimmer, damit ich auch mal alleine bin, und ich kann es mir so gestalten, dass ich mich wohl fühle. Ein Haustier ist mir auch wichtig. Damit ich etwas habe, worum ich mich kümmern kann.

Es braucht keine Größe, da es sonst leer wirkt, und man sich nicht verbunden mit den anderen Familienmitgliedern fühlt. Es braucht auch keine totale Ordentlichkeit, da man sich sonst fremd fühlt.

Für einen guten Start…ist es wichtig, auf die Unterstützung von Zuhause zählen zu können und frei Entscheidungen für die Zukunft treffen zu dürfen.

IM VERGLEICH ZU CLARAS ERFAHRUNGEN – HEUTIGE SCHÜLERÄUSSERUNGEN

Was bedeutet dir die Beziehung zu deinen Geschwistern, auch im Hinblick für dein weiteres Leben?

Sie sind Teil meines Lebens. Sie sind wie beste Freunde, die man eigentlich nicht verlieren kann und die einen am längsten und am besten kennen. Man kann immer auf Geschwister zurückgreifen in jeder Situation im Leben.

Sehr wichtig, da die Eltern eines Tages sterben und man sich dann gegenseitig beistehen kann. Durch Geschwister lernt man zu teilen.

Sie nerven, sind aber trotzdem immer für einen da. Helfen uns gegenseitig, wenn die Eltern nicht da sind.

Mein Bruder ist mir sehr wichtig, mit ihm kann ich über alles reden und er hält immer zu mir, auch wenn es Streit mit unseren Eltern gibt. Durch ihn hab ich gelernt, dass es nicht schlimm ist zu streiten, aber dass man auch nachgeben sollte manchmal. Ich glaube, das ist wichtig für die Zukunft. Mein Bruder ist älter, also kann er mir bei vielen Dingen, die er schon durchlebt hat, helfen, außerdem bin ich durch ihn an das Zusammenleben mit Jungs gewöhnt. Er ist meine Bezugsperson und ich habe ihn sehr lieb. Er mich auch und da kann ich mir immer sicher sein, also habe ich durch ihn Beständigkeit gelernt.

Hier in der Bendelstraße 23 stand einst das Elternhaus Claras, ein paar Schritte entfernt die Pfarrkirche St. Paul. Das Kreuzchen am oberen Fenster markiert das Zimmer Claras.

An diesem Altärchen auf einer Kommode im Haus Fey spielten einst die Kinder Heilige Messe.

FRÜHE KREUZERFAHRUNG

Das Elend kommt urplötzlich im Mai 1818. Schon freuen sich alle auf die große Familienfeier zur Erstkommunion von Claras Brüdern in der Pfarrkirche St. Paul. Da trägt man den Vater bewusstlos ins Haus. Bei einem Ausritt vor die Stadt war er unter dem Marschiertor (südliches Stadttor) vom Schlag getroffen worden, gerade erst einmal 39 Jahre alt. Was folgt, ist ein zweijähriges trübes Dahinsiechen. Bruder André beschreibt das später so: „Das Wohnzimmer ist zwei Jahre lang der Sammelplatz der gebeugten Familie geworden.... So erzog sich der liebe Gott die gute Mama, ... auf Gott allein ihre Hoffnung setzend, nicht im Dienste der Welt, sondern in Beten und Flehen bei Tag und bei Nacht.“ Im Alter von 41 Jahren wird der Vater von seinem Leiden erlöst und Clara muss bereits im zartesten Kindesalter vaterlos aufwachsen. Noch bewusster mag Clara zehn Jahre später den Tod ihrer älteren Schwester erlebt haben. Katharina Constantia, von Kind an kränklich, stirbt mit 22 Jahren an Typhus. So macht die Familie eine frühe „Kreuzesschule“ durch und hat Clara für ihr weiteres Leben geprägt.

STÜTZE UND HALT IN DUNKELHEITEN

In solchen Erfahrungen von Dunkelheit bedarf ein Menschlein etwas, an das es sich halten kann. Für Clara ist diese liebevolle Stütze die Familie: neben ihren sie tröstenden, um die geistige Entwicklung bemühten gütigen Onkel und den beiden an die zehn Jahre älteren Brüdern, vor allem natürlich die Mutter. Sie wird für die geistige Entwicklung der Kinder von nachhaltiger Bedeutung. Ihre Kinder sind ihr heilige Aufgabe und Trost zugleich.

Blick in die ehemalige Pfarrkirche St. Paul vor dem ersten Weltkrieg.Hier wurde Clara getauft, hier ging sie zur ersten Heiligen Kommunion. Seit 2009 ist die Kirche geschlossen. und für ihre künftige Funktion sucht man einen Investor.

Nach dem Tod der älteren Schwester schließen sich dann die beiden jüngsten Schwestern aufs Innigste zusammen. Gemeinsam gehen **Clara und Netta** zur Kommunion und zur Firmung. Zu Ehren der Mutter Gottes lässt die Mutter sie blaue Kleidchen tragen. Sanft und freundlich sind beide, fleißig und hoch begabt.

Aber auch eine Familie mit bestem Zusammenhalt und eine Witwe mit noch so großem Durchhaltevermögen brauchen von Zeit zu Zeit geistigen Beistand. Hier wird ihnen der seeleneifrige **Joh. Jos. Wisdorff** zur besten Stütze. Der bereits mit 22 Jahren zum Priester geweihte Kapuziner-Mönch war zunächst Religionslehrer in seinem Aachener Kloster gewesen, dann zur Seelsorge freigestellt und 1814 Pfarrer der neu gegründeten Pfarrkirche St. Paul geworden. Schon während der Krankheit des Vaters hatte er sich liebevoll der Familie angenommen und bleibt fortan ihr treuester Freund. Er führt Clara und Netta zur ersten Heiligen Kommunion und Firmung. Er bleibt auch Beichtvater der ganzen Familie. In seiner sehr personalbetonten Seelsorge findet die Familie ihre Stütze. Der Pfarrer gehört sozusagen zur Großfamilie.

Clara und ihre ein Jahr jüngere Schwester, hier im Alter von etwa 20 Jahren.

Pfarrer Wisdorff

DIE SCHULE

Was sie uns so mitgeben kann

GRUNDSCHULBILDUNG AUF DER ADALBERTSTRASSE

Ersten Unterricht erhielten Clara (ab 1820) und Netta in einer Schule auf der Adalbertstraße, wo sich ein Kloster der Pönitentinnen befunden hatte, das unter Napoleon aufgelöst worden war. Zumindest die dem Kloster angegliederte Schule scheint weitergeführt oder irgendwann wieder eröffnet worden zu sein. Denn 1814 wurden dort von einer Lehrschwester und zwei Gehilfinnen etwa 50 Kinder unterrichtet. Hier lernten Clara und Netta nicht nur Lesen und Schreiben, sondern auch noch Französisch sprechen. Solche Ausbildung, dazu noch mit einer Fremdsprache, war für die sieben/achtjährigen Mädchen an sich schon ein Privileg. Auch die darauf folgende Handarbeitsschule war eine gute Vorbereitung auf das Leben, lenkte sie doch ihren Sinn auf praktische Fertigkeiten. Noch im Alter verriet Claras „äußerste Akkuratesse", dass sie hier durch eine gute Schule gegangen war. Und schließlich lässt die Mutter ihre Töchter auch noch fleißig in Musik unterrichten. Die Liebe zur Tonkunst, die hier bei der neunjährigen Clara grundgelegt wird, soll sie ein Leben lang begleiten.

Das Bild (Öl auf Lw, 50x41 cm) stammt vom Aachener Historien- und Landschaftsmaler Friedrich Thomas (1806-1879). Er hat 30 Jahre lang Zeichenunterricht an der Mädchenschule St. Leonhard erteilt. Was will er darstellen?

Man sagt: Das kleine Mädchen im gelben Kleid sei Clara, links hinter ihr Franziska Schervier, und das Mädchen rechts mit rotem Kleid und weißer Schürze sei Pauline von Mallinckrodt. Man sagt, eine der beiden jungen Frauen links im Hintergrund sei Claras Lehrerin Luise Hensel.
Vom Alter der Mädchen her könnte man an die Schule an der Adalbertstraße denken, doch die Gebäude im Hintergrund zeigen den Innenhof der weiterführenden Schule St. Leonhard. (Der Maler hat sich in seinem auf 1873 datierten Bild offensichtlich alle Freiheiten des Künstlers genommen.)

Schule St. Leonhard

Städtische Mädchenschule St. Leonhard in der Franzstraße, am Marschiertor, auch „St. Leonhard-Institut" genannt.

WEITERFÜHRENDE SCHULE FÜR MÄDCHEN

Im Jahr 1827 wird **St. Leonhard** unter städtischer Verwaltung als „Realschule für Mädchen" eröffnet mit angeschlossenem Pensionat. Eine weiterführende Schule für Mädchen, etwas ganz Neues für diese Zeit, daher ein Ereignis für die Stadt! Für die 12-jährige Clara ein Glücksfall.

Die beiden Schwestern besuchen die Schule als Tagesschülerinnen zusammen mit anderen Töchtern angesehener Familien, die sich solch eine „Höhere-Töchter-Schule" leisten können. Und das sind nicht wenige. Abermals zeigt sich die Privilegierung, die sich mit dieser Ausbildung verbindet.

Clara gilt als eine der Begabtesten, zeichnet sich aber im Urteil ihre Mitschülerinnen aus durch „Bescheidenheit, liebreiches Benehmen". Das verleiht ihr eine eigene Anziehungskraft.

Viele neue Freundschaften hätten sich entwickeln können. Doch Claras Mutter hatte ihre Kinder angeleitet, engeren Anschluss nur in der Familie zu suchen. So lässt es Clara zu einem vertrauteren Verhältnis mit Mitschülerinnen in dieser Zeit kaum (nur selten) kommen.

Später einmal wird hier die Klaus-Hemmerle-Schule stehen, eine städtisch-katholische Hauptschule (Franzstraße 58-68), die zum Sommer 2013 geschlossen wird.

IM VERGLEICH ZU CLARAS ERFAHRUNGEN – HEUTIGE SCHÜLERÄUSSERUNGEN

Wie sollte die Schule sein, die dir fürs Leben weiterhilft?
Welche Fächer sind dir persönlich fürs Leben wichtig?

Sie sollte ein Ort sein, an dem ich mich wohl und nicht fremd fühle. Die Muttersprache ist wichtig und eine Fremdsprache zur Kommunikation auf internationaler Ebene; auch Kunst für die Entwicklung von Kreativität. Von Mathematik nur die wichtigsten Dinge.

Sie sollte nicht zu viel Stress entstehen lassen, keinen Leistungsdruck machen, nicht die Freiheit nehmen und Raum für das Individuum lassen. Pädagogik braucht man ein Leben lang, aber auch Englisch, weil es Weltsprache ist.

Streitschlichter, gute Atmosphäre, sauber, gut organisiert, Selbstverantwortung, gute Methoden, keinen strengen Unterricht, gute Räume, keine Prügeleien, nicht unterfordert werden, Spaß, lockeren Unterricht.

Schwächen und Stärken erkennen und entsprechend helfen bzw. fördern, gute Atmosphäre, viele Freunde, gute Lehrer, keine Angst vor ihnen, aufs Leben vorbereiten, Grundlagen vermitteln, gute Beratung, vielfältige Angebote – inner- und außerhalb.

IM VERGLEICH ZU CLARAS ERFAHRUNGEN – HEUTIGE SCHÜLERÄUSSERUNGEN

Was ist für dich ein guter Lehrer, an den du dich auch im späteren Leben noch gern erinnerst?

Lehrer haben eine sehr große Rolle, da sie über die Qualität der Schule entscheiden. Ein guter Lehrer muss selbst von dem, was er vermittelt, überzeugt und begeistert sein und bemüht sein, uns diese Ansicht verständlich zu machen. Er darf uns nicht wie Kinder behandeln und trotzdem nicht zu streng, sondern einfach menschlich sein. Neben dem Fachlichen kann er uns Meinungen, Prinzipien vermitteln, die unsere Sicht verändert und die wir fürs Leben brauchen können.

Vorbild sein, Beruf als Berufung leben. Der Erfolg der Schüler muss ihm am Herzen liegen. Menschlich sein und gut erklären können. Dem Schüler wirklich etwas fürs Leben mitgeben.

Wenn der Lehrer ein Gleichgewicht aus Autorität und „Menschlichkeit" aufbaut und von eigenen Erfahrungen berichtet, fällt es Schülern leichter, Hinweise und Wege anzunehmen.

Gut aufs Berufsleben vorbereiten, Kontakt und Klarkommen mit anderen Menschen, Spaß, Regeln, Grundwissen, persönliche Förderung, gutes Schulklima.

Luise Hensel,
geb. 1798 nahe Berlin, Tochter eines Predigers. Am 8.12.1818 konvertiert sie zur katholischen Kirche.

SCHÜLER BRAUCHEN GLAUBWÜRDIGE LEITBILDER

Guter Geist und belebendes Element dieser Schule ist **Luise Hensel**. Sie ist noch jung, 30 Jahre alt, und hat bereits schwere Glaubenskämpfe hinter sich. Nach langer Prüfung konvertiert sie zur katholischen Kirche. Prinzip ihres Handelns ist, Gutes tun, etwas vom eigenen Seelenheil auf andere überströmen zu lassen. Allein das schon macht sie glaubwürdig. Da erleben die Schülerinnen eine mit sich ringende Person, die Suchende versteht.

Auch außerhalb des Unterrichts vermag sie die Schülerinnen zu begeistern: Bei Spielstunden im Garten tollt sie mit ihnen umher, in vertrauten Gesprächen geht sie auf ihre Anliegen ein und wenn sie erzählt, hören ihr alle gebannt zu. Bald wird sie von ihren Schülerinnen schwärmerisch verehrt.

Wenn Clara später fromme Stoffe in Verse bringt, in Reimspiele oder Lieder, dann verdankt sie das ihrer Literaturlehrerin Hensel, die bei ihr den Sinn für Poesie geweckt hat. Und wenn sie zeitlebens an alten Dingen Interesse hat, an Statuen, Gewändern und alten Heiligenbildern, und für ihren feinen Kunstsinn bewundert wird, verdankt sie das neben der Familie mütterlicherseits auch ihrer Geschichtslehrerin Hensel; denn sie hat es verstanden, bei ihren Schülerinnen über den Lernstoff hinaus lebenslanges Interesse zu wecken.

So wundert es nicht, dass sich auch Clara der Anziehungskraft, die von ihr ausging, nicht entziehen kann und sich alsbald ein herzliches Verhältnis zu ihr entwickelt, das für ein ganzes Leben Bestand haben soll. Clara wird von der Lehrerin ihrer Jugend zeitlebens mit der größten Verehrung sprechen.

Eine der beiden Damen hinter den Kindern soll Luise Hensel in der Schule St. Leonhard darstellen.

Weihnachtskrippe in der Jakobstraße, eine Krippe zum Anfassen.

NACHWIRKUNG IM UMGANG MIT DER WEIHNACHTSKRIPPE

Manches bei dieser Lehrerin Erlebte wird bei Clara zeitlebens nachwirken. So ist es mit ihrem Anliegen, Jahr für Jahr für ihre Schülerinnen eine besonders schöne Weihnachtskrippe zu bauen. Den ganzen Advent über sorgt sie sich um entsprechende Figuren und Zierrat, um mit der Krippe ihre Schülerinnen emotional in Bewegung zu bringen. So schreibt sie 1831 an ihren Freund Klemens Brentano: „Unsere Kinder sind ganz entzückt über das Kripplein und beten und singen aus allen Kräften."

Diese Kindheitserlebnisse Claras und deren Umsetzung in den Alltag der Kinder haben bis heute Tradition bei den Schwestern vom armen Kinde Jesus. Sie geben sich nicht nur große Mühe beim alljährlichen Aufbau der Krippe, sondern überlegen auch, wie sie Kindern Krippe und Jesuskind nahe bringen können.

„Jede Krippe ist in Bildern erzähltes Evangelium. Daher beginnen wir in der Jakobstraße mit dem Krippenbau schon am ersten Adventsonntag und erzählen die Heilsgeschichte auf diese Weise in Bildern. Dabei ist für mich wichtig, mit den Krippenbildern deutlich zu machen, dass Gott in Jesus Christus Mensch geworden ist, er ist auf gleichem Wege in diese Welt gekommen, wie jedes andere Kind auch. Gott hat sich in seinem Sohn einer Frau und einem Mann anvertraut. Er war nicht groß und mächtig, sondern klein und berührbar.

Berührbar ist dabei das Stichwort. Wir haben sehr schöne Figuren, aber sie sind eben aus Wachs und damit zerbrechlich. Ein Kind entdeckt die Welt durch alle Sinne. Es muss die Dinge und Menschen berühren können, je nach Alter die Dinge in den Mund stecken, streicheln etc. Da das mit den Wachsfiguren nicht so wirklich geht, bin ich auf die Idee gekommen, eine Krippe nur für die Kinder aufzustellen, da können sie das Jesus-Kind und die Tiere anfassen, das Kind wickeln, in die Krippe legen, zudecken etc. Es wäre schön, noch zwei große Figuren zu haben als Maria und Josef, aber das ist bisher am fehlenden Geld gescheitert.“

So beschreibt es Schwester Petra, die heute für die Krippe in der Jakobstraße zuständig ist.

Die Krippe ist nicht nur zum Anschauen da! Sie ist zur Begegnung freigegeben.

Gleich dabei stehen Schäfchen und weitere Figuren zum Spielen bereit.

Ein Hinweis an die begleitenden Eltern ermuntert die Kinder damit zu spielen.

Sogar das Jesuskind darf in den Arm genommen werden.

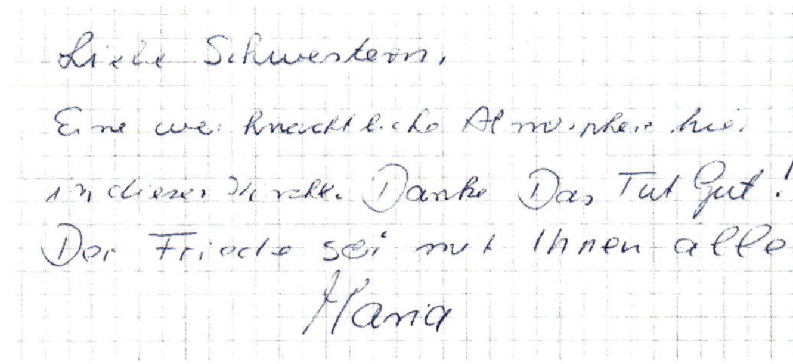

Liebe Schwestern,
Eine weihnachtliche Atmosphäre hier in dieser Woche. Danke Das Tut Gut!
Der Friede sei mit Ihnen alle.
Maria

Ich finde die Kinder-krippe soooo süß.
Aber die andere Krippe ist auch sehr schön.
Eva

ie Kripp ist ganz toll
ber am best war die Kinder krippe
Lea u. JAKOB

Liebe Schwestern,

hier in dieser wunderschönen hellen und schlichten
Kirche verspüre ich immer und immer wieder,
daß die Liebe hier zu Hause ist.
Ein gequältes Herz kann und findet an diesem
Ort Trost und Zuversicht.
Ich danke Ihnen.
Die Krippe ist wundervoll.

G. Findl

DIE GESELLSCHAFT IHRER ZEIT

Die wachsende Kluft zwischen Arm und Reich

Der Gekreuzigte soll aus dem 15. Jh. stammen und ist die älteste Darstellung einer Kreuzigung, welche die Schwestern besitzen. Sie befindet sich im Mutterhaus in der Jakobstraße. Unter dem Kreuz: Hungernde Kinder von Käthe Kollwitz.

DER WUNDERSAME TRAUM VOM ARMEN KIND

Armes Kind, gezeichnet von Schwester Amabilis (+1945).

Als Clara 11 Jahre alt ist, hat sie einen wundersamen Traum: Sie schlendert über die Aachener Jakobstraße. Da kommt ihr ein süßes Knäblein entgegen, jedoch ganz ärmlich und jämmerlich bekleidet. Wehmütig schaut es Clara an, als wolle es um eine milde Gabe bitten. Das Mädchen versteht den flehenden Blick und macht sich daran, dem Kindchen ein Almosen zu geben.

Doch das mitleiderregende Knäblein sagt zu ihr: „Ich habe noch viel mehr arme Brüderchen!" Da fragt Clara: „Wo wohnst du denn?" Das Knäblein zeigt mit seinem Fingerchen nach oben und lächelt freundlich. Clara fragt weiter: „Und wie heißt du?" Da spricht der Kleine: „Ich bin das arme Kind Jesus." Damit ist das Kind verschwunden und Clara erwacht.

So tief dieser Traum Clara persönlich auch bewegt, sie wird später nicht darüber sprechen. Sie hat einfach etwas gegen das Erzählen von Träumen. Nicht Reden, sondern Tun, das ist ihr Grundsatz.

Immerhin zeigt der Traum, dass bereits ein elfjähriges Kind eine Ahnung hat von der Ungerechtigkeit in der Welt. Dieses Mit-Leiden mit den vom Unrecht Betroffenen hatte sich schon früh angedeutet, so als sie tief ergriffen der biblischen Geschichte vom Kindermord von Bethlehem lauschte. Und es wird weiter mitschwingen bei den späteren Krippenbauten in ihrer Schule der „höheren Töchter".

WACHSENDE ARMUT AUF DEN STRASSEN DER STADT

Während Clara wohlbehütet in ihre weiterführende Schule gehen kann, wachsen die sozialen Probleme vor ihrer Haustür. Es ist eine Zeit gewaltigen Aufbruchs und Fortschritts. Maschinen werden erfunden, die Industrialisierung bringt die Wirtschaft auf Trab.

Kinderarbeit 1858

Doch sie wirft auch einen langen Schatten. Denn die Maschine beginnt, den Menschen zu ersetzen. Damit geht die Schere zwischen Arm und Reich immer weiter auseinander.

In Aachen herrschen, wie überall in Europa, bedrückende Zustände. Die Mechanisierung der Tuchherstellung bringt viele Arbeiter um ihr Brot. Breite Bevölkerungsschichten verarmen. Familienstrukturen zerbrechen. Kinder werden schamlos ausgenutzt. Oft arbeiten schon Vierjährige in zugigen Hallen. Ihre zehnjährigen Geschwister schuften zehn Stunden und mehr für einen Hungerlohn. Die Ausbeutung artet aus bis zur Kinderprostitution. Die Mietshäuser sind eng und feucht. So werden Familienkinder zu Straßenkindern. Damit einher geht eine soziale, geistige und religiöse Verwahrlosung. Die Kluft zwischen Arm und Reich scheint ins Unerträgliche auseinanderzudriften.

Clara ist gerade einmal 15 Jahre alt, als ihr dieses Elend hautnah vor Augen geführt wird, ja geradezu vor der Haustür zu explodieren scheint. Im Jahr 1830 durchtobt ein Aufstand der Arbeiter die Straßen der Stadt. Massen erheben sich, weil die Maschinen ihnen das Brot zu nehmen drohen.

Wer hält mich im Kampf gegen meine Angst?

Jessica Sakar, Klasse 8, 13 Jahre

WIE DEM AUFBRECHENDEN ELEND BEGEGNEN?

Die Straßen sind unsicher geworden. Eine Bürgerwehr muss her, darunter auch Claras ältester Bruder, um die Gewalt dieser Schreckenstage zu bändigen. Doch bedroht sind auch die Kinder der Reichen. Deshalb muss ein Hausknecht der Familie Clara und Netta auf ihrem Schulweg begleiten, zu ihrem Schutz.

Das Gewitter verzieht sich zwar wieder. Doch offensichtlich hinterlässt es Spuren. Mutter ist derart bewegt, dass sie Clara, die bald auch noch schwer krank daniederliegt, von der Schule nimmt, um deren Erziehung zu Hause unter ihren eigenen Augen zu vollenden.

Und Clara? Nicht weit vom Elternhaus wohnen viele arme Leute, deren Schicksal ihr nahegeht. Ist es eine erste sensible Reaktion des Mädchens, dass sie bald schwer krank danieder liegt? Jedenfalls wird zu Hause viel für die Armen gearbeitet. Clara fertigt Mäntel mit Kapuzen an, um sie an bedürftige alte Frauen zu verschenken. Sie verschließt sich nicht dem Blick vor der Not der anderen. Und wenn es wieder einmal Streit gibt unter den Armen und deren lautes Geschrei bis in den elterlichen Garten dringt, pflegen Clara und Netta, vor allem wenn sie zusammen sind, ein frommes Lied anzustimmen und bald ist der Lärm wieder verstummt. Auch dies ist sicher kein Verschließen der Ohren, vielleicht eher so etwas wie ein Zusammenrücken in der ihr Herz ergreifenden Not, die ihnen nahegeht, so etwas wie ein Gebet in hilfloser Situation. Also auch hier Ausdruck eines Aufbruchs. Ein symbolisches Umarmen des Nächsten.

FREUNDESKREIS UMS ELTERNHAUS

Auf gemeinsamer Suche nach rechtem Handeln

DER FREUNDESKREIS CLARAS

Das geräumige großbürgerliche Haus in der Bendelstraße ist ein offenes Haus, zumal für die umfangreiche Verwandtschaft. Und Mutter Katharina hätte den Kreis am liebsten auf Familie und Verwandtschaft beschränkt. Doch wie das dann so ist, bald gesellen sich Freunde dazu und Menschen, die sich was zu sagen haben. Und gut ist es dann auch, wenn Jüngere von der Erfahrung der Älteren profitieren können, Anregungen bekommen, um herauszufiltern, was für einen selber vielleicht der beste Weg ist. Schauen wir uns einmal dieses „Team" an, das für die junge Clara gegenwärtig ist und sie offensichtlich geprägt hat. Stichjahr 1832, als Clara 17 Jahre alt ist:

Die älteren Brüder mit Studienfreunden

Josef
27 Jahre alt, Leiter der väterlichen Spinnerei, Stütze an der Seite der 54-jährigen Mutter. Drei Jahre später wird er die Spinnerei verkaufen und den geistlichen Weg einschlagen (als Redemptorist). 1841 Priesterweihe

André
26 Jahre alt, Studium der Theologie in Münster und Bonn. 1830 Primiz in Aachen, St. Paul, mittlerweile Kaplan, mit hohem karitativen Einsatz. Er bringt oft namhafte Freunde aus Studienzeiten mit, geistig regsame Männer.

Die Seelsorger der Heimatgemeinde

Joh. Jos. Wisdorff
56 Jahre alt, Gemeindepfarrer von St. Paul, Freund des Hauses. Lebt vor, was echte Seelsorge ist. Hat kranken Vater betreut, Betreuer und Beichtvater der Familie.

Wilhelm Sartorius
28 Jahre alt, Kaplan an St. Foillan, dem Dom gegenüber, spirituell eingestellt, mit sozialem Denkansatz, geistlicher Berater Claras.

Die in der Schule geschlossenen Freundschaften

Luise Hensel
34 Jahre alt, wegweisend für religiöse Erziehung der Schülerinnen an St. Leonhard, von Clara schwärmerisch verehrte Lehrerin, bald auch mit deren Mutter bekannt und Freundin des Hauses. Muss 1832 wegen Erschöpfung den Beruf aufgeben. Lange Zeit führend in der karitativen Laienbewegung Aachens. Als im Herbst des Jahres die Cholera in Aachen ausbricht, beginnt sie Kranke und Hilfsbedürftige in ihren Häusern zu besuchen, junge Menschen anregend, sich einzusetzen.

Anna v. Lommessem
Verlor früh ihre Mutter, war seit 1829 Mitschülerin Claras und die erste von allen, die es schaffte, sich zum „Heiligtum" in der Bendelstraße häufiger Zutritt zu verschaffen. Sie war die vertrauteste Gefährtin Claras.

Kinder stehen an zur „Johannisküche" in der Bendelstraße (gemalt von Schwester Helena, 2013), offensichtlich so genannt nach dem durch Aachen fließenden Johannisbach (nordwestlich des Markthügels, Richtung Neupforte und Seilgraben). Gemalt von Sr. Beatriz Helena.

AUS DIESEM KREIS ERWACHSEN ERSTE PROJEKTE

Kindern wird ein Hungerlohn ausgezahlt (Bild von 1871).

Von Vorbildern des Freundeskreises der Familie, sicher auch mit angeregt durch das Vorbild ihrer ehemaligen Lehrerin Hensel, lassen es Clara, Netta und ihre Cousinen nicht bei Werken der Frömmigkeit, sondern besuchen Arme und Kranke, um ihnen nach Kräften beizustehen. Bald schließen sich andere junge Mädchen aus dem Bekanntenkreis an. Mit dem wachsenden religiösen Leben wächst eben auch der Drang nach Liebestätigkeit. In vielen Gemeinden waren Krankenvereine entstanden und die Mädchen helfen mit beim Besuchsdienst. Stete Anregung und Stütze erhalten die Mädchen gewiss auch durch die regelmäßigen Treffen eifriger Seelsorgspriester in der Bendelstraße. Immer wieder kommt die Situation der herumstreunenden Straßenkinder zur Sprache und die Lage besonders gefährdeter und verwahrloster Straßenkinder.

Fünf Jahre später wird Kaplan Sartorius noch einen Schritt weiter gehen. Er möchte eine **„Johannisküche"**, so etwas wie eine Armenküche auf die Beine stellen, wo an Not leidende Menschen unentgeltlich Nahrung verteilt wird. Claras großzügige Mutter lässt dazu in ihrem Garten ein kleines Häuschen errichten. So entsteht 1838 in der Bendelstraße in Claras Elternhaus ein Aufsehen erregender Vorläufer dessen, was wir heute „Tafel" nennen.

Solche Einflüsse und vorbildliches Engagement tragen sicher mit dazu bei, dass die Zahl der jungen Frauen wächst, die sich aus dem Zeitgeist ausklinken und sozial engagieren. Unter ihnen sind solche mit glänzenden Gaben, die Mehrzahl aus angesehenen, vermögenden Familien.

Zur Orientierung für eine Lebensplanung ist ein Freundeskreis sicher hilfreich.

Ihre Jugendfreundin Gertrud Geller (nunmehr Nonne) schreibt an Clara:

„*Wie glücklich bist du doch, dass du vor allen Gefahren, denen junge Mädchen in deinen Verhältnissen ausgesetzt sind, durch die Fürsorge deiner guten Mama völlig gesichert, ohne Schwierigkeiten ganz den Werken der Frömmigkeit und Wohltätigkeit dich hingeben kannst.*“

(1.8.1839)

IM VERGLEICH ZU CLARAS ERFAHRUNGEN – HEUTIGE SCHÜLERÄUSSERUNGEN

Welche Rolle spielen Freunde für dich – auch im Blick auf Rat und Tat für deine Entscheidungen, zum Beispiel auch hinsichtlich deiner Berufswahl?

Freunde dürfen in meinem Leben nicht fehlen. Freundschaft ist im Gegensatz zu anderen Dingen komplett freiwillig und daher so positiv. Freunde führen dazu, dass man gesünder lebt, da man zusammen lacht und glücklich ist. Bei Entscheidungsschwierigkeiten helfen sie einem weiter. Auch wenn man mit Eltern oder Geschwistern Konflikte hat, ist eine Freundschaft etwas Unbezahlbares und Wundervolles.

Freunde haben hinsichtlich der Berufswahl sicherlich eine beratende Funktion, meine Entscheidungen treffe ich aber immer schon alleine und unabhängig ihrer Ansichten. Ihrer Unterstützung kann ich mir dabei trotzdem immer sicher sein und sie sich meiner.

Für mich spielen meine Freunde eine große Rolle, weil sie sollten immer zu einem stehen, immer für dich da sein und auch nicht dein Vertrauen missbrauchen. Am schlimmsten ist, wenn sie hinter deinem Rücken lästern.

Freunde sind mir sehr wichtig. Mit ihnen kann man über Sachen reden, über die man mit den Eltern nicht sprechen will.

ERSTES PROJEKT FÜR MENSCHEN IN NOT

Eine Schule für arme Kinder

Clara Fey beim Lesen mit Kindern. Im Hintergrund ihr Bruder André, der ihr weitere Kinder zuführt.

EINE GANZ VERRÜCKTE IDEE

„Ein sehr fühlbarer Übelstand in der Fabrikstadt Aachen [ist] das Umherlaufen der armen und verwahrlosten Kinder. Viele seufzen, diesem Unfug nicht abhelfen zu können."
So formuliert es mit großem Bedauern Claras Freundin Anna von Lommessem.
Die Freundinnen wollen etwas tun. Bei einer Sonntagabendzusammenkunft im Hause Bendelstraße im Jahr 1837 wird ein denkwürdiger Entschluss gefasst. Jemand macht halb scherzend, so wird erzählt, den Vorschlag: Lasst uns doch „ein Schülchen anfangen". Ein Gedanke, der offensichtlich auf eine Anregung von Claras Bruder André zurückgeht und der, was die praktische Umsetzung angeht, weltfern erscheint. Denn zu dieser Zeit gibt es in Aachen noch keine Armenschulen, die meisten Kinder wachsen ohne Unterricht auf – und das müssen tausende sein.

„Doch der liebe Gott lässt nicht mit sich spielen." Schon am nächsten Morgen wird mit geistlichem Beistand ein Zimmerchen oben an der Bendelstraße (Auf der Venn Nr. 6) gemietet, alte Bänke aus der Kirche geliehen, alte Bücher und Scherben von Tafeln zusammengesucht, ein paar Holzschuhe bereitgestellt, um Schüler anzulocken.

„Die sind ja gänzlich verrückt geworden!" So redet man in der Stadt. Und der ehrwürdige Herr Pastor Wisdorff meint begütigend: „Gott! Gott!.... Wat fangen die Mädchen nur an? Nun, nun, es ist doch keine Sünd, so junge Mädchen müssen ein Spiel haben; lasst sie nur, wenn sie es müd werden, dann hören sie schon von selbst auf."

Handarbeitsbild von 1847

Dies könnte das Originalhaus des „Schülchens" gewesen sein. Im 2. Weltkrieg wurde alles zerstört – unten die heutige Sicht.

DAS „SCHÜLCHEN" WIRD REALITÄT

Doch man unterschätze junge Leute nicht! Wenn sie einmal von einer Idee überzeugt sind, können sie Vieles möglich machen. Das Projekt nimmt seinen Weg, wenngleich Clara beim Start nicht mit Hand anlegen kann, da sie krank auf ihrem Zimmer liegen muss. Dann übernimmt eben die zupackende Freundin Lommessem vorübergehend die Initiative; sie, die früh ihre Mutter verloren hat, hat es gelernt, die Dinge selbst in die Hand zu nehmen. Unterstützt wird sie von Claras Cousinen.

Da kommen sie nun, die Straßenkinder, arme, halbwilde Geschöpfe, kaum genügend in Lumpen gekleidet. Sie kommen mit der Hoffnung, etwas zum Essen zu bekommen, womöglich auch ein wenig zum Anziehen. Doch für die Helferinnen heißt es erst mal, die armen, vernachlässigten Wesen zu reinigen, um sie überhaupt zum gemeinsamen Unterricht fähig zu machen. Und nachdem sie mit den nötigen Kleidungsstücken versehen sind, gilt es diese auch instand zu halten. Eine nicht leichte Aufgabe, zumal es auch noch immer mehr werden. Dennoch schaffen es die jungen Frauen, dass für die Kinder aufs liebevollste gesorgt ist.

So lernen Straßenkinder unter dem für sie geschaffenen Dach etwas fürs Leben. Sie lernen Lesen und Schreiben, auch Handarbeit, gleichsam eine Einübung in praktische Fertigkeit. Dazu kommt Katechismusunterricht und Gebet, also auch etwas für die Seele.

Man bedenke, die jungen Frauen, Clara gerade einmal 22, sind für diesen Beruf nicht ausgebildet! Und weit und breit gibt es nichts Vergleichbares in der Stadt.
Da ist ihnen Bruder und Kaplan André, der sie mit Rat und Tat unterstützt, eine große Hilfe. Er ist ein Mensch mit pädagogischem Talent, nicht nur als Religionslehrer, sondern auch als Spielfreund und Geschenkbringer im Schülchen. Zugleich ist er ein Priester, der mit seinem Einsatz bis an die Grenze seiner Belastbarkeit geht und darüber hinaus.

CLARA WIRD ZUM GEISTIGEN MITTELPUNKT

Kaum ist Clara wieder auf den Beinen und in das Projekt eingestiegen, wird sie auch schon zur Seele des Armen-Schülchen und zu ihrem geistigen Mittelpunkt. Die Kinder lieben sie, auch wegen der unbeschreiblichen Geduld, die sie mit ihnen hat. Sie lauschen ihr, die zu Herzen gehend Geschichten erzählt. Vor allem eine Geschichte liegt ihr am Herzen und vermag damit die Kleinen wie die Großen zu fesseln: die Geschichte vom kleinen Jesuskind, das einst arm und ausgesetzt war wie sie. So sucht sie in den Herzen dieser Straßenkinder die Liebe zum Jesuskindlein zu entfachen.

Manchmal sind die Freundinnen völlig überrascht, welche Herrschaft die zarte, sanfte Clara auf die unruhige Schar der verwilderten Kinder ausübt. Bald bringt sie es sogar so weit, dass sie die Schar für eine Weile ganz allein lassen kann und die Kinder still bei ihrer Arbeit sitzen bleiben. Kommt dann zufällig ein anderes Fräulein herein und fragt überrascht: „Seid ihr denn allein? Wo ist denn Fräulein Fey?" Dann kommt die Antwort: „Sie ist zur Kirche gegangen; der Schutzengel gibt auf uns acht."

Arme Kinder umstehen das Jesuskind an der Krippe.

Später einmal werden ihre Schülerinnen sie so beschreiben: „Fräulein Fey war die ewige Sanftmut. Sie erlangte alles mit einem Blick, sie brauchte nicht zu strafen, man sah es gleich ihrem Blicke an, ob sie zufrieden war oder nicht." „Wir freuten uns immer, wenn Fräulein Fey zu uns kam; alle Kinder liebten diese am meisten." Claras bescheidene Mädchengestalt ist Mittelpunkt der Liebe und des Zutrauens. Ihr Namenstag (12.8.) ist jedes Mal ein großes Jubelfest.

Eine junge Frau gibt jungen Mädchen Handarbeitsunterricht (1846).

DER UNTERRICHT TRÄGT REICHE FRUCHT

Schon nach einem guten halben Jahr stellt ein befreundeter Pfarrer fest: „Die Armenschule der beiden Töchter geht sehr gut von statten und kann der ganzen Stadt zum Vorbild dienen. Es ist ein Wunder, wie viel sie schon in der kurzen Zeit an den armen, vernachlässigten Kindern gebessert hat. Neulich (12. August) war ich in Aachen, da war der Clara ihr Namenstag, und sie kam ganz beladen mit Kränzen und Sträußen und Sprüchen nach Hause." (Pfarrer Johann Laurent)

Von einer anderen guten Bekannten, mittlerweile Klosterschwester, bekommt sie einen ihr Hochachtung zollenden Brief: „Was fangen die armen Kinder an, liebe Clara? ... Ich glaube, treue Clara, dass der himmlische Bräutigam schon in diesem Leben dir reichlich die Dienste lohnen wird, die du ihm persönlich leistest in diesen teuren Kleinen, von denen er selbst einst gesagt hat: Lasset die Kleinen zu mir kommen!"

Die Mädchen-Armenschule entwickelt sich – gewiss auch wegen des selbstlosen Einsatzes der jungen Frauen – überaus erfreulich und erreicht in der Öffentlichkeit hohe Sympathiewerte. Das schlägt sich auch nieder in der Schülerzahl. Nach dreijähriger Tätigkeit hat sich die Zahl der Kinder so vermehrt, dass es in der Schulstube viel zu eng geworden ist.

DIE MÄDCHEN-ARMEN-SCHULE WÄCHST UND WÄCHST

Da ergibt es sich 1840 ein weiteres Angebot. Auch die Pfarrgemeinde Sankt Paul hatte es mit einer Mädchen-Armenschule versucht. Doch der Zuspruch war zu gering und auch die verfügbaren Mittel. Deshalb möchte die Gemeinde ihre kleine Schule den frommen Damen überlassen. Dazu aber bedarf es größerer Räume. Die Stadt ist entgegenkommend und überlässt der Schule leer stehende Räume im ehemaligen **Dominikanerkloster.**

Hinter diesen Mauern, die noch vom alten Dominikanerkloster erhalten sind, befand sich einst die Schule der Schwestern, heute im ersten Stock ein Hörsaal der Universität (Aufnahme von 2013).

Heiliger Dominikus
Andreas Fey hat ihn in Köln bei einem Antiquitätenhändler gekauft und zum Königstein gebracht (siehe Seite 60).

Mit heiligem Schauer ziehen Clara und ihre Freundinnen aus ihrer Schule ins Kloster um. Sie schreiben es der besonderen Huld des **heiligen Dominikus** zu, dass ihnen dieses Haus zur Verfügung gestellt worden ist. Der Dominikus-Tag, der vierte August, wird stets feierlich begangen. „Dominikus“ kommt aus dem Lateinischen und heißt „der zum Herrn gehörende“. Er ist Schutzpatron der Wissenschaftler (somit auch der lernenden Schüler) und der fälschlich Angeklagten (somit auch der Straßenkinder, die bei vielen nicht den besten Ruf haben). So ist der Patron der Dominikaner fortan auch Mitpatron der Schwestern bei ihrer Arbeit. Seine Statue hat im Gebetsraum ihren Platz.

Bald beginnt sich auch die neue, größer gewordene Schule zu füllen. Es sind nicht nur die armen Mädchen aus der Gemeinde; sie kommen zum größten Teil von selbst, manche aber müssen aus rußigen Dachstuben oder feuchten Kellerlöchern hervorgeholt werden. Auch aus Nachbarpfarreien finden sich viele kleine Mädchen ein und bitten um Aufnahme. Sie alle werden, so nötig, mit Kleidung versorgt, mit Büchern und Papier, mit Federn, Schreibtafeln und Griffeln. Schnell ist der angewiesene Raum zu klein, ein zweiter muss her. Fünf Jahre nach Einzug ins Dominikanerkloster ist die Schülerzahl bereits auf 250 angewachsen – und wächst immer noch weiter. Ein dritter Raum muss her.

Josefine Gießen, eine der Freundinnen im „Schülchen".

ZUM SCHULPROGRAMM

Die in Aachen vom Volk „Fräuleins" oder „heilige Fräuleins" genannten jungen Damen der Armenschule geben sich bescheiden. Sie treten in schlichter Kleidung auf. Sie tragen ein schwarzes Kleid mit Umstecktuch, weißem Halskragen und Manschetten, auf der Brust ein Kreuzchen. Wenn sie ausgehen, nehmen sie noch Schal und Hut dazu, beides ebenfalls in schwarz.

Der Tag beginnt für die Kinder mit einer heiligen Messe. Die folgenden Schulstunden verteilen sich nach Leistungsfähigkeit und wie sie sich von ihren Familien frei machen können. Den Unterricht im Katechismus erteilt Kaplan André. Eine der Hauptsorgen ist es, die Kinder aus oft heruntergekommenen Elternhäusern zum Gottesdienstbesuch an Sonn- und Feiertagen zu motivieren.

Um die Kinder nachhaltiger betreuen zu können, müssen die Fräuleins sich mit den häuslichen Verhältnissen vertraut machen. Dazu machen sie Besuche in den Elendsquartieren, jede in ihrem Bezirk. Wenn die Eltern aus Scham ihr Kind zu Hause versteckt halten, weil es nichts anzuziehen hat, können sie abhelfen. Wenn ein Kind krank wird, übernehmen sie, wenn es nötig ist, seine Pflege. Noch Jahre später erinnert sich eine alte Dame, dass Clara jeden Abend ihr krankes Schwesterchen Lena besucht, ihm liebevoll die schrecklichen Wunden ausgewaschen, den Eiter ausgedrückt habe. Dazu habe sie immer ein Körbchen mit guten Sachen dabei gehabt, um daraus dem kranken Kind etwas zu geben. Als dann Lena fragte: „Fräulein Clara, wohin gehen Sie jetzt mit dem Körbchen?" Ihre Antwort: „Kind, in der Königstraße hab' ich noch viele Kranke." Als dann Lena mit 9 Jahren stirbt, bereitet Clara selbst die Leiche zum Begräbnis vor, näht ihr Totenhemdchen und bettet den kleinen Leichnam in den Sarg.

GEWINN VON SPONSOREN

Bei der wachsenden Zahl der Schülerinnen reichen die Mittel für eine anständige Bekleidung aller Verwahrlosten bald nicht mehr aus.

So kommen die Fräuleins auf die Idee, im Rahmen einer Weihnachtsbescherung die Öffentlichkeit zu mobilisieren. Sie bitten um Spenden bei Verwandten und Bekannten, bei betuchten Bürgern und beim Oberbürgermeister selbst. Schon im ersten Jahr ist die Kollekte so ergiebig, dass 200 Kinder beschert werden können. Dazu wird ein Saal im Kloster hergerichtet, eine Krippe aufgestellt, zu beiden Seiten ein Christbaum mit funkelnden Kerzen, ringsumher Spielzeug und Printen. An den Wänden hängen Kleidungsstücke. Die Wohltäter aus der ganzen Stadt sind eingeladen. Der Zulauf ist so groß, dass man froh sein kann, noch ein Plätzchen zu finden. – Mit diesen Bescherungen fühlen sich die Kinder aufgewertet, und in der Öffentlichkeit gewinnt die Armenschule mehr und mehr Beachtung und die Zahl der Gönner wächst.

Dieser Weihnachtskollekte zur Seite tritt auch bald eine Sammlung für arme Kinder zu Karfreitag. Sie findet in der Pauluskirche statt, und auch hier fließen die Gaben reichlich.

„WER IN MIR BLEIBT UND ICH IN IHM, DER BRINGT VIELE FRUCHT“

Das Liebeswerk für die armen Kinder, das die Mädchen fast spielend begannen, erreicht eine ungeahnte Ausdehnung und Bedeutung in der Stadt. Der erste gute Wille hat sich nicht verflüchtigt. Sein Funke ist zur Flamme gewachsen.
Bei aller rastlosen Aktivität bleibt aber immer das Ringen um eine spirituelle Basis die Grundlage und Kraftquelle.
Clara, schon bald zur Ordensgründerin geworden, kommt immer wieder auf die Ärmsten der Armen zurück und verkündet eine zeitlose Botschaft, die bis heute aktuell geblieben ist:

Es begann mit der Betreuung von armen Straßenkindern, heute sind es vornehmlich arme Kinder in fernen Ländern, so in Kolumbien oder – wie auf diesem Bild – in Indonesien auf der Insel Flores.

Bilder aus der Kindertagesstätte „Los Pinos" in Bogota (Kolumbien). Die Kindertagesstätte „Los Pinos" liegt in Belén, einem Stadtteil, wo viel Armut und Elend herscht.

„Wir sehen, wie hundert und hundert arme kleine Kinder dem Verderben zueilen und ihrem Heilande, der für sie Blut und Leben hingegeben, entrissen werden. Hast du nicht Lust, sie zu retten? O wenn du nur eines retten könntest, ein ganzes Leben voll Anstrengung wäre nicht zu viel! Bilde dir aber nicht ein, aus dir selbst auch nur das geringste für diese armen Kleinen tun zu können. Was du zu tun hast, ist dies: du sollst, während du am Heile deiner Lieblinge des Herrn arbeitest, sie ermahnst, sie unterrichtest, mit dem Herrn vereint bleiben, mit ihm über deinen Beruf sprechen und über Mittel, den Kindern nützlich zu sein. Du sollst, während du nach außen arbeitest, innerlich beten und sprechen: ‚Herr hilf! Du allein kannst helfen!' Auf diese Weise, sonst nicht, wirst du Frucht bringen. Wer in mir bleibt und ich in ihm, der bringt viele Frucht."

(7.12.1849)

„‚Wer eines dieser Kleinen aufnimmt, der nimmt mich auf!‘ und ‚Was ihr einem dieser meiner geringsten Brüder getan habt, das habt ihr mir getan.‘ Sehen wir denn nicht die wimmelnde Schar der Kleinen, die ihr Händchen nach uns ausstrecken? Begegnet uns denn nicht gleichsam auf jedem Schritt ein Kind, in welchem der Herr gepflegt, geheilt, gerettet sein will? O wer mehr Ehrfurcht, mehr Geduld den Kleinen gegenüber hätte! O wer mehr Kinder aufnehmen könnte! Bitten wir den Herrn, dass er uns die Liebe seines Herzens verleihe und Mittel schaffe in seiner Allmacht!“

(19.11.1849)

Bilder aus der Kindertagesstätte „Madre Clara Fey“ mitten im Elendsviertel Cazucá. Dieses Viertel ist, zumal vom Abend an, kein ungefährliches Pflaster, es herrscht Gewalttätigkeit. Sowohl die Kinder wie Eltern haben viele Probleme, die aufgearbeitet werden müssen und psychologische Betreuung ist eine wichtige Sache.

ENTSCHEIDUNG

Was ist es, das mein Leben ausfüllen kann?

UNTERSCHIEDLICHE AKZENTE – BEI ALLER GEMEINSAMKEIT

Wo junge Menschen voller Überzeugung an einem Projekt arbeiten, entfalten sich bei aller Gemeinsamkeit in der Grundeinstellung ihre Persönlichkeiten und gewinnen über die Jahre individuelle Züge. Schließlich gibt es viele Wege auf spirituellem und karitativem Wege weiter durchs Leben zu gehen.
Seitdem der bescheidene Versuch mit der Armenschule einen so ungeahnten Aufschwung genommen hat, wird es fast unvermeidlich, dass sich die Wege scheiden.

Soll ich diesen Weg weitergehen, indem ich eine Familie gründe?
Soll ich mich um Menschen kümmern, deren Familie der Tod gesprengt hat und Trauerarbeit leisten?
Soll ich mich noch augenscheinlicher einbringen in Krankenpflege und Hospizarbeit?
Oder soll ich mich für arme Kinder einsetzen, die das Leben noch vor sich haben?
Oder soll ich einen ganz anderen Schwerpunkt setzen, die eigene Seele pflegen und spirituell vorankommen?

SICH TRENNENDE WEGE

Unterschiedliche Wege zu gehen, ist nicht nur gerechtfertigt, sondern notwendig, wenn ein Mensch mit sich selbst im Reinen bleiben will.
Mit eigenen Entscheidungen sind Trennungen verbunden und Schmerz.

Netta (1816-1880)
Die erste, die aus dem Kreis der Freundinnen ausscheidet und ihren eigenen Weg geht, ist Claras Schwester. Mit 24 Jahren heiratet sie. Fürs erste ein großer Schmerz für Clara (große Traurigkeit legt sich über sie), sind die beiden bis dahin doch unzertrennlich und Netta ist für sie eine unersetzliche, eifrige Hilfe.

Doch Netta legt damit den Grund zu einer musterhaften Familie, die christlich geprägt ist und viel Gutes fördern kann, das in Aachen geschieht, und ihrer Schwester bei späteren Unternehmungen eine sichere Stütze ist.

Ihr Ausscheiden bringt jedenfalls das Projekt Armenschule nicht zum Stillstand.

In Paderborn wird sie bis heute verehrt. Das Reliquiar befindet sich in einer Seitenkapelle.

Pauline von Mallinckrodt (1817-1881)
Zu den engen Freundinnen Claras gehört auch die zwei Jahre jüngere Pauline von Mallinckrodt, die aus dem Westfälischen stammt. Mit 7 Jahren ist sie nach Aachen gekommen und mit Clara bei Luise Hensel zur Schule gegangen. Sie, die schon früh ihre Mutter verlor, möchte sich mit besonderer Liebe den Kranken und Sterbenden widmen. Auch sie verlässt die Gruppe, siedelt nach Paderborn über. Dort gründet sie 1840 eine Tagesstätte für Kinder von erkrankten Müttern. Bald darauf nimmt sie auch zwei blinde Mädchen in ihr Heim auf, aus der sich bald eine Blindenanstalt entwickelt. 1849 gründet sie die Schwestern der Christlichen Liebe, die bis heute existieren. 1985 wird Pauline selig gesprochen.

SO SCHAREN SICH DIE ZURÜCKBLEIBENDEN UM ZWEI HAUPTGRUPPEN

Franziska Schervier (1819-1876)
Die Krankenpflegerinnen scharen sich um Franziska. Sie ist Tochter eines Nadelfabrikanten und Bürgermeisters, dazu auch noch Patenkind von Kaiser Franz von Österreich. Nach dem Tod ihrer Mutter und der beiden älteren Schwestern musste sie schon mit 14 den Haushalt führen. Entsprechend entwickelt ist ihr organisatorisches Talent. Schon früh erkennt sie die Probleme sozialer Randgruppen in ihrer Vaterstadt. Und als 1840 ein Pflegeverein gegründet wird, hilft sie bei der Krankenpflege, stiftet Einrichtungen für „Johannisküchen", pflegt Cholera- und Pockenkranke. Und gegen die Widerstände ihres Vaters bleibt sie ihrer Berufung treu.

Nach seinem Tod (1845) gründet sie mit einigen Gefährtinnen die Kongregation der „Armen-Schwestern vom heiligen Franziskus". Sie kümmern sich um Bedürftige, um Kranke, Prostituierte und zum Tod Verurteilte.
Bei ihrem Tod wird sie von der Bevölkerung Aachens als „Mutter der Armen" verehrt und

Franziska Schervier

Denkmal vor der Aachener St. Paul-Kirche: Franziska begegnet einem Kranken.

1974 selig gesprochen. Das Heiligsprechungsverfahren läuft. (Schervier-Altenpflege ist bis heute tätig in Frechen, Köln, Frankfurt/M. und Mainz.)

Clara Fey (1815-1894)

Im Kreis der Freundinnen der armen Kinder wird Clara zum unbestrittenen Mittelpunkt. Um sie sammelte sich die Gruppe, die sich um eine Schule für arme Kinder sorgen will. Es gibt auch Mädchen, die sich länger zwischen den Tätigkeitsbereichen hin und her bewegen, bis sie dann ihren Standpunkt finden, so auch Anna v. Lommessem. Mit genauem Hinschauen auf eine bestimmte Tätigkeit schärft sich der Blick. Dabei wird ihnen deutlich, dass es mit Schulehalten allein nicht getan ist. Manche Kinder haben keine Eltern mehr, andere leben in so elenden Verhältnissen, dass sie nur ins sichere Verderben stürzen können. Es gilt also parallel ein Waisenhaus für die Herabgekommenen zu errichten. Sie bringen die Kinder zunächst im Haus einer befreundeten Witwe unter. Die Stadt überträgt ihnen dafür weitere Räumlichkeiten im Dominikanerkloster, wo bereits die Schule ist. Doch schnell stellt sich heraus, dass die Betreuerinnen völlig überfordert sind und sie die verwahrloste Herde nicht gebändigt bekommen. Erschwerend kommt hinzu, dass die Freundinnen bislang noch in ihren Elternhäusern wohnen und damit nicht die nötige Nähe zu den Problemkindern bekommen. Wie soll das nur weitergehen?

AUFBRUCH ZU EINER SOZIAL TÄTIGEN GEISTLICHEN GEMEINSCHAFT

Die Verbleibenden rücken enger zusammen

In dieser Zeit, nachdem sich die Gruppe mehr oder weniger auf eine klare Zielrichtung ihrer Arbeit geeinigt hat und entscheidende Probleme bewältigt werden müssen, rücken die Freundinnen noch enger zusammen, wie eine von ihnen später schreibt: „Wir sannen darauf, zusammen zu wohnen, damit wir nicht immer nach Hause zu gehen brauchten; auf diese Weise konnten wir die Kinder leichter ins Haus nehmen."

Johannes Laurent, 1804-1884
Bischof von Luxemburg,
Mitbegründer der Kongregation.

Beistand durch geistliche Beratung

In diesem Gedanken wird ihnen geistlicher Rat zuteil. Bruder André kontaktiert **Johannes Laurent**, einen gebürtigen Aachener, jetzt Bischof von Luxemburg: Er weiß nicht nur um das, was die jungen Frauen da leisten, sondern ist ausgesprochen erfahren darin, wie man einem solchen Kreis Bestand geben kann. Er unterstützt deren Idee voll und ganz und gibt den entschiedenen Rat: Gründet eine eigene klösterliche Kongregation! Und er macht ihnen Mut in einem Brief an André: *„So viele und so gute Elemente zu einer neuen tüchtigen Kongregation.... haben sich in diesem Jahrhundert wohl noch nirgend zusammengefunden. .... Ist erst die Oberin da, ... wird sich das übrige finden. Es ist in all den Mädchen so viel Fähigkeit, reiner Wille, Hingebung, Verständnis, dass jede sich von selbst an ihren Platz ordnen wird. Die Anfechtungen und Widersprüche werden sicherlich und hoffentlich nicht fehlen, das wäre ein schlimmes Zeichen, wenn der Teufel bei der Sache gleichgültig bliebe und Gott der Herr sie der Feuerprobe nicht würdigte!" (6.5.1842)*

Clara beginnt schon darüber nachzudenken, in ein auswärtiges Kloster einzutreten: *„Seien wir unbekümmert um uns und werfen wir all unsere Sorgen auf den Herrn; er hat uns berufen zu seinem Dienste.... Er ist uns der treueste Freund; er wird uns nimmer verlassen. ... So gehen wir denn zu ihm, so schwach wir auch sind, gehen wir zu ihm im Vertrauen auf seine Treue, auf seine Kraft. Gehen wir mit ihm und bleiben wir sein Eigentum. Amen." (5.8.1842)*

Noch ist nichts entschieden

Es drängt die Herzen der Freundinnen in unterschiedliche Richtungen und alles scheint nochmals ins Stocken zu geraten. Wohl nicht ohne Schmerz, doch in vollem Frieden vollzieht sich diese Scheidung.

Die eine, Anna von Lommesem hat den Hang zum geordneten Leben der „Sacré-Coer Schwestern“. Deren Schwerpunkt ist die Ausbildung von Mädchen und Frauen.

Eine andere (Helene Fey) geht zu den „Schwestern vom Guten Hirten“, 1835 in Frankreich gegründet. Ihnen geht es um Kinder, Mädchen und Frauen in Notsituationen.

Clara selbst bleibt bei ihrer Entscheidung. Sie will sich weiterhin um die Bildung von armen Kindern der Unterschicht sorgen.

Bedarf und Bedürfnis wachsen

Die Zahl der zu betreuenden Kinder wächst. Im September 1843 gelingt es der Gruppe um Clara – auch dank einer ihnen zugedachten Erbschaft – ein altes Haus in der Königstraße zu mieten, in das man bald mit zehn Pflegekindern umziehen kann. Derweil bleibt die Schule im Dominikanerkloster weiterhin bestehen.

Zugleich wächst unter den Freundinnen auch das Bedürfnis nach einer geistlichen Gemeinschaft. Denn zunehmend vermögen sich die jungen Frauen, zum Teil auch durch den Tod ihrer Eltern, von ihren Familien zu lösen. Gern möchten sie in das neue Haus umziehen, um mit Clara eine Schwesterngemeinschaft zu bilden.

Doch bevor es soweit ist, sind noch etliche Hindernisse zu überwinden. Claras alleinstehende Mutter wird zum Pflegefall und ihr alter Pastor hat Schwierigkeiten mit der geplanten Schwesterngemeinschaft.

Das an der oberen Königstraße (Ecke Templergraben) gemietete Haus für die Kinder und alsbald auch für die Schwesterngemeinschaft (Aufnahme 2013).

Inschrift am Haus in der Königstraße
Sie verweist auf das Gründungsdatum sowie mit der gekrönten Madonna darunter auf das Marienfest dieses Tages.

Start zum Leben in Gemeinschaft

Doch dann endlich – am 1. Februar 1844 – ist der große Tag des Einzugs gekommen. An Vigil, also am Vorabend, vom Fest Mariae Lichtmess kann die kleine Schwesterngruppe ins Haus in der Königstraße übersiedeln und fortan eine Hausgemeinschaft bilden.
Am Tag darauf wird die „Kongregation der Schwestern vom armen Kinde Jesus" ins Leben gerufen.

Maria in der Kirche in der Jakobstraße
Maria mit ihrem Kind auf dem linken Arm, am Herzen. Das Kind nackt und schutzbedürftig und doch die eigentliche Leitgestalt. Die Linke mit den in drei und zwei geteilten Fingern weist auf Gott: Die Drei weist auf den dreifach erfahrbaren Gott: Vater, Sohn und Hl. Geist (über mir – neben mir – in mir) Die Zwei weist auf Christus: wahrer Mensch und wahrer Gott, die ganze Hand verweist auf Gott.
Die andere Hand reicht ihr die Kugel: Symbol der Vollendung und Ewigkeit. Diese Botschaft taucht das arme Gewand des Menschen in goldenen Glanz. Diese Mutter Gottes stammt aus der Wohnung der Familie Fey. Sie hat also Clara von Kind an begleitet.

Maria als Vorbild für die Ausrichtung der Schwestern auf Christus

Fortan wird Maria – Königin aller Heiligen – in der Gemeinschaft der armen Schwestern eine gewichtige Rolle spielen. Bei den alljährlichen Maiandachten wird an äußerem Glanz und innerer Andacht alles aufgeboten, was in ihren Kräften steht bis hin zu Erbauungsreden über Tugendbeispiele. Und als dann auch in Kleve ein Ordenshaus entsteht, gibt es auch Jahr um Jahr eine Bittwallfahrt zur Maria von Kevelaer.

„Maria wird von Clara erfahren als jene, die nur einen einzigen Gedanken hat ihr ganzes Leben lang, den Herrn; sie zeigt uns, wie wir Ort werden können, an dem der Herr bleibt: Indem wir mit ihr verschlossener Garten und versiegelte Quelle sind. Das Leerwerden, Raumwerden, Gefäßwerden der eigenen Existenz, damit der Herr in ihr wohnen kann, liegt in der Konsequenz dieses Gedankens." (Klaus Hemmerle)

„Vom ersten Augenblick ihrer Empfängnis bis zu ihrem letzten Atemzuge hatte Maria nur einen Gedanken, einen einzigen, einfachen, aber unendlich großartigen, un-

aussprechlich hohen Gedanken. Sie war jener verschlossene Garten, jene versiegelte Quelle, in welche außer diesem einen Gedanken nichts eindringen konnte."
„Der Gedanke Marias war der Herr. Ihr ganzes Wesen und Sein, all ihr Sinnen und Denken war in ihm, durch ihn. Außer ihm kannte sie nichts, hörte und sah sie nichts..."
(Betrachtung III, Skapulierfest 1849)

„Die äußere Klausur ist zwar für uns ein gutes Mittel, uns vor manchen Zerstreuungen zu bewahren, doch ohne die innere würde sie uns wenig nützen. Unser Herz soll unter strengster Klausur stehen. Wir sollen da eine Zelle errichten und bewahren, worin wir mit dem Geliebten allein sind und alles andere draußen lassen.
Von der heiligen Mutter Gottes heißt es vorzugsweise: ‚Ein verschlossener Garten bist du, meine Schwester, meine Braut!' Doch sie bewahrte auch diesen Garten, sie ließ nie auch nur einen unnützen Gedanken zu.
Um nun das dürre Feld des Herzens dem Herrn ganz zu übergeben, damit er nach seinem Wohlgefallen es zu einem Garten umschaffe, müssen wir alle Zugänge, die etwas außer ihm einlassen könnten, versperren, und dies sind hauptsächlich unsere äußeren Sinne. Wir sollen sie ... in die fünf Wunden unseres gekreuzigten Heilandes verbergen, damit sein heiliges, bitteres Leiden in uns geschrieben werde. Suchen wir auf solche Weise die Klausur unseres Herzens zu bewahren. Bemühen wir uns darum mit großer Treue. Und wenn es auch Jahre der angestrengtesten Arbeit kostet, so wird der Herr unsere Treue lohnen. Er wird zu uns kommen und Wohnung bei uns nehmen und Abendmahl mit uns halten, wie er verheißen hat. Wer weiß, ob wir es nicht endlich durch seine Gnade erringen, dass keine Zerstreuung mehr uns von unserm Herrn, der in uns wohnt, abwenden kann, und dass wir diese innere Zelle, in der er uns heimsucht, nie mehr verlieren." (Konferenz 3.2.1850)

„Bei keinem einzigen unnützen Gedanken dürfen wir uns freiwillig aufhalten. Unser Herz muss leer sein, leer von sich selbst; von den irdischen Dingen, wie ein leeres Gefäß... Das leere Herz ... soll sich weit öffnen für das, was droben ist. Sieht der Herr ein heiliges Verlangen in einer Seele, dann wird er sie begnaden, begaben und reichlich erfüllen mit seiner Gnade." (Konferenz 23.5.1852)

Maria ist Trägerin der Weisheit, „Sedes Sapientiae". Das heißt: Sitz der Weisheit und bedeutet: Sie ist Thron für Christus. Die Statue befand sich einst in der Klosterkirche von Haus Loreto in Simpelveld.
In der Chronik lesen wir: „Herr Direktor hat das Bild bei einem Altröder in Köln gekauft." Jetzt steht sie im Wohnzimmer des Generalates in der Jakobstraße.

„Königstein", in der Königstraße, bezogen im Sept. 1844, vier Jahre später können die Schwestern mit ihren Kindern in ein besseres und geräumigeres Haus umziehen.

Zu Claras Zeiten befand sich hinter dem „Königstein" noch ein großer mit Bäumen bestandener Garten. Der zog sich hinüber bis zur annähernd parallel verlaufenden Beginenstraße. Aus diesem Garten ist heute wieder ein Ort für Kinder geworden, ein Schulhof. Die dazu gehörende Schule wurde 1898 an der Beginen-Straße errichtet. Sie führt den Namen des Pfarrpatrons St. Paul, Claras Heimatkirche. Heute ist es eine Förderschule der Stadt, in der an die 100 Kinder unterrichtet werden. In irgendeiner Weise bleibt der Ort sich treu: ein Ort für Menschen, die Hilfe brauchen. Am Eingang zum Schulhof begrüßt dieses Kinderbild die Eintretenden: „Hier ist echt was los."

Vom Feuchtraum zum „Königstein"

Das in der Königstraße – nur angemietete – Haus erweist sich schon bald als zu eng für die Bedürfnisse einer wachsenden Klostergemeinschaft. Dazu ist es ungesund feucht. Da bietet sich in der gleichen Straße ein Haus an. Es ist geräumiger, hat einen schönen Garten mit hohen Kastanienbäumen. Das passt! Es wird sogleich käuflich erworben und heißt fortan „Königstein".
Es bietet für die Kinder zwei Schlafräume. Ein Zimmer kann als Hauskapelle eingerichtet werden.
Dazu kommt ein weiterer Raum zu Sonderaufgaben, vom Kartoffelschälen bis zum Schuhputzen. Und ein wohlgesinnter Lehrer kann für die Kinder Unterricht erteilen, die in der Schule im Dominikanerkloster nicht unterkommen.
Im September 1845 erfolgt der Umzug. Jetzt können erheblich mehr arme Kinder aufgenommen werden. Am Ende des Jahres ist die Zahl der hier verpflegten Kinder bereits auf 40 gestiegen.

Heute ist an diesem Haus eine Tafel angebracht, die darauf hinweist, dass es später einmal in ganz anderer Weise als „Herberge", für von der Gesellschaft Ausgestoßene genutzt werden sollte: als „Judenhaus".

Hauptpatron: Josef, der Nährvater Jesu

Für Clara ist von Beginn an der hl. Josef Hauptpatron der Kongregation. Schließlich ist Josef der erste Pfleger und Behüter des armen Kindes Jesus gewesen. Sie stellt das Gelingen ihres Werkes unter seinen Schutz. Sie verspricht, die erste Kirche der künftigen Kongregation seinem Namen zu weihen. Ein lebensgroßes Bild soll die Kirche zieren. Täglich soll eine Litanei zu seiner Ehre gebetet werden. Dem Freitagsfasten wird der Mittwoch – zu Ehren Josefs – als weiterer Fasttag hinzugefügt.

Hochachtungsvoll spricht Clara von ihrem Patron: *„Unsere Kongregation hat diesem großen Heiligen vieles zu verdanken." „Der Mantel des hl. Joseph… ist uns eine sichere Klausur… hier finden… [wir] den Herrn und seine heiligste Mutter und werden hier in ihrer Gegenwart und Gesellschaft verbleiben… dieser Mantel ist weit und groß, es ist da Raum für alle. Er wird uns wärmen und schützen vor dem Frost und dem Sturm aller Versuchungen." (1854) Der „Schutzmantel des hl. Joseph" erscheint von da an in ihren Briefen wie ein geheiligtes Wort.*

Josef mit Kind an der Krippe in der Jakobstraße, liebevoll hergestellt von den Schwestern.

Hl. Josef
Von dieser Gestalt aus dem 19. Jh. (Bildhauer Götting) sagt man, es sei ursprünglich ein Apostel gewesen, den die Schwestern eine Lilie in die Hand gegeben und zum heiligen Josef gemacht haben. Er hat lange auf dem Seitenalter der Klosterkirche in Simpelveld gestanden.

ARBEITERINNEN DES HERRN MIT KLÖSTERLICHEM EINSCHLAG

Aus dem trauten Bund der Freundinnen, die sich schon lange kennen, erwächst in dem kleinen Privatwaisenhaus eine klösterliche Gemeinschaft. Mit bescheidenem Mahl feiern **vier junge Frauen** die Vereinigung. Sie sind die Säulen, auf denen die junge, bald wachsende Schwesterngemeinschaft ruht.

Clara Fey
29 Jahre, zweitälteste im Kreise, ohne Vater aufgewachsen, ihre Mutter ein Pflegefall. Anerkannter geistlicher Mittelpunkt.

Leocadia Startz, Schwester Theresia
25 Jahre, nach dem Tod ihrer Mutter dazu gestoßen. Von ausnehmender Klugheit, Seelenstärke und Arbeitskraft. Treue Freundin und rechte Hand Claras.

Wilhelmine Istas
29 Jahre, älteste im Kreise, hatte schon früh ihre Mutter verloren. Gewissenhaft und geschickt in der Haushaltsführung. Von großer Menschenkenntnis.

Luise Vossen
28 Jahre alt, Mitschülerin Claras. Hatte verwitwete Mutter gepflegt. Voller Liebe zu den Armen und zur Krankenpflege.

Schon im Gründungsstadium zeigen sich zwei Grundlinien

1. Traditionelle Verbindung: Vita activa und Vita contemplativa

Bereits im Namen, den sich die junge Gemeinschaft zulegt, deutet sich der Wunsch nach einer geistlichen Grundausrichtung an. Sie nennen sich „Schwestern vom armen Kinde Jesus". Wer sich ihnen anschließen will, muss bereit sein zur Güter- und Lebensgemeinschaft, zu ehelosem Leben, um ganz da zu sein für die an Leib und Seele bedürftigsten Kinder:
„Wir müssen aus dem Glauben leben und in jedem Kind ihn sehen, der für uns Kind geworden ist. Wenn der Herr in seiner Erniedrigung und Liebe so weit geht, dass er mit jedem Kind, mit dem ärmsten und verlassensten, mit dem körperlich und geistig elendsten, die Gleichstellung eingeht, die in seinen Worten liegt, so wird es nur recht und billig sein, wenn wir die Kinder so hoch achten und so sehr lieben, wie es diese Gleichstellung verlangt."

2. Einbringen von eigenen Vorstellungen

Bischof Laurent hätte es zwar gerne gesehen, wenn eine Oberin gewählt worden wäre. Doch für die Gruppe gibt es nichts zu wählen. Clara ist ihre unumstrittene Mitte.
Die Schwestern entscheiden sich für eine gemeinsame Tracht: ein schwarzes Kleid, dazu ein weißes Mullhäubchen.

In langen Beratungen mit erfahrenen Geistlichen suchen sie nach einer geistlichen Ordnung, die sie zunächst einmal am eigenen Leibe erproben. Dazu gehört eine feste Tagesordnung mit vorgegebenen Gebetszeiten, einer Meditationsstunde, der tägliche Besuch der heiligen Messe mit Kommunion. Und wenngleich den Schwestern im Hause klösterliches Stillschweigen auferlegt ist, gibt es doch nach dem Mittagessen ein Plauderstündchen. Jede Woche findet ein Schuldkapitel statt, wo man über das redet, was falsch gemacht wurde und nach Wegen der Besserung sucht. Alle Monate trifft man sich zum sogenannten „Kapitel“, um gemeinsam Entscheidungen zu treffen. Was sie sich angetan hatten, war eine recht strenge Ordnung.

Im Kloster darf auch gelacht werden

Sich Clara zu fügen, macht den Dreien weniger Schwierigkeiten als der Oberin selbst: „Ich bewundere die Demut der Dreie, die so sehr willig sind und mich um fast alles fragen, und ich bin nicht demütig genug, um einfältig zu befehlen, sondern schäme mich dessen.“
Doch mit dem – wenngleich selbstgewählten – klösterlichen Stillschweigen zurecht zu kommen, macht den kontaktfreudigen jungen Frauen doch zu schaffen. Eine meint, es erschwere die Arbeit, ja es koste manchmal sogar Tränen. Dennoch liegt ihnen das Lachen näher als das Weinen. Bei der neuen Lebensweise kommt oft Komik auf. Da sollen sie, die so vertraut miteinander waren, jetzt ernsthaft wie Ordensfrauen nebeneinander hergehen. Wenn sie zum gemeinsamen Pflichtgebet ansetzen, geraten sie in Gefahr, in Lachen auszubrechen. Vollends beim ersten Schuldkapitel kommen sie vor Lachen ins Stocken. „Wir waren in den ersten Tagen sehr zum Lachen gereizt…Wo wir uns über unsere gegen die Regel begangenen Fehler anklagten, gerieten wir in Stockung vor Lachen!“

FRÜHE BLÜTEN – BLEIBENDE FRÜCHTE BIS IN UNSERE TAGE

Man darf davon ausgehen, dass die engagierten jungen Frauen und ihr geistlicher Berater viel Gemeinsames haben. Als haben sie sich gesucht und gefunden. Schlichtes, uneigennütziges liebevolles Vorgehen. So können sie einander anregen, sich stützen, im Dialog Unterschiedliches einbringen und zu gemeinsamen Projekten entwickeln. Vor allem zwei Aspekte mit Langzeitwirkung seien hier genannt.

Wilhelm Sartorius, zur Zeit der Gründung 39 Jahre alt, 1831 Kaplan an St. Foillan in Aachen, 1849 Pfarrer an St. Michael in Burtscheid, Mitbegründer der Schwestern vom armen Kinde Jesus und deren Berater.

Maiandachten werden von den Schwestern mit großem Aufwand gefeiert, hier im Klostergarten von Simpelveld, 1935.

Neuer Akzent der Marienverehrung: die Maiandacht

Da ist für Satorius wie für Clara die Marienfrömmigkeit ein wichtiges Anliegen, und beide verbinden sie mit sozialem Engagement. So hält Sartorius am 1. Mai 1842 erstmals eine Maiandacht ab. Er verbindet sie mit seinem sozialen Engagement, indem er sie mit den armen Leuten der Stadt in der von ihm für sie gegründeten Suppenküche seiner Gemeinde abhält.
Dem können sich die „Schwestern vom armen Kinde Jesus", deren geistlicher Berater er ist, gut anschließen; denn bei ihrer Sorge um die armen Kinder steht ihnen Maria als Patronin zur Seite.
Mit dieser Initiative wird Sartorius zugleich Begründer des Brauches von Maiandachten in Westdeutschland, einer besonderen Art der Marienverehrung. Alsbald werden sich diese Andachten nicht nur in Aachen, sondern überall großer Beliebtheit erfreuen und zu hoher Blüte gelangen.

Neuartige Sorge um arme Kinder: das Kindermissionswerk

Besondere Verdienste hat sich Sartorius auch bei der Gründung eines anderen bis heute populär gebliebenen Projektes gemacht, der Gründung des Kindermissionswerkes in Deutschland. Die Idee war kurz zuvor in Frankreich durch den Bischof von Nancy entstanden. Kurz darauf ist es ein 15-jähriges Mädchen, das diesen Gedanken nach Aachen trägt. Es darf nicht verwundern, dass das Werk den sozial gesinnten Freundinnen und damit den Schwestern vom armen Kinde nahesteht und somit von ihnen wie natürlich auch von deren geistlichem Berater Sartorius mit begründet wird.

Was ist passiert? Auguste von Sartorius heißt das Mädchen. Sie hat alles, wovon ein 15-jähriges Mädchen träumen kann: schöne Kleider, ein großes vornehmes Haus, eine gute Familie, viele Freunde. Kurz: das Glück, in der Fabrikstadt Aachen in wohl-

Kinder helfen Kindern – so heißt das Motto.

habenden Verhältnissen aufzuwachsen. Sie hat sich wachrütteln lassen durch die soeben in Nancy entstandene Initiative (1843). Tief betroffen vernimmt sie die Nachrichten vom Leid vieler Kinder in aller Welt, vor allem in China und Afrika. Sich vorstellen zu müssen, in welcher Not, ja Lebensgefahr sich diese befinden, lässt sie nicht mehr los. Sie möchte die Ungerechtigkeit der Welt nicht hinnehmen und beschließt, bei Freunden und Verwandten Geld zu sammeln für diese armen gleichaltrigen Geschöpfe.

Und wieder ist es der sozial gesinnte Kaplan Sartorius, der diesen Gedanken aufgreift und dazu beiträgt, dem Gedanken eines „Kindes" eine feste und bleibende Grundlage zu verschaffen. Mit seiner Hilfe wird am 2. Februar 1846 – zwei Jahre nach Gründung der Schwestern vom armen Kinde Jesus und natürlich wieder an einem Marienfeiertag – das damals sogenannte „Werk der heiligen Kindheit" gegründet, dessen erster Präsident Sartorius wird.

Bereits zehn Jahre später wird der Verein von Papst Pius IX. als kirchlicher Verein anerkannt und erhält einen Kardinal als Protektor.

Sternsinger vor dem Aachener Dom.

Im Marienmonat Mai 1922 erhebt Papst Pius XI. den Verein der heiligen Kindheit zum Päpstlichen Werk mit dem Namen **Päpstliches Missionswerk der Kinder in Deutschland.**

In der Zeit des Nationalsozialismus leidet die Arbeit des Werks unter dessen restriktiver Gesetzgebung. Zum einen sinkt die Mitgliederzahl, da die gleichzeitige Mitgliedschaft in nationalsozialistischen Jugendorganisationen und kirchlichen Verbänden ab 1933 untersagt ist. Zum anderen wird bald das öffentliche Sammeln von Geld untersagt.

Im Oktober 1945 kann die Arbeit wieder aufgenommen werden. Ab 1949 erscheinen die Zeitschriften „Die Sternsinger" und „Heilige Kindheit – Schule und Mission". Um den 6. Januar 1959 findet erstmals die Sternsingeraktion oder Aktion Dreikönigssingen statt.

Präsident des Kindermissionswerkes in Deutschland ist von 2000 bis 2010 (mein Semesterkollege) Monsignore Winfried Pilz.

Kinder als Könige auf dem Weg zum armen Kind

Dass es Könige waren – genauer gesagt drei – und dass sie Kaspar, Melchior und Balthasar hießen, steht so nicht in der Bibel. Das wurde in späteren Zeiten vermutet.
Dass sie mit Herz und Verstand auf der Suche waren, dass sie stark im Glauben waren und beharrlich und dass sie überhaupt loszogen, ist entscheidend.
Nur so konnten sie das „Kind als König" finden in der Stadt Davids, des Hirten, Königs und Sängers. (Winfried Pilz)

Sternsinger auf dem Weg in Deutschland.

„Wenn ihr nicht umkehrt und wie die Kinder werdet, könnt ihr nicht in das Himmelreich kommen.
Wer so klein sein kann wie dieses Kind, der ist im Himmelreich der Größte."

(Mt 18,3f)

Jesus selbst hat die Kinder in die Mitte gestellt. Er sah sie nicht als unfertige Erwachsene, sondern als Ebenbilder Gottes.

Damit Kinder heute, morgen und übermorgen leben können, ziehen allein in Deutschland alljährlich über 500.000 Sternsinger von Tür zu Tür.

Dreikönige in Kasachstan.

Sternsinger beim orthodoxen Patriarchen in Istanbul.

Sie künden von der Freude der Heiligen Nacht; sie bringen den Menschen die Freude und den Segen Gottes, und sie versehen die Türen und Häuser mit einem Zeichen, das Gottes Wohlwollen und seine Liebe zu den Menschen deutlich macht.

Ihr alljährlicher Einsatz sichert die Kontinuität von Projekten, die Kindern weltweit die Chance auf eine bessere Zukunft geben. Straßenkindern in Lateinamerika, Aidswaisen in Afrika, Kindern in den Krisengebieten Asiens und Osteuropas, zahllosen Mädchen und Jungen weltweit kommt das Engagement der Sternsinger zugute.

„Wenn ich noch so alt wie ihr wäre, würde mir das auch Spaß machen, mit euch zu singen…
Weil ihr eine Botschaft an uns Erwachsene habt, die sehr wichtig ist.“

(ehem. Bundespräsident Horst Köhler beim Empfang im Bundespräsidialamt)

„Ich finde es wunderbar, dass ihr loszieht und so lange an die Türen und Herzen der Menschen anklopft, bis sie sich öffnen.“

(Winfried Pilz, Präsident des Kindermissionswerkes bis 2010)

Christus mansionem benedicat
– Christus segne dieses Haus!
+C+M+B+13

So schreiben es die Sternsinger an jede Haustür. Die Jahreszahl, die den Segen einschließt, zeigt uns: Wir sind in Gottes Liebe in diesem und in jedem Jahr.

Man könnte auch denken: Sie schreiben es an die Tür zum Weltenhaus.

Und das Weltenhaus dankt.

DIE KONSEQUENTE UMSETZUNG IN DIE PRAXIS

Aus schwachem Reis wird ein tragfähiger Baum

KAMPF UM ÖFFENTLICHE ANERKENNUNG

Gegen Unverständnis und Häme

Der selbstlose Einsatz der frommen jungen Frauen für die verwahrlosten Straßenkinder hatte ihnen Bewunderung eingebracht. Jetzt aber mit der Absonderung in einer klösterlichen Gemeinschaft gibt es Unverständnis, setzt es Tadel und Häme, ja Widerspruch. Gerade die einflussreichen Bürger halten sich zunächst sehr zurück mit ihrer Gunst.
Da braucht es eine Zeit der Eingewöhnung. Derweil wächst das Sozial-Projekt der Schwestern. Mit dem Erwerb des „Königsteins" können noch mehr arme Kinder betreut werden. Die Übernahme der Pfarrschule von St. Paul ist ein weiterer Schritt in Richtung Anerkennung.
Es braucht ein Jahr, bis Sartorius – offensichtlich im Bemühen um prominenten Beistand – am 31. Mai 1845 dem Erzbischof schreiben kann: Endlich hat das „Senfkorn…den Wintersturm hämischer Verurteilung überstanden und erfreut sich nunmehr des ungeteiltesten Beifalls und Bewunderung der Bürgerschaft."

Gegen Überforderung und Ausgebranntsein

Die Lebensweise der Schwestern stellt hohe Anforderungen an ihre Kräfte. Mit größter Strenge halten sie sich an die beiden Fastentage am Freitag und noch am Mittwoch. Dazu kommt eine Tagesordnung, in der es so gut wie kaum Raum zum Ausruhen gibt. Und in der Zeit, die ihnen zur Erholungszeit bleibt, stricken sie sich die Finger krumm, um z.B. zwei Kinder mehr versorgen zu können. Solch ein Einsatz macht sie anfällig für Krankheiten, und Clara, die oft niedergeworfen wird, klagt Sartorius ihr Leid: „Am guten Fortgang unserer Sache zweifele ich manchmal, und ich kann es niemand übel nehmen, daran zu zweifeln… Es scheint mir, der Herr wolle unser Beginnen prüfen. Denn sichtbar lastet doch ein eigener Druck auf uns, sei es durch Krankheit oder innere entmutigende Versuchungen zu Trübsinn… Das alles sind Gefühle, die mich manchmal so drückend ergreifen, dass ich mich nicht zu lassen vermag."

Die Treppe hinauf bis zum Erzbischof

Eigentlich beginnt alles für Clara mit der schlimmsten aller Prüfungen. Im April 1845 wird der angesehene und gewissenhafte **Kaplan Sartorius** nach Köln bestellt. Er soll eine Pfarrstelle bei Bonn übernehmen. Sollte ihr geistlicher Vater sie in diesem Augenblick verlassen, wäre das für Clara und ihre noch junge Gemeinschaft der Zusammenbruch. Gleich auf die erste Kunde vom drohenden Verlust wendet sich Clara an **Bischof Laurent**, Freund und Gönner der Schwestern vom armen Kinde Jesus. Doch der kann nicht mehr geben als seelischen Beistand und Mut machen; denn in fremde Diözesen darf er sich nicht einmischen.

Doch am Ende hat die Vorladung nach Köln auch etwas Gutes. Die Gemeinschaft der Schwestern gerät in den **Blick des Erzbischofs.** Der schickt seinen Weihbischof (zuvor Dompropst dort) nach Aachen, um den Konvent zu inspizieren.

Für die Schwestern ist das der Anlass, über ihn dem Erzbischof ihre Statuten (2.2.1844) vorzulegen, und der Weihbischof verspricht, sich bei staatlichen Stellen für sie zu verwenden.

Wilhelm Sartorius, geistlicher Vater der Schwestern.

Johannes Theodor Laurent, apostolischer Vikar in Luxemburg, gebürtig aus Aachen, war Berater und Förderer der Schwestern.

Johannes von Geissel, Erzbischof von Köln (1845-1864). Sein Bild hängt im Konferenzzimmer des heutigen Kardinals Joachim Meisner (Erzbistum Köln).

KLOSTERORDNUNG AUF MÜHEVOLLEM BEHÖRDENWEG

Der Erzbischof verlangt neue Statuten

Aber dem Erzbischof sind die vorgelegten Statuten noch zu allgemein, sie müssen klarer formuliert werden. So sollen sie einen späteren Ausbau der Kongregation berücksichtigen. Dazu sollen sie sich an eine bereits bestehende und anerkannte Ordensregel anlehnen. Man folgt dem Vorschlag von Bischof Laurent, der Gemeinschaft den Charakter eines abgeschlossenen Klosters zu geben, sozusagen als Mutterhaus für spätere Filialhäuser. Bereits nach einem Monat sind die neuen Statuten fertig. Da es für die Schwestern ein Trost ist, unter dem Schutz des hl. Dominikus zu stehen, lehnen sie sich an die Regel des heiligen Augustinus an, der auch die Dominikanerinnen folgen. Sie erklären sich bereit, dem Erzbischof über ihr Vermögen Rechenschaft zu geben und es bei Auflösung des Ordens diesem zu übertragen. Dazu bitten sie ihn, sich bei den staatlichen Stellen für die notwendige Zustimmung einzusetzen. Im August kommt es sogar zu einer Audienz der Schwestern in Köln. Der Erzbischof akzeptiert die neuen Statuten. Doch die Verhandlungen um eine Anerkennung durch die staatliche Behörde – zumal mit den bürokratischen Instanzen – ziehen sich in die Länge.

Die Behördentreppe von oben nach unten

Wappen des Königreichs Preußen

Wappen der preußischen Rheinprovinz

Wappen des Erzbischofs Johannes von Geissel

Da geben einflussreiche Freunde den Rat, der Königin höchstpersönlich eine Bittschrift zu überreichen. Clara, ihr Bruder André und Leocadia Startz machen sich auf den Weg nach Berlin. Kurz vor Weihnachten kommt es zu einer Audienz beim Minister, an Heiligabend werden sie sogar zur Königin selbst vorgelassen. Sie ist verzaubert von ihnen und kann sich nur wundern, dass sich so junge Menschen zu einem so großen Werk entschließen. Rückhaltlos stellt sie sich hinter ihr Vorhaben: Sorge um arme Kinder. Gleich nach Weihnachten gibt der König selbst grünes Licht und bittet seine Behörde um Abstimmung mit dem Erzbischof.

Nach freundlichem Empfang beim zuständigen Minister und mit dessen Empfehlung macht sich die Delegation auf nach Koblenz, wo der Oberpräsident der Rheinprovinz seinen Sitz hat, auf den jetzt alles ankommt. Leider treffen sie ihn nicht an.

Mehr Glück haben sie dann in Köln, wo sie der Erzbischof freundlichst und voller Interesse empfängt.

Endlich, nach sechswöchiger Reise, sind sie zurück in der Königstraße „wohl und zufrieden über den Erfolg". Alles scheint auf gutem Weg. Der Oberpräsident der Rheinprovinz erscheint höchstpersönlich, um das Haus der Schwestern in Augenschein zu nehmen.

Staatsvorgaben und Selbstbewusstsein (1846)

Die Regierung fordert:
Wir verlangen Akteneinsicht und staatliche Zustimmung bei der Aufnahme aller Postulanten, Novizinnen und Professen. Dazu verlangen wir volle Einsicht in alle Finanzen.

Die Schwestern geben eine geharnischte Antwort:
„Als Bedrückung müssten wir es erachten, wenn unsere Novizen mit der Oberin vor einem Zivilstandesbeamten erscheinen sollten, um sich vor diesem über den Eintritt in eine religiöse Genossenschaft zu erklären. Diese für Frauen in ihren Berufs- und Gewissenangelegenheiten so gehässige als lästige Kontrolle durch weltliche Beamte haben wir gerade umgehen und vermeiden wollen... So glauben wir uns genötigt, gegen solchen Versuch zur Abweichung von dem klaren Wortsinn unseres Statuts durch Rekurs auf Seine Kgl. Majestät uns zu verwahren."
– Und was die Finanzen angeht: Es reicht wenn der Bischof kontrolliert.

Man mag es kaum glauben. Die Schwestern haben Erfolg mit ihrem Einspruch, und das im Angesicht einer eher Protestanten freundlichen Regierung. Die Genehmigung allerdings zieht sich hin.

Genehmigung in Raten

Im Mai 1847 endlich wird die Genehmigung mit königlicher Kabinettsorder ausgesprochen. Mit ihr werden den Schwestern die „Rechte einer bürgerlichen Person“ verliehen. Doch damit ist die Sache noch lange nicht unter Dach und Fach. Zunächst bleibt die Genehmigung monatelang in den Schubladen des Ministeriums liegen. Dann – es wird September – lässt der Oberpräsident Clara erst einmal eine **Abschrift** zukommen, zusammen mit den von Kirche und Staat für gut befundenen Statuten. Und endlich – mittlerweile ist es Dezember – wird die Genehmigung der neuen Kongregation auch vom Ministerium vollzogen und erreicht die Schwestern in Aachen zum Dreikönigsfest.

Jetzt muss nur noch der Erzbischof seinen Segen dazu geben, und der tut das feierlich per Dekret an einem für Aachen denkwürdigen Tag: am 28. Januar 1848, dem Karlsfest.

Karl schaut zu, als wolle er gratulieren.

Statuten mit 35 Artikeln, unterschrieben von Clara Fey, Leocadia Startz, Wilhelmine Istas, Luise Vossen. Gesehen und genehmigt von Erzbischof Geissel von Köln, 27.10.1847, genehmigt von der preußischen Regierung, Berlin, 11.12.1847, unterschrieben von Eichhorn und Bodelschwingh.

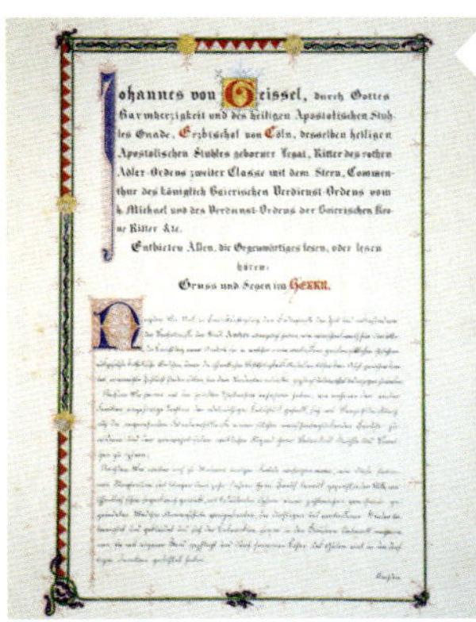

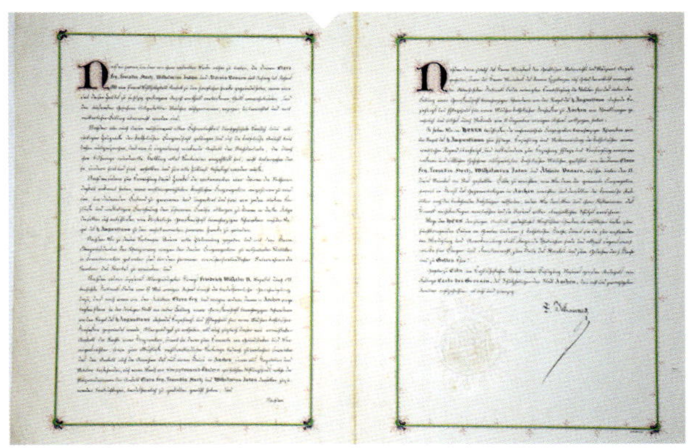

Errichtungsurkunde der Kongregation barmherziger Schwestern von der Regel des hl. Augustinus von Erzbischof von Geissel unterschrieben, Köln, 28.01.1848.

Franz von Sales (1567-1622)
Die Statue (Mitte 19. Jh.) stammt nach Angaben Claras vom Bildhauer Götting. Sie ist ein Geschenk zu ihrem Namenstag.

Augustinus (354-430)
Die Statue stammt vermutlich aus dem 16. Jh. Sie ist ein Geschenk von André Fey.

RINGEN UM EINE GEISTLICHE ORDNUNG

Spiritualität braucht Leitbilder

Natürlich verlangt der Erzbischof eine über die Statuten hinaus gehende geistliche Regel. Wieder steht Kaplan Sartorius als ihr Seelenführer den Schwestern hilfreich zur Seite. Wie vom Erzbischof gefordert, entwirft er eine geistliche Regel. Dabei schöpft er insbesondere aus den Schriften eines bekannten Asketen: **Franz von Sales.** Zum einen hat ihm dieser persönlich viel gebracht. Zum anderen hat sich die Ordensregel des Heiligen in ihm bekannten Kongregationen ausgesprochen bewährt, so dass er sich an diese Vorbilder anlehnen kann.

Leben nach den Regeln Franz von Sales:

- Leben in der Gegenwart des liebenden Gottes.
- Den Menschen begegnen auf eine liebenswürdige, gewinnende, herzliche Weise.
- So ein Leben schenkt mir das Leben in Fülle.
- Jeder ist dazu berufen, seine Frucht zu bringen. Aber alle Früchte will Gott, jedes nach seiner Art.

Franz von Sales schuf eine neue Einheit von Beruf und Religion.

Leben nach der Regel Augustinus:

- Sie verlangt ein von Liebe und Eintracht geprägtes Leben in der Ordensgemeinschaft.
- Gegenseitiges Mahnen und gegenseitige „Kontrolle“ sollen dazu eine Hilfe sein.
- Verzicht auf persönlichen Besitz
- Enthaltsamkeit (Fasten, kein sinnliches oder materielles Begehren)
- Unterordnung unter die Gemeinschaft und die Autorität des Oberen
- regelmäßiges Gebet

Dazu kommt, dass die salesianischen Gemeinschaften zugleich auch die Regel des **heiligen Augustinus** als Grundlage haben. Diese auch zum Fundament für die neue Kongregation zu übernehmen, hat gleich mehrere Vorteile:
Sie ist von den meisten Klöstern des Staates angenommen, was für eine staatliche Anerkennung von taktischer Bedeutung sein kann. Sie lässt für Neuregelungen den weitesten Spielraum. So lassen sich eigene Vorstellungen und die Gegebenheiten vor Ort einfügen. Und schließlich kommt sie den Schwestern, die sich zu den Dominikanern hingezogen fühlen, auch dadurch entgegen, dass deren Orden ebenfalls nach der augustinischen Regel lebt.

Vorbilder bedürfen der Identifikation

Bald ist Mutter Clara mit den Ideen des Franz von Sales aufs Innigste vertraut. Man bezeichnet ihn schon als „der Mutter Lieblingsheiligen". Eine Mitschwester schreibt dazu: „Den hl. Franz von Sales bezeichnete unsere Mutter als den strengsten Geisteslehrer. In dieser Strenge, insofern darunter zu verstehen ist: alles von der Seele zu verlangen, eine rücksichtslose Hingabe an Gott bis auf die letzte Faser – war aber Mutter Clara als treue Tochter und Nachahmerin dieses großen Heiligen dem Vater (Sartorius) ähnlich. Das Herz ihrer Schwestern musste ganz Gott angehören, um jeden Preis."

Vorerst bleibt alles noch unter Vorbehalt (Mai 1848)

Bereits im März reicht Sartorius die erarbeitete Regel beim Erzbischof zur Bestätigung ein. Die Antwort kommt im Mai: Der Bischof hat keine Bedenken, bestätigt die Regel allerdings nur auf zwei Jahre, sozusagen auf Probe. Noch haben die Schwestern kein Ordenskleid. Noch ist ihnen ihr gewählter Name versagt. Kirchliche Gelübde dürfen die Schwestern noch nicht ablegen und auch heilige Messen unter dem Klosterdach sind nicht erlaubt. So überreicht Sartorius bereits im Juni dem Erzbischof ein Bittgesuch um weitere kirchliche Bestätigung und erklärt sich bereit, eine noch ausführlichere Regel zu entwerfen aufgrund seiner Kenntnis der Verhältnisse und Erfahrungen vor Ort. Er wolle aus vielem bereits Vorhandenem das Passende für die Schwestern aussuchen.

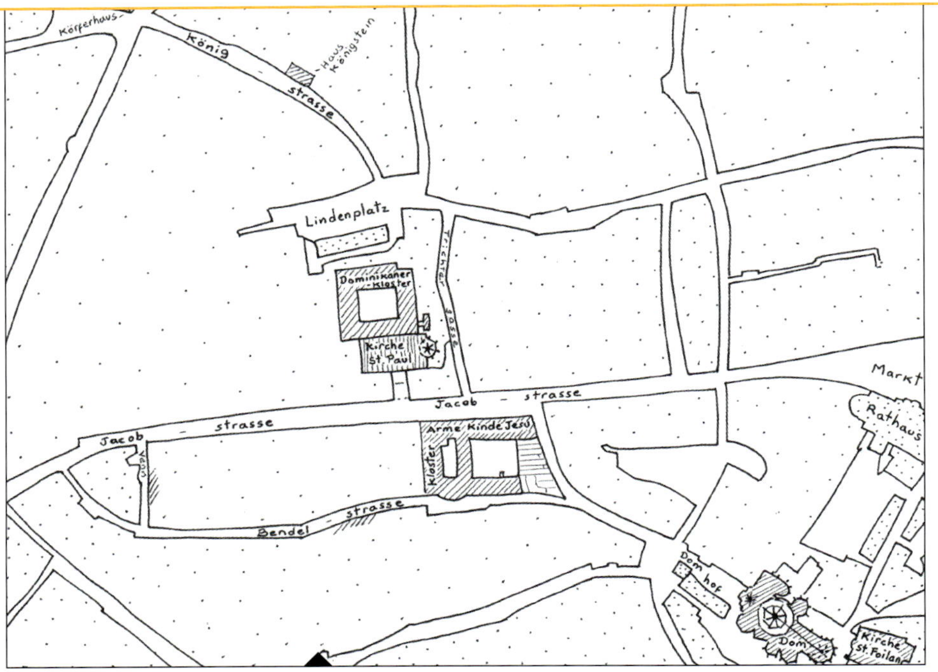

Mutterhaus und seine Umgebung, gemalt von Sr. Beatriz Helena.

Dies ist das Mutterhaus in der Jakobstraße, ein ehemaliges von Napoleon säkularisiertes Kloster von Cölestinerinnen, das die Schwestern samt Klosterkirche übernommen haben. Im Jahre 1892, also noch zu Lebzeiten Claras, werden die alten Gebäude neu gebaut (Nr. 21). Dabei ist nicht ganz klar, was vom Alten abgerissen wurde. Jedenfalls steht die neue Kirche noch auf ihrem alten Platz. Es ist die älteste noch vorhandene Ansicht des Klosterkomplexes, wie er noch bis zum 2. Weltkrieg ausgesehen hat. Im Krieg werden dann Kirche und Gebäude in der Mitte (Nr. 19) fast ganz zerstört, und das Haus hinten (Nr. 21) verliert seine schönen Dachgiebel.

UMZUG IN EIN NEUES HAUS (14.9.1848)

Am Anfang ein Notbehelf

1847 müssen die Räume des Dominikanerklosters geräumt und die Armenschule ins zweitnächste Haus neben „Königstein" verlegt werden, zunächst ein Notbehelf, denn der Bürgermeister hat davor gewarnt, dass die Räume jederzeit zurück verlangt werden könnten.

Angebot im Stadtzentrum

Da kommt im Januar 1848 ein unvermutetes Angebot: Zwei Häuser in der Jakobstraße, also mitten in der Stadt, stehen zum Verkauf an. In einem befand sich einst die belgische Post. Das andre war ehemals ein Frauenkloster, das 1806 aufgehoben worden war. Die dazugehörige Kirche ist mittlerweile umfunktioniert, teilweise zu einem Wohnhaus umgebaut, teils ein Wollmagazin. Auch ein Garten gehört dazu, alles zusammen ein Morgen Land.

Clara möchte die Anlage gerne übernehmen, kann aber nur höchstens 80% des Kaufpreises aufbringen und das auch nur unter äußerster Einschränkung und Reduzierung der zu versorgenden Kinder. Wieder einmal kann Bischof Laurent als Vermittler einspringen. Er kennt die beiden, Verkäuferin und Käuferin, und die beiden verehren ihn. Im Mai wird der Kaufvertrag unterzeichnet.

Kapelle in der Jakobstraße vor dem 2. Weltkrieg.

Verlangen nach eigenem Kapellchen

Natürlich muss erst einmal gründlich renoviert werden. Dazu kommt der von den Schwestern schon lange gehegte Herzenswunsch nach einem Kapellchen, um endlich im eigenen Hause die heilige Messe feiern zu lassen und das Allerheiligste bzw. den eucharistischen Herrn stets nahe zu haben.
Bisher waren alle Bemühungen am Erzbischof gescheitert. Entweder gab es keinen geeigneten, den Ansprüchen genügenden Raum. Oder er hatte – nach Erkundigungen in Rom – immer gemeint: Ihr seid ja nur ein Frauenkonvent ohne Klausur und ohne kirchliche Gelübde.
Mittlerweile hat sich alles geändert: Mit der Renovierung der ehemaligen Kirche steht ein allen Ansprüchen genügendes Gotteshaus zur Verfügung. Und nach der Anfang des Jahres ausgesprochenen Genehmigung ist auch der Konvent rechtens.
Zudem ist auch die Gottesdienstversorgung sichergestellt. Denn überraschend ziehen zwei Geistliche, die bereits bei der Ordenspflanzung mitgewirkt haben, in unmittelbare Nähe: Der eine ist Claras Bruder Josef Fey, jetzt Redemptoristenpater, der in die Heimat zurückgekehrt ist. Der andere ist Bischof Laurent, den man genötigt hat, seine Diözese in Luxemburg zu verlassen, um sie nie wieder zu betreten.

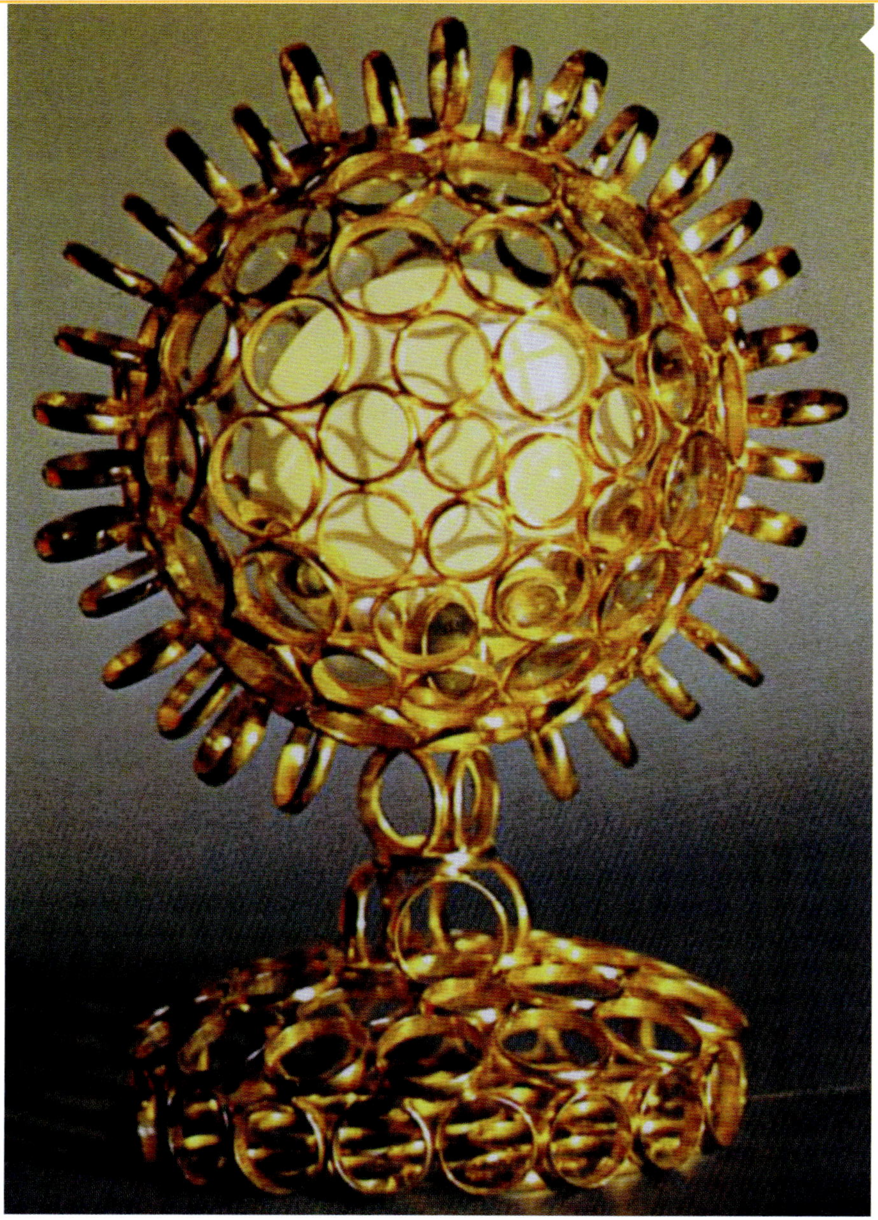

Die Monstranz befindet sich heute in Burtscheid, sie stammt vom Künstler Egino Weinert.

Clara sieht in der Eucharistie die ganz besondere geistige Mitte

Der lebendige Mittvollzug stärkt die Mitglieder untereinander. Bis vor einigen Jahren trugen Schwestern als Ordenskennzeichen eine ovale Medaille mit der Darstellung der Monstranz. Auf den neueren ist diese verschwunden, doch immer noch lautet das Lieblingswort Claras: Manete in me.

Die Monstranz auf dem Bild besteht aus zweihundert Professringen verstorbener Schwestern. Die Ringe sind in Größe, Form und Eigenart unverändert geblieben, darauf die eingravierten Worte: „Dilectus meus mihi et ego illi". Dem Kreisrund der Ringe angepasst wurde für das Gefäß, das die Hostie birgt, die umkreisende Form der Kugel gewählt. Der Kugel-Kreis-Ring ist Symbol des In-sich-Geschlossenen, des grenzenlos Ewigen. Der hl. Bonaventura spricht von Gott als dem „Kreis, dessen Mittelpunkt überall und dessen Peripherie nirgends ist".

In der Kugel der Monstranz ist der symbolisch eingefangene Himmelskreis dargestellt mit dem ihm innewohnenden und aus ihm heraus wirkenden treuen Gott, ein Stück Himmelskreis, geformt aus den Treuezeichen von einigen

Generationen, transparent und durchlässig, Symbol der Seligkeit des neuen Lebens, das in der Apokalypse 21,18 durch die Himmlische Stadt dargestellt wird, „aus lauter Gold gleich reinem Glas".

Zweihundertmal können wir in den Ringen lesen: „Dilectus meus mihi et ego illi." *„Der Geliebte ist mein und ich bin sein"* (Hoheslied). Sie sind stumme, beredte Zeugen dafür, dass Menschen miteinander verbunden sind. Eine Vielzahl bildet den Fuß, das Fundament. Die Ringe an der Unterseite sieht man kaum. Andere vereinigen sich zu einer kleinen Gruppe. Sie tragen die ganze „Last" der Kugel, Ring um Ring – aus großen und kleinen Reifen – bilden den Raum, in dem der Himmel wächst. Einige legen sich kreisförmig wie ein Strahlenkranz rund um die Kugel. In ihnen wird deren Begrenzung aufgelöst und damit zur Einladung.

Alle gemeinsam erfüllen sie die gleiche Aufgabe: hinzuweisen auf den, ohne den sie ein totes Gefäß wären. Erst von der Mitte her, die sie gemeinsam bergen und sichtbar machen, gewinnt ihr Zusammenstehen einen Sinn.

„Wir treten in eine neue Familie, in der der Herr uns um sich geschart, in der er das Haupt ist und wir die Glieder sind. Wir sollen also einander mit aufrichtiger und herzlicher Liebe lieben...
Wir sind vereinigt durch unsern Herrn und Meister, wohnen in einem Haus mit unserm Herrn, werden an einem Tisch genährt durch sein heiliges Fleisch und Blut. Er will uns so vereinigen, dass wir im engsten Sinn nur einen Körper ausmachen, wovon er das Haupt ist. Deshalb müssen wir einander herzlich lieben und zueinander stehen, eine die andere schützen wie der Leib die Glieder."

(Konferenz 1.10.1871)

Stickerei aus Wien

Umzug – am denkwürdigen Tag des Kreuzes

Der Umzug von der Königstraße in die Jakobstraße erfolgt am 14. September 1848, dem Fest **Kreuzerhöhung**. Mit diesem Tag will die Kirche an die legendäre Auffindung des Kreuzes Christi im Jahr 330 n. C. erinnern. „Erhöhung" besagt, dass das Kreuz als Siegeszeichen gesehen wird, weil Jesus am Kreuz den Tod überwunden hat. Im orthodoxen Gottesdienst neigt der Priester an diesem Tage ein großes Kreuz nach allen vier Himmelsrichtungen, um damit zugleich das Volk zu segnen.

Ob Clara den Einzug in das neue Haus bewusst auf dieses Fest gesetzt hat, lässt sich nicht mehr genau sagen. Jedenfalls hat das Kreuz in ihrem Leben bislang eine große Rolle gespielt. Schon als Fünfjährige, beim Tod des Vaters, ist sie mit ihrer Familie durch die Kreuzesschule gegangen. Mit 25 hatte sie sich in die Schriften des heiligen Johannes vom Kreuz vertieft. Und dann bei der Kinderbetreuung im Dominikanerkloster trugen die Schwestern ganz bewusst ein Kreuz auf der Brust. Dazu kommt ihre schwankende Gesundheit, die sie immer wieder als Kreuz empfindet. „Von mir kann ich nichts sagen... so elend, so ganz nichtig komme ich mir vor. Es ist auf ein Sterben abgesehen. Das Kreuz, die Dornen trösten mich." Noch bedeutsamer dürfte für Clara der Gedanke sein, jetzt im Augenblick des Umzuges das Kreuz Christi und die Sorge um die Kinder zusammen zu bringen. Beide Male geht es um die Aufgabe von Leben für andere. So schreibt sie mahnend an ihre Mitschwestern:

*„In unserer Regel ist das ausgesprochen, was eigentlich unser Beruf ist, unser besonderer Zweck, nämlich die Aufnahme der armen verwahrlosten Kinder, deren es so ungeheuer viele gibt. Das Verderben ist so groß, wie es noch nie gewesen ist….
Überall überragt die verdorbene Jugend die Zahl der guten so, dass wenn nicht eine mächtige Hilfe von oben kommt, es kaum vorauszusehen ist, welches Unheil daraus entstehen kann und wird. Dies kommt aber größtenteils aus dem Verderben der jetzigen Schulen, wo die Kinder in Hochmut auferzogen werden und so zu Tausenden ins Verderben stürzen, statt dass man ihnen die demütige Lehre des Gekreuzigten beizubringen sich bemüht, in der allein sie gerettet werden können. Es ist die größte Wunde, die dem Herrn geschlagen wird und die ihn unendlich tief schmerzt.“*

Clara Fey, 11.8.1850

*„Lasst uns auch unsere ganze Sorge dahin werfen, wo und wie wir diese Kinder retten können. Scheuen wir keine Mühe, keine Opfer! Da hängt der Herr am Kreuz und sieht uns an mit seinen betrübten, blutigen, halbgebrochenen Augen…
Das Verderben der Kinder, das sind die Wunden; das Heil der Kinder, danach dürstet der Herr…
Es ist eine große Erbarmung des Herrn, dass er auf uns gesehen hat, ... Uns erwählt hat, mit Hand anzulegen an diese große Arbeit, diesem Übel abzuhelfen…
Auch das, was wir tun, ist nichts im Vergleiche mit dem, was Not tut. Was wir in den Schulen und im Hause tun, ist gering, unsere Kräfte sind noch klein. Hoffen wir aber, dass der Herr dem Senfkorn, das wir legen, Gedeihen gibt…
Fassen wir eine große Liebe zu diesem Berufe und versprechen dem Herrn am Fuße des Kreuzes, uns ganz diesem Berufe zu opfern.“*

Clara Fey, 3.3.1851

Von Berlin sendet Königin Elisabeth mit einem kurzen Brief ihren Glückwunsch.
Acht Tage später segnet der alte Pastor Wisdorff von St. Paul, amtlich bestellter Direktor der Kongregation, das Haus ein und liest die erste Messe in der hergerichteten Kirche. Die Hauskinder bleiben jedoch noch einige Monate in der Königstraße.

Theresia von Avila (1514-1582), die Statue stand in Loreto.

ERSTE EINKLEIDUNG

Wie ein Auftakt: das Fest der heiligen Theresia (15.10.1848)

Schon seit Jahren verehrt Clara die heilige **Theresia von Avila**, Ordensfrau (Karmelitin), Mystikerin und Kirchenlehrerin. Bald wird sie zu ihrer geistlichen Begleiterin und soll es zeitlebens auch für die Kongregation der Schwestern bleiben. Erste Anregung, sich mit Theresia zu beschäftigen, bekommt sie mit 21 Jahren durch ihren Bruder Josef, der sich in der Ordensgemeinschaft der Redemptoristen auf die Priesterweihe vorbereitete. Im Kontakt mit ihrer innigsten Kinderfreundin, die als Ordensschwester bei den Karmelitinnen ihren Seelenfrieden gefunden hat, ergibt es sich dann wie von selbst, dass Clara sich mit den Schriften der spanischen Mystikerin Theresia wie des spanischen Mystikers Johannes vom Kreuz beschäftigt. 1848 ist sie bereits seit Jahren von ihren Gedanken beherrscht. Hinzu kommt, dass ihr Seelenführer und Beichtvater Sartorius sich ebenfalls die große Heilige zum Leitbild erkoren hat und aus ihrem Geiste schöpft.

Viele Gedanken Claras sind den Schriften Theresias abgelauscht

Sie sprechen für den Geist, den sie in die neu erstehende Kongregation tragen will: „Immer klarer wird es mir, dass alle meine Fehler, meine Klagen, meine Unruhen daher kommen, dass ich noch nicht gefestigt bin in dieser stärkenden, alles erleichternden und für mich tragenden Gegenwart meines Gottes und Heilandes. Ich meine, diese Gegenwart ist imstande, dauerhaften Frieden und Ruhe zu geben…" (29.3.1849)
Zentral bewegen sich ihre Gedanken um das Thema: Ich möchte verweilen in Gottes Gegenwart.

„Es ist ein Werk der Gnade; aber dennoch, glaube ich, müssen wir mitwirken, und ich meine, es sei nützlich, dass wir allerlei kleine Kunstgriffe anwenden, um das Andenken an diese heilige Gegenwart zu erneuern… bei jedem Glockenschlag… wollte ich denken, der Herr riefe mir zu: Komm!"

Clara möchte auch den Schwestern die Leitgedanken Theresias mit auf den Weg geben

„Das kürzeste Mittel aber ist, dass du den Herrn recht liebst… denn, wo dein Schatz ist, da ist dein Herz'."
„Fangen wir mit Mut an und sagen mit der hl. Theresia, dass wir nicht nachlassen wollen zu suchen, bis wir das lebendige Wasser gefunden; wir wollen versuchen und allerlei Kunstgriffe anwenden, um von Zerstreuungen uns zurückzurufen und zum Herrn uns zu führen. Warum soll das Zeichen der Glocke nicht ein Wahrzeichen sein, an den Herrn zu denken… Suchen wir solche Denkzeichen."

„So oft wir die heilige Kommunion empfangen, begegnet uns Jesus auf unserem Lebenswege. Dort unterhält er sich mit uns, tröstet uns, unterweist uns. …Er beauftragt uns manchmal mit diesem oder jenem Geschäfte, oder er legt uns unsere Berufspflichten ans Herz… Dabei wird es uns zum größten Troste gereichen…, dass wir, so oft wir nur wollen, zum Herrn zurückkehren können. Denn Jesus ist an dem Orte, wo er uns morgens begegnet ist. …, da können wir ihn allezeit finden…, da mit ihm reden, da Trost und Rat und Licht und Stärke holen, da ausruhen, wenn wir ermüden."
„Wenn wir uns daran gewöhnen, immer so in der Gegenwart Gottes mit ihm zu arbeiten, dann kann es nicht fehlen… Besonders im Kloster muss man sich bemühen, immer vom Kern auszugehen… im hl. Sakrament." (1850)

Der Lieblingsgedanke Claras ist:
„Die hl. Theresia sagt, dass wir den Himmel in uns haben, weil der Herr des Himmels in uns weile; sie nennt den Herrn ihren ‚Hausgenossen'.
Der Herr ist uns näher als wir wissen und denken… Der Herr ausdrücklich sagt: ‚Wer mein Fleisch isst und mein Blut trinkt, der bleibt in mir und ich in ihm.'"
Die hl. Theresia sagt: „Wenn ihr treu seid in diesem Wandel mit und vor dem Herrn, so werdet ihr ihn in der Folge nicht mehr von euch treiben können."

Lukas hält Mutter Maria mit ihrem Kind im Bild fest. Van der Weyden, 1487.

Heiliger Rock in Trier, das Gewand Jesu in Form einer Tunika.

Die Einkleidung – am Fest des Heiligen Lukas (18.10.1848)

Drei Tage später findet die erste Einkleidung der Schwestern statt. Wiederum ist es ein besonderer Tag, dieses Mal das Fest des heiligen Lukas. Schon vorher hatte ihr bischöflicher Freund Laurent eine tiefsinnige Einführung gegeben; hatte die geistliche Kleidung erklärt und auf Lukas verwiesen: einen von der Christenheit hoch geschätzten Heiligen, weil er ihr das Bild der Muttergottes entgegenhält, im Evangelium wie – so die Überlieferung – in Gemälden von seiner Hand. So wird neben dem Tagesheiligen den Schwestern bei ihrer Einkleidung die Gottesmutter, Patronin des Ordens, gleichsam als Patin zur Seite gestellt.

Erklärung zur Kleidung

Mit Rücksicht auf die zugrunde liegende Augustinerregel wird für das Gewand **Schwarz als Grundfarbe** gewählt (und nicht Braun wie bei den Franziskanern).

Zu Ehren des heiligen Dominikus soll wie bei den Dominikanern ein **weißes Skapulier** getragen werden (und kein schwarzes wie bei den Augustinern).

Zu Ehren der von ihnen verehrten heiligen Theresia tragen die Schwestern darüber einen **weißen Mantel**.
Der Schnitt des Kleides soll möglichst treu die **Form des hl. Rockes** in Trier darstellen.

Die Schwestern haben Freude an dieser Tracht. Sie erinnert an die Geschichte der Kongregation und ihre Entwicklung. Clara sagt dazu: „Auf dieses Kleid passen keine zeitlichen Gelübde."

Die Einkleidung der sieben Schwestern erfolgt in aller Feierlichkeit und unter großem Zulauf der Bevölkerung. Die Schwestern erscheinen in weltlichem Gewand, in geliehenen seidenen Kleidern. Dazu hatten sie sich einen absonderlichen Kopfschmuck bestellt, große, unförmige Hauben. Aus Demut setzen sie sie dennoch auf. Der abschreckende Anblick bringt viele zu unfreiwilligem Lächeln, dem alten Pastor Wisdorff, der die Feier zu leiten hat, macht es Verdruss. Begleitet von einem Damenchor ziehen sie ein. Sartorius hält die Festpredigt. Kinder, die schon länger betreut werden, dürfen die Habite halten. Mit ihrer Einkleidung erhalten die Schwestern neue Namen. Alle empfangen den schwarzen Schleier, während die Novizinnen sich noch mit Weiß begnügen müssen.

Danach ziehen alle in die Sakristei und werden beglückwünscht. Später am Vormittag wagen sie sich auf die Straße und machen sich auf zum Königstein. Ihre ungewohnte Erscheinung lässt die Leute zusammenlaufen, und die armen Pflegekinder in lauten Jubel ausbrechen. Artig sagen sie ihre Begrüßungssprüchlein.

Am Abend werden Häuser der Königstraße von Anwohnern illuminiert, um ihre freudige Anteilnahme zu bekunden.

Das sind die vier Gründerinnen
(spätere Fotos)

Mutter Clara

Schwester Theresia,
Leocadia Startz

Schwester Dominika
Wilhelmine Istas

Schwester Aloysia
Luise Vossen
(kann an der ersten Einkleidung nicht teilnehmen, da sie auswärts im Einsatz ist).

Maria Heimsuchung, Giotto di Bondone, 1305.

EIN WACHSENDES TEAM

Schon bald scharen sich weitere Schwestern um die vier Gründerinnen. Bei der ersten Einkleidung sind bereits mit von der Partie: Schwester Magdalena (Amalie, bzw. Malchen Hermann) ist1846 dazu gestoßen und wird den Mitbegründerinnen beinahe gleichgestellt; auf ihr wird bald das gesamte Unterrichtswesen der Kongregation ruhen. Schwester Joseph (Josephine Giessen) ist seit 1847 dabei. Dazu zählt auch Schwester Johanna.

So beginnt die Gemeinschaft 1848 mit 13 Schwestern: sieben im engeren Sinne, die am Chorgebet teilnehmen, sog. Chorschwestern, dazu vier Laienschwestern und zwei Postulantinnen. Im Jahr darauf ist ihre Zahl bereits auf 27 angewachsen (19 Chor-Sr, 6 Laien-Sr, 2 Postulantinnen). Unter ihnen ist Therese Beissel, die den Schwestern ihr neues Haus verkauft hat und die jetzt als Sr. Augustin den Schleier nimmt. Bald wird sie ein Waisenhaus der Kongregation übernehmen.

1852 sind es schon 84 Schwestern. 1862 werden es bereits – weit über Aachen hinaus – 300 sein.

ERSTES ORDENSGELÜBDE

Am 2. Juli 1850 dürfen zunächst die bereits eingekleideten Schwestern der ersten Stunde ihr Gelübde ablegen, mit dem sie sich auf Lebenszeit an die Kongregation binden. Die Kirchenbehörde hat Sartorius mit der Abnahme betraut. Er ist seit 1849 Pastor im nahen Burtscheid an St. Michael, sozusagen einem „Vorort" von Aachen. Auch Bischof Laurent ist als Festzeuge dabei.

Es ist sicher kein Zufall, dass dies wieder auf ein Marienfest fällt: **Maria Heimsuchung**. Es erinnert an zwei Frauen, die ihre Freude über ihre noch ungeborenen Kinder miteinander teilen, sind sie ihnen doch so ihren Herzen nahe. Derweil mündet alles in das Lob, wie es bis heute weiterklingt im bekannten Gesang des „Magnificat".

Kurz darauf kommt sogar der Erzbischof höchstpersönlich zu Besuch und feiert mit den Schwestern in ihrer Klosterkirche erstmals die Heilige Messe.

ERSTE WAHL DER OBERIN – IM KONTEXT ZWEIER BIBLISCHER SCHWESTERN

Knapp vier Wochen später, am 28. Juli, dürfen die übrigen Schwestern ihre Profess ablegen. Unmittelbar danach schreitet man, den neuen Satzungen gemäß, zur ersten Wahl in der sich bereits ausbreitenden Gemeinschaft. Generaloberin wird Mutter Clara, Generalassistentinnen in den bereits entstandenen Tochterklöstern: Schwester Theresia (Startz), Schwester Dominika (Istas) und Schwester Augustin (Beissel).

Maria und Martha – die Schwestern von Lazarus

Berühmt ist die biblische Erzählung, die an diesem Tag die zentrale Botschaft ist. Jesus ist Gast in der Familie. Martha, die ältere von beiden, ist jene, die sich zunächst nur um das leibliche Wohl ihres Gastes kümmert. Maria als die Jüngere hat noch zu lernen, ist noch Schülerin, aber die, welche hinzuhören versteht, was ihnen Jesus zu sagen hat. Erst als bald darauf ihr geliebter Bruder Lazarus stirbt, erkennt auch Martha, welche Liebe und Kraft in Jesu Worten steckt. Gemeinsam gehen sie zum Grab, und dem Toten wird neues Leben zuteil.

Jesus im Hause von Maria und Martha.

Für Clara sind beide Schwestern Programm

Maria

„Maria ist ein Bild jener Seelen, die der Welt und aller ihrer Sorgen vergessend nur an Jesus, ihren Geliebten, denken, und Jesus liebt solche Seelen.... Jesus liebt eine Seele, die ihn mit Sehnsucht suchend voll Verlangen ausruft: ‚Habt ihr nicht gesehen, den meine Seele liebt?' und er zeigt sich ihr und gibt sich ihr, so dass eine solche Seele mit Wonne ausrufen kann: ‚Mein ist der Geliebte, ich sein!'"

„O Jesus, mein Herr, ich gehöre nicht zu diesen deinen Geliebten, ich Laue, Zerstreute, aber du, Herr, kannst mich umändern...Und kannst du nicht aus einem Stein ein Kind Abrahams machen? Ziehe mich durch deine unendliche Schönheit, ziehe mich zu deinen Füßen, und da lass mich leben und sterben, um deines Namens willen!"

Doch bei Marias Anteil allein konnte Clara

nicht haften bleiben; hieß es doch bei Jo 11,5 ausdrücklich: „Jesus liebte die Maria und ihre Schwester Martha". Dass die Beterin dies wohl verstand, verrät ihre Aufzeichnung gleich zur nächsten Betrachtung:

Martha

„Auch die dienende Martha liebte der Herr und tadelte nur ihre zu große Sorgfalt und ihre Unruhe in der Bedienung; besonders tadelte er dies, weil es auf Kosten der Maria ging, die doch immer den besten Teil gewählt."
„Martha ist ein Bild der tätigen Liebe, die dem Herrn dient in seinen armen Brüdern, und Jesus liebt diese tätige Liebe; nur muss darüber der Maria nicht vergessen werden. Wenn Martha und Maria als Schwestern zusammen sind, dann liebt der Herr sie sehr. Wenn Martha mit Maria zu den Füßen des Herrn ruht, dann wird auch Maria der Martha beistehen bei der Bedienung, sie wird ihr helfen, den Herrn immerdar zu finden in seinen Geschöpfen und sie bewahren vor Zerstreuung in der Tätigkeit."

Maria und Martha müssen vereint sein in uns

„Das eine Auge muss beschäftigt sein im Dienste des Nächsten, muss seine Bedürfnisse erspähen; das andere muss unverwandt auf den Bräutigam gerichtet sein. Die eine Hand muss schaffen und arbeiten für den Nächsten, die andere muss unablässig den Herrn festhalten. Mit einem Arm müssen wir einer des andern Bürde tragen (Gal 6,2), mit dem andern allein auf den Geliebten uns stützen (Hohelied 8,5). Der eine Fuß soll in der Nachfolge des guten Hirten die verlorenen Schäflein aufsuchen (Lk 15,4), der andere soll unverrückt feststehen in den Vorhöfen Jerusalems (Ps 121,2). Auf diese Weise wird jede äußere Tätigkeit gereinigt und geheiligt durch die heilige himmlische Liebe, die vom Himmel kommt und zum Himmel führt."
„O Herr, wenn du willst, dass wir Martha seien, so verleihe uns deine Gnade, dass wir nie von der Schwester Maria getrennt werden, sondern dass sie uns zu deinen Füßen führe, und mache, dass wir dich allein lieben und in deinen Kreaturen nur dich sehen und dir dienen. Verleihe mir das, mein Herr, um deiner Liebe willen, mir, die ich so weit davon entfernt bin. Amen"

So kommt Clara über diese biblische Geschichte der beiden Schwestern auf ihrem Wege zum **„Ora et labora"** – „Bete und arbeite".

GEISTLICHE LEITUNG

Oberin Clara – Trösterin der Seelen

Oft ist Oberin C ara am Rande ihrer Gesundheit, manchmal Wochen hindurch so krank und ganz auf Hilfe angewiesen; ihre Freunde bangen schon um ihr Leben. Sie selbst sagt von sich: „Von mir kann ich nichts sagen, als dass ich mich kaum mehr ansehen und ertragen kann...Das Kreuz, die Dornen...trösten mich." Dieses Bewusstsein von Schwäche, gepaart mit großer Gewissenhaftigkeit hat aber auch eine geheimnisvolle Anziehungskraft. Vielleicht weil sie das Kreuz kennt – oder gerade deshalb –, ist sie Meisterin in der Kunst, andere zu trösten. Und weil sie klar und rasch das Richtige erkennt und zugleich unter großer Gewissenhaftigkeit leidet, sucht sie ihren Aufgaben mit aller Sorgfalt nachzukommen.

In diesem Spannungsfeld braucht sie geistige Hilfen. Sie weiß geistliche Führer, Männer von hoher geistiger Bedeutung in den Dienst ihrer Sache zu stellen. In ihrem Gefühl von Unzulänglichkeit und Schwäche braucht sie Verstärkung, in ihrer Gewissenhaftigkeit bedarf es der Mäßigung. Dennoch wird der Geist, der von ihr ausgeht, nie unter fremdartigen Einfluss geraten.

Drei besondere Stützen, nahezu Mitbegründer der Gemeinschaft, seien hier nochmals erwähnt:

Wilhelm Sartorius – der Seelsorger der Gemeinde (1805-1880)

Dieser schlichte, uneigennützige und liebevolle Kaplan in der Innenstadtgemeinde St. Foillan genießt das allgemeine Vertrauen. Als Freund von Claras Bruder hat er schon früh Zutritt zum Haus Fey, und Clara hat ihn schon 1841 zum Beichtvater erwählt. Drei Jahre später wird er geistlicher Leiter der jungen Kongregation, führt sie in den Geist des Ordensstandes ein, ist 1848 mit der Einkleidung betraut und zum Beichtvater und Seelenführer der Schwestern bestellt. Wöchentlich hält er mit ihnen geistliche Konferenzen und entwirft mit Clara die Ordensregeln. Ganz verwachsen mit der Ordensgemeinschaft, gibt er der Stadt soziale und spirituelle Impulse: die ‚Johannis-Küche' für Arme, die Maiandacht und die Sakramentsprozession.

Auch nach seiner Berufung als Pastor ins nahe Burtscheid (1849), bleibt er Stadt und Orden weiter verbunden: sorgt sich um Krankenbetreuung, um Schulen für arme Kinder, veröffentlicht innig fromme Schriften, die aus seiner Arbeit mit den Schwestern entstanden sind. Sein asketisches Leben hat seiner Gesundheit geschadet, ihm aber etwas Verklärtes und Würdiges gegeben. Ohne ihn hätte sich die Kongregation kaum zur Lebensfähigkeit durchgerungen. Er ist und bleibt Berater Mutter Claras; mit allem beruft sie sich auf den Herrn Pastor. Niemand steht der Genossenschaft näher als er.

André Fey – Claras geistlicher Bruder (1806-1887)

Der neun Jahre ältere Bruder Claras ist eine Perle im geistlichen Stand. Gleich nach seiner Priesterweihe (1830) wird er Kaplan an St. Paul, direkt gegenüber dem späteren Mutterhaus in der Jakobstraße. Liebenswürdig und glühend von Menschenliebe ist er bald eine der bekanntesten und volkstümlichsten Persönlichkeiten Aachens. Er ist ein genialer Mann mit universalem Wissen, zugleich voll sprudelnden Humors und gewinnender Freundlichkeit. Selbst bedürfnislos, läuft er meist ärmlich herum und vernachlässigt sein Äußeres. Umso entschlossener sein sozialer Einsatz; er gibt alles her, was er besitzt. Die ganze Stadt kennt ihn als Freund der Armen, als Tröster der Kranken, auch als Vorkämpfer für die Rechte der Kirche.

Unermüdlich sitzt er im Beichtstuhl und steigt auf die Kanzel; seine Predigten sind gedankenreich und machtvoll, gewöhnlich improvisierend. Er arbeitet bis zur Erschöpfung, hat keinerlei Hang zur Beförderung.

Dieser selbstlose Mann stellt sich ganz in den Dienst der Stiftung seiner Schwester. Er gibt den ersten Anstoß zur Armenschule, das Samenkorn der Kongregation, und verhilft der Schule zum Aufschwung. Fast täglich kommt er zu Besuch ins werdende Klösterchen. Nach dem Tod seines Pastors Wisdorff übernimmt er dessen Posten als geistlicher Direktor des Klösterchens der Schwestern vom armen Kinde Jesus (1849-1867) und hält täglich dort Gottesdienst. Er spielt mit den Kindern, die er selbst aus der Gosse gezogen hat, fesselt sie mit Geschichten und bleibt ihr Freund auch, wenn sie herangewachsen sind.

Johannes Theodor Laurent – mit bischöflicher Erfahrung (1804-1884)

Der gebürtige Aachener hat wieder ganz anderes einzubringen. Im nahen Belgien zum Priester geweiht (1829), verfolgt er schon früh wachen Geistes die Entwicklungen in seiner Heimat. Er hat Einblick in Übelstände erzbischöflicher Verwaltung, unter welcher das kirchliche Leben erstickt zu werden droht. Er muss erleben, wie der lange Streit zwischen Erzbistum und Preußen zum offenen Kampf anwächst, gewaltsame Verfolgung eingeschlossen. In dieser doppelten Bedrohung kirchlichen Lebens verschafft er sich Ansehen als katholischer Vorkämpfer, dazu als unermüdlicher Seelsorger. So wird man in Rom auf den im Bistum Lüttich tätigen Mann aufmerksam und macht ihn mit 35 Jahren zum Bischof (1839) für die Diasporagebiete in Norddeutschland und Dänemark. Allein seine Feinde in Kirche und Staat machen Stimmung gegen den ‚romhörigen Heißsporn aus Belgien', der so kritisch mit der Kirche in Deutschland umgeht. Selbst aus Aachen ist er zeitweise polizeilich ausgewiesen. Deshalb gibt man ihm ein anderes Amt. Er wird apostolischer Administrator von Luxemburg (1842) und sorgt dort für den Aufschwung des katholischen Lebens. Nur gerät er auch dort zwischen die politischen Fronten und in eine Welt voller Intrigen. Der Papst glaubt Rücksicht nehmen zu müssen; Laurent muss seine Diözese verlassen (1.5.1848). Erst Jahre später wird er freiwillig auf sein Amt verzichten. Jetzt aber begibt er sich sogleich nach Aachen. Hier in vertrautem Kreis kann er seiner Kirche in vielfachen Aufgaben dienen: als Prediger, als Weihbischof, als Helfer und Berater in zahlreichen Klöstern. Seine Aktivitäten sind stark an aktuelle Tagesfragen geknüpft. Zu seinen Anliegen gehört die Kräftigung des religiösen Lebens der Kongregation, auch um zu dokumentieren, dass Kirche sich sozialen Problemen nicht verschließt. Frauenkongregationen sind ihm ein probater Beitrag dazu.

Für die Gründung der Schwesterngemeinschaft vom armen Kinde Jesus ist sein Einfluss entscheidend und es ist kaum zu ermessen, was er für sie geleistet hat. Er erkennt in ihr den eigentlichen von Gott bestimmten Lebensberuf. Dank seiner Erfahrung in der bischöflichen Verwaltung kann er vieles für die Kongregation tun. So legt er gerade in den ersten schweren Zeiten, bereits zu der Zeit, als er noch nicht in Aachen weilte, den Grundstein für ihr Fundament.

Alsbald wird in allen wichtigen Fragen sein Rat eingeholt werden. Und nachdem er wieder in Aachen zurück ist, hält er gewöhnlich an Sonn- und Feiertagen in der Kirche der Schwestern gedankenreiche Predigten. Er begleitet die Einkleidungen und Prozessfeierlichkeiten mit seinen Ansprachen und liest in der Klosterkirche die heilige Messe. Im Jahre 1867 übernimmt er sogar das Amt des geistlichen Direktors der Kongregation.

ENDGÜLTIGE ANERKENNUNG

Langes Ringen mit den Behörden

Um der neuen Gemeinschaft Bestand zu geben, bedarf es aber noch der staatlichen Anerkennung. Das für Ordensfrauen, die nicht in der Krankenpflege tätig sind, erreichen zu wollen, ist im Preußen dieser Tage allein schon ein abenteuerlicher Gedanke, vor allem auch dann, wenn es sich um eine Neuschöpfung handelt.

So sucht der Erzbischof, als er bei staatlichen Behörden das offizielle Gesuch um die Anerkennung des Staates einreicht, nach einem wohlklingenden Namen – da erscheint ihm am günstigsten ein Name mit sozialem Klang: „klösterliche Kongregation Barmherziger Schwestern für arme, verwahrloste katholische Mädchen" (1846).

Doch alsbald setzt sich bei den Schwestern als offizieller Titel durch: „Schwestern vom armen Kinde Jesus" (1847). Clara selbst hat ihn aus dem Traumgesicht ihrer Kindheit abgeleitet und die Schwestern beginnen sich schnell damit zu identifizieren.

Noch vor dem Umzug in das neue Kloster in der Jakobstraße richten sie deshalb an den Erzbischof das Gesuch um Namensbewilligung (1848). Doch die Genehmigung liegt letzten Endes nicht in seinem Machtbereich, darüber haben die Behörden des Staates zu entscheiden. Deshalb empfiehlt er aus taktischen Gründen, vorerst noch auf diesen – etwas fromm klingenden – Namen zu verzichten, in der Annahme, dass in einigen Monaten die Chancen auf Bewilligung besser stehen.

Doch aus Monaten sollen noch Jahre werden. Der Name erscheint den Behörden zu auffällig. Clara bekommt Widerstand zu spüren, weil man eine „unnütze Ehrung des Proletariats" fürchtet. Selbst der König meint, ein besserer Name wäre doch: „Schwestern vom Kinde Jesu".

Clara besteht auf dem Namen „vom armen Kinde Jesus"

In diesem Ringen um den Namen vom „armen Kind" sucht sie sich als Gefährten den heiligen Antonius. Er ist einer der bekanntesten und beliebtesten Heiligen der Welt. Bis heute besuchen Millionen aus aller Welt Jahr für Jahr seine Basilika in Padua. In Erinnerung an ihn, der sich auch um die Ärmsten der Armen gekümmert hat und oft mit dem Jesuskind auf dem Arm dargestellt wird, schreibt Clara zum Antoniusfest 1850 die folgende Meditation:
„...Das Kindlein, das Antonius auf seinen Armen trägt, ist das ärmste Kind, so je auf Erden gewesen und zugleich der Schatz und die Quelle alles Reichtums des Himmels und der Erde. Dies ärmste Kind hat Antonius so arm gemacht, wie wir ihn sehen, dies reichste Kind aber hat diesen Armen reicher gemacht, als wir verstehen. Es ist eine große Gnade sich nennen zu dürfen und in aller Wahrheit zu sein ‚eine Schwester vom armen Kinde Jesus'. Weil eine solche Schwester, die ihren Beruf erkennt und im Geiste dieses Berufes wandelt, eben dasselbe göttliche Kind, das den heiligen Antonius so unaussprechlich beglückte, beständig mit und um sich hat und es täglich, stündlich nicht nur in die Arme schließen und an das Herz drücken, sondern in die innerste Tiefe des Herzens es einschließen und mit sich tragen kann, um sich nie mehr davon zu trennen... Eine Schwester vom armen Kinde Jesus besitzt den Herrn, und was das heißt, wird jene im vollsten Maße einsehen, die sich dem armen Kinde überlässt, auf dass sie es arm mache an allem und losschäle, um sie reich machen zu können, wie es den hl. Antonius reich gemacht hat."

Auf dem Fundament dieses Denkens richtet sie nochmal ein ausdrückliches Gesuch an den König.

***Antonius**, der Franziskaner:*
Er hebt das Jesuskind in die Höhe, hält es hoch mit beiden Händen, ein Zeichen zärtlicher Zuwendung, Achtung und aufmerksamer Liebe.

Zugleich trägt Antonius ein Buch, sozusagen die Basis für das Jesuskind. Das will sagen: Das Kind ist Zeichen für das Wort Gottes, das es zu verkündigen gilt. Tonstatue im Garten des heutigen Mutterhauses in Burtscheid.

Anerkennung in Stufen

Zunächst erfolgt die Genehmigung des Namens der Kongregation durch allerhöchsten Staatserlass (9.2.1852).
Dann gilt es, die unter Vorbehalt genehmigte neue Regel erst mal zu erproben. Die Schwestern debattieren miteinander die dabei gemachten Erfahrungen und beraten sich mit ihren geistlichen Leitern. Änderungen werden vorgenommen, Lücken geschlossen. Die überarbeitete Fassung wird nochmal Sachverständigen vorgelegt und es folgen Gutachten und Ratschläge.

Dann geht die neubearbeite Regel zur Prüfung nach Köln, nicht mehr unter Titel „Haus- und Klosterordnung", sondern als „Konstitutionen für die Schwesternschaft vom armen Kinde Jesus". Dort ist man zufrieden und Clara kann sie weiter erproben. Sie schreibt: „Es gereicht mir zum Troste, jetzt unsere Regel in ihrer Vollständigkeit allen vorlegen zu können, und ich darf mir erlauben, zum Troste der Schwestern zu sagen, dass ich diese Regel ausgezeichneten Geistlichen, Ordenspriestern und selbst sachkundigen Laien zur Beurteilung vorgezeigt habe… .ich habe sie nicht verfasst." (29.1.1854)

Endlich nach zehnjähriger Arbeit ist das Werk vollendet (1856).

Doch da nicht alles über die Diözese in Köln geregelt werden kann, bedarf es noch längerer Verhandlungen mit den Bistümern, wo sich bereits Schwestern niedergelassen haben. Dadurch dauert es noch weitere drei Jahre, bis die Regel auch an die fremden Diözesen weitergereicht werden kann.

Um auch international anerkannt zu sein, folgen alsbald die Bitten um Empfehlung beim Heiligen Stuhl, um von dort die endgültige Approbation der Konstitutionen zu erreichen.

Erzbischof von Köln von Geissel

König Friedrich Wilhelm IV. von Preußen

Papst Pius IX.

Papst Leo XIII.

27.10.1847
Genehmigung der Statuten durch den Kölner Erzbischof von Geissel.

11.12.1847
Genehmigung der Statuten durch den Staat in Berlin.

28.1.1848
Errichtungsurkunde der Kongregation barmherziger Schwestern von der Regel des hl. Augustinus durch Erzbischof von Geissel, Köln.

18.5.1848
Genehmigung der Kongregation- und Hausverfassung der barmherzigen Schwestern von der Regel des hl. Augustinus zur Erziehung und Pflege armer verlassener Kinder in der Stadt Aachen – Genehmigung für zwei Jahre von Erzbischof von Geissel, Köln.

9.2.1852
Genehmigung des Namens „Schwesternschaft vom armen Kinde Jesus", Berlin, gez. König Friedrich Wilhelm.

1853
Constitutionen der Genossenschaft der Schwestern vom armen Kinde Jesus zu Aachen. Das Original stammt von Pastor Sartorius, sehr wahrscheinlich 1852 verfasst, und hat 70 Kapitel: 50 Kapitel Constitutionen, dazu 20 Kapitel Verhalten der Schwestern bei den Kindern.

12.5.1869
Anerkennung der Ordensgemeinschaft als päpstliches Institut durch Pius IX.

1888
Approbation der Konstitutionen bzw. der Regel durch Leo XIII.

Die Schwester, die das Bild gemalt hat, ist unbekannt, es ist jedenfalls eine Darstellung aus dem Industriezeitalter.

CLARA ERKLÄRT DIE NEUE ORDENSREGEL

Unser Beruf ist die Aufnahme und Erziehung verwahrloster Kinder

„Wir müssen aus dem Glauben leben und in jedem Kind Ihn sehen, der für uns ein Kind geworden. Wenn der Herr in seiner Erniedrigung und Liebe so weit geht, dass er mit jedem Kinde, mit dem ärmsten und verlassensten, mit dem körperlich und geistig elendsten, die Gleichstellung eingeht, die in seinen Worten liegt, so wird es nur recht und billig sein, wenn wir die Kinder so hoch achten und so sehr lieben, wie es diese Gleichstellung verlangt. An die den Kindern schuldige Achtung denken wir leicht zu wenig, wenn wir täglich ihre Fehler und Schwächen vor Augen haben. Vergessen wir nicht, dass die Kinder Gott zum Vater und Jesus zum Bruder haben... Hüten wir uns, die geringzuschätzen, die der Herr so hoch stellt. ‚Sehet zu, dass ihr keines von diesen Kleinen verachtet!'
Wie werden wir unsere Arbeit für die Kinder und unter ihnen verrichten! Wie liebevoll werden wir sie ansehen, wie gütig werden wir zu ihnen sprechen. Wir werden oft vielleicht Strenge anwenden müssen, aber die Liebe muss alles durchdringen, und ihre Wärme muss den Kindern fühlbar werden selbst durch Tadel hindurch. Auch in unserm Schaffen und Sorgen für die leibliche Pflege der Kinder wird es uns vor Vernachlässigung schützen, uns in der Geduld, in der Liebe und im Gottvertrauen fördern, wenn wir dabei Jesus vor Augen halten.
Alles soll so beschaffen sein, das lebendiger Glaube an das Wort des Herrn daraus hervorleuchtet." (Betrachtung 14.1.1848)

„Das Verderben bei den Kindern ist so groß, wie es noch nie gewesen ist, und überall überragt die verdorbene Jugend die Zahl der guten so, dass wenn nicht eine mächtige Hilfe von oben kommt, es kaum vorauszusehen ist, welches Unheil daraus entstehen kann und wird. Dies kommt aber größtenteils aus dem Verderben der jetzigen Schulen, wo die Kinder in Hochmut auferzogen werden und so zu Tausenden ins Verderben stürzen." (Vortrag 18.8.1850)

„Der Zweck unserer Kongregation ist es nun, soviel es in unsern Kräften steht, diese so tiefe Wunde unseres Herrn wenigstens zu lindern. Wie strafwürdig wäre deshalb nicht jede von

uns, die in Ansehung dieser Not die Hände müßig in den Schoß legen wollte."
(Vortrag 18.8.1850)

„Der Beruf der Schwestern ist ein wahrhaft apostolischer Beruf, ist eine Teilnahme an der Sendung Christi selber, der die Kinder zu sich rief, sie segnete und beim Beginn seines öffentliches Lebens gesprochen: ‚Den Armen wird das Evangelium verkündigt'."
(Lebensregel, Fassung 1853)

„Unser Beruf liegt ausgesprochen in dem Namen, den wir tragen: Schwestern vom armen Kinde Jesus. Es heißt nicht Schwestern der armen Kinder, sondern Schwestern vom armen Kinde Jesus, woraus wir deutlich die Aufgabe erkennen: das beschauliche mit dem tätigen Leben zu vereinigen... Wir sollen im Gebet und durch fortgesetzte innere Sammlung, durch beständigen, treuen inneren Umgang mit Gott, unsern Herrn immer inniger, immer glühender lieben lernen und dann aus Liebe zu ihm und gedrängt von dieser Liebe der armen, verlassenen Kinder uns annehmen, in welchen er von uns aufgenommen, gepflegt und geliebt sein will!"
(Konferenz, 29.1.1854)

Clara begegnet den Kindern, von einer Schwester nachempfunden.

Unser Leben sei geprägt von klösterlicher Armut und äußerster Sparsamkeit

„Da muss ich die Schwestern bitten, alles zu tun, was in den Kräften steht. Besonders wollte ich zur Sparsamkeit mahnen, damit wir umso mehr Kinder aufnehmen können."

„Wir sind Mägde Jesu Christi und leben vom Gute der Armen. Alles, was uns umgibt, sollen wir als Arme gut betrachten und als solches damit umgehen. Viele kleine Sachen machen am Ende ein Großes aus: hier ein Stück Brot verkommen lassen, dort Öl verschüttet, dann Suppe gestreut, wiederum eine Menge Schwefelhölzchen verdorben – das alles zusammengezählt, sollte vielleicht am Ende des Jahres so viel ausmachen, dass wir ein armes Kind mehr aufnehmen und retten können?"

„Jedes Verkommenlassen ist ein Diebstahl an den Armen zu nennen. Es ist das Gut einer Herrschaft, das wir veruntreuen, wenn wir etwas verkommen lassen, es ist das Gut der Armen.... Wir haben die Armut gelobt, wir müssen sie treu ausüben."
(Konferenz 29.8.1852)

„... sehen wir unser Verhältnis zu den armen Kindern. Da gibt der Herr uns die Aufgabe, alles für ihn und aus Liebe zu ihm zu tun. Wenn wir den Herrn lieben, werden wir ihm sagen. „Was willst du, dass ich tun soll? Womit kann ich dir einen Dienst tun?" Da führt er uns nun Scharen armer Kinder zu; er will, dass wir ihm die erziehen, sie ihm zuführen, sie ihn kennen lehren, ihnen wahre Mütter seien. Durch diesen Auftrag erzeigt er uns eine große Ehre, und wir müssen es auch als solche ansehen.
Der Herr selber hat die Kinder geliebt, er gibt uns nun auch dieses Amt, gesellt uns ihm bei und verheißt uns dann auch zugleich den allergrößten Lohn, indem er spricht: ‚Wer eines dieser Kleinen aufnimmt, der nimmt mich auf' Wenn wir das so recht im Glauben ansehen, so müssen wir uns herzlich freuen über diese äußere Wirksamkeit, die uns angewiesen ist, denn was können wir Tröstlicheres aus dem Munde des Herrn hören als das Wort: „Was ihr einem dieser Kleinen tut, das tut ihr mir!" Welche Freude muss unser Herz erfüllen, wenn wir uns dessen bewusst werden. Wir müssen es deshalb nicht so leicht nehmen, sondern uns öfters ins Gedächtnis rufen, dass das, was wir den Kindern tun, dem Herrn getan ist, und in den armen Kindern mehr den Herrn sehen. Es gibt freilich Kinder, die nicht so liebenswürdig sind, womit man Geduld haben muss. Das belohnt uns aber der Herr noch mehr, wenn wir da Geist hineinlegen und uns immer bewusst bleiben, dass das, was wir solchen Kindern tun, dem Herrn geschieht."

(Konferenz IX, 29. 9.1889)

Die Darstellung von Schwester Amabilis (1864-1945) zeigt das Charisma der Ordensgemeinschaft: „Mutter Clara führt die Kinder zu Jesus".

Das Bild befindet sich im Kloster Aachen-Burtscheid.

Bei den Kindern hinter der Schwester soll es sich um zwei lettische Kinder handeln. Sie wurden 1927/28 hinzugemalt, als es zu einer Niederlassung in Lettland kam.

CLARAS VORSTELLUNGEN VON SCHULSEELSORGE

Ein Modell, das Wellen schlägt

AUSBREITUNG DER WIRKSAMKEIT IN DER RHEINPROVINZ

Sogleich nach der erzbischöflichen Bestätigung ist bereits außerhalb Aachens das Interesse an den Schwestern erwacht, um sie bei der Mitwirkung in sozialen Problemfeldern zu gewinnen.

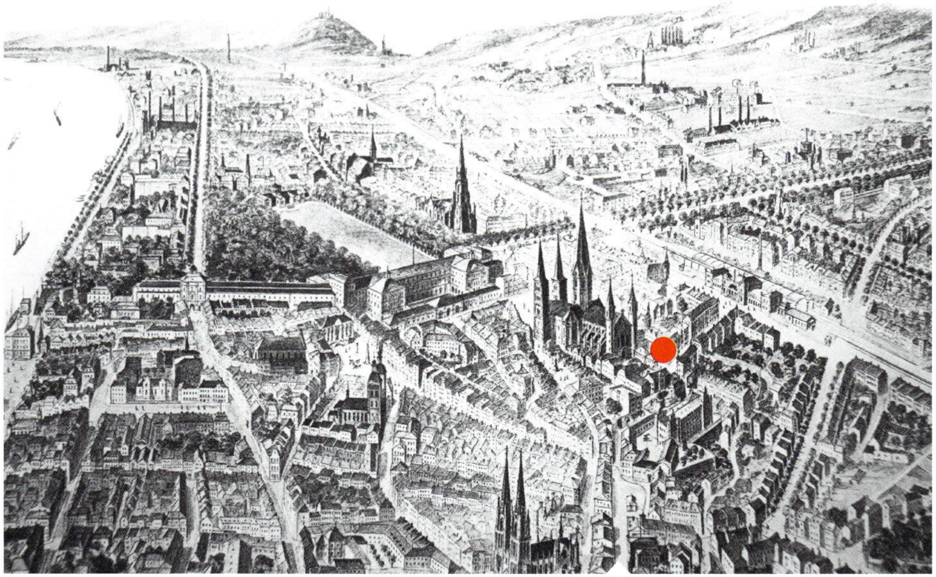

Bonn im Jahre 1888, Punkt zeigt Lage des Klosters direkt am Münster.

Bonn 1850

Initiative engagierter Christen

Die erste Anfrage kommt aus Bonn. Dort hat sich ein Komitee der Herren zusammengetan, hochrangige katholische Persönlichkeiten, die neben einem Krankenhaus auch ein Waisenhaus ins Leben rufen wollen.
Ein Heim für ihr katholisches Waisenhaus haben sie bereits geschaffen durch den Ankauf eines ehemaligen Kanonikerhauses, gleich hinter der Münsterkirche, also im Zentrum der Stadt.
Jetzt kommt es nur noch darauf an, dafür auch geeignete Betreuerinnen zu finden. Da werden sie auf die Initiative der soeben in Aachen gegründeten Kongregation vom armen Kinde Jesus aufmerksam. Die ersten Schwestern tragen noch nicht einmal das Ordenskleid, da ist ihre Tätigkeit bereits außerhalb Aachens begehrt.

Erste Klostergründung außerhalb Aachens

Ein zum Komitee gehörender Bonner Pfarrer (Heinrich Lammertz) hilft den Kontakt herzustellen. Er kommt selbst aus Aachen, war dort Kaplan und ist mit Claras Bruder André und Sartorius, dem geistlichen Begleiter der Schwestern, befreundet. Clara selbst reist am 3. Oktober 1848 nach Bonn. Sie einigt sich mit dem Komitee auf eine vorläufige und versuchsweise Übernahme des Waisenhauses

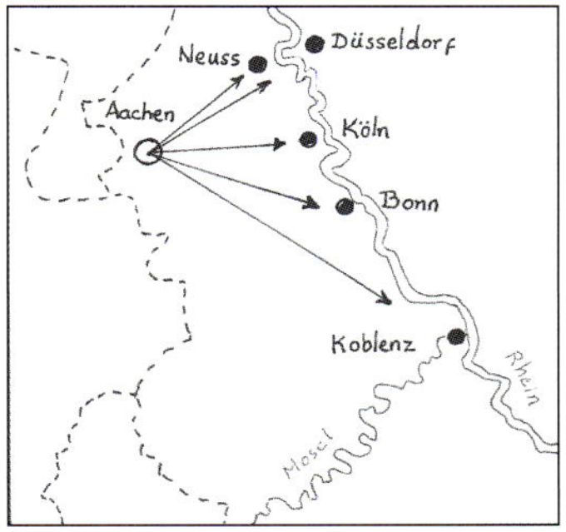

Eingang zum alten Waisenhaus (In der Sürst Nr. 5) fast angrenzend an den Kreuzgang des Münsters, der Hauptkirche Bonns.

Wenn man durch die Pforte des Waisenhauses geht, kommt man zunächst in einen Kreuzgang. An dessen Ende geht es links zum Mädchenwaisenhaus, rechts zum Waisenhaus der Knaben.

durch zwei Schwestern (Luise Vossen und Laienschwester Martha). Die beiden sollen die Einführung der Kongregation vorbereiten. Sogar der Erzbischof zeigt Interesse. Er empfängt Clara, die ihm persönlich ihre Vorstellungen für die erste Niederlassung außerhalb Aachens unterbreiten kann. Er ernennt für das neue Kloster einen erzbischöflichen Kommissar: Prof. Dieringer, der gleich nebenan wohnt, und Pastor Lammertz zum Beichtvater.

Waisenhaus für Mädchen – Waisenhaus für Knaben

Vier Wochen nach Claras Besuch wird das erste Waisenmädchen (14 J. alt) aufgenommen. Bald schon – und das ist neu für die Kongregation – wird auch eine getrennte Abteilung für Knaben eingerichtet. Ein halbes Jahr nach dem Mädchen kann der erste Waisenknabe (10 J. alt) aufgenommen werden.
Die Einrichtung wächst und braucht mehr Personal. Clara muss ihr Tochterhaus vertrösten, schickt ihm aber mit Schwester Dominika eine ihrer besten Kräfte zu Hilfe. Voller Zufriedenheit beschreibt Clara, was sie in Bonn vorfindet: „Es ist hier im Hause alles sehr nett eingerichtet und alles geht zu wie in Aachen. Die Knaben sind gutmütig, Dominika sagt, es sei sehr gut mit ihnen fertig zu werden. Es ist das so wohltätig, wenn man auf der Reise ist und trifft ein Kloster mit derselben Regel und den nämlichen Gebräuchen."(12.6.1849).

Schule für Arme – Schule für den Mittelstand

Da gleich nebenan Schulschwestern vorhanden sind, ermöglicht das für Mädchen und Knaben des Waisenhauses einen eigenen Schulbetrieb: eine Armenschule – als Ersatz für die Volksschule.
Dazu schaffen Claras Schwestern – ganz neu für die Stadt – auch eine Bewahrschule, so

Schwestern und Kinder im Garten des alten Waisenhauses.

etwas wie eine „offene Ganztagsschule für Arme", wo Kinder nur tagsüber verwahrt, beaufsichtigt, aber auch dem Schulbetrieb zugeführt werden können. Und schließlich bieten sie für die Mädchen Kurse in Handarbeit und Sticken an.

Das Angebot ist attraktiv; es spricht sich herum und zieht schnell Kreise. Bald kommen auch fremde Kinder, um am Religionsunterricht teilzunehmen. Dann stoßen auch viele Töchter aus besseren Kreisen hinzu, um in Handarbeit, Haushaltung unterrichtet zu werden und um Sprachen zu erlernen. Auch dies ist ganz neu für die Schwestern, die ihr Konzept zu öffnen beginnen.

Talentsuche fürs Lehrerinnenexamen

Aber im Jahre 1858, kommt es in der Erstlingskolonie der Schwestern zu einer ganz besonderen neuen Entwicklung. Die Oberin sucht nach talentierten Mädchen aus dem Mittelstand, um sie weiterzubilden mit dem Ziel, das Lehrerinnenexamen abzulegen. Um sie unterbringen zu können, mietet man im Nachbarhaus des Klosters, nur durch einen Garten getrennt, einige Räume an. Der Unterricht findet im großen Klassenzimmer des Waisenhauses statt. Unterrichtet werden sie von angesehenen Professoren (Dieringer u.a.) und Gymnasiallehrern. Drei Jahre später wird das angemietete Haus sogar gekauft und vergrößert. Aus diesem Anwärterinnenseminar werden noch viele Lehrerinnen hervorgehen.

Hauskapelle

Gleich zu Beginn erhält das Waisenhaus die Erlaubnis zu einer Hauskapelle. Das ist für die ersten Jahre ein einfaches Zimmer. Doch schon bald erweist sich dieses als zu klein und eine wirkliche Kapelle ist notwendig. Sie soll in der Mitte der beiden Waisenhäuser entstehen. Milde Gaben machen den Bau möglich, und im Oktober 1856 wird die Kapelle von Weihbischof Baudri eingeweiht. Fortan findet hier täglich ein Gottesdienst statt. Sonntags stehen die Besucher oft bis auf die Straße.

Professor Dieringer, vom Erzbischof für das Kloster bestellter Kommissar, einer der wichtigsten Ausbilder für die kommenden Lehrerinnen.

Blick in die Hauskapelle, zur Linken Maria mit dem Kind zur Rechten der Nährvater Josef.

An der Wand der Waisenhauskapelle befand sich dieses Bild des Düsseldorfer Historienmalers Ernst Deger (+1885). Für die Waisenkinder eine Erinnerung an ihren göttlichen Schutz: „Er verachtet das Flehen der Waisen nicht." (Sir 55,17).

Ergreifender Gang zum armen Kinde Jesus

Auch in Bonn wird zur Weihnachtszeit eine besonders schöne Krippe aufgestellt. Davor erklingen stimmungsvolle Weihnachtslieder. Gleich nach Dreikönige gibt es im Waisenhaus eine Weihnachtsfeier. Dazu sind viele Freunde des Hauses eingeladen. Wenn die kleinsten der von der Liebe des armen Jesuskindes abhängigen Waisenkinder vor der Krippe und dann mit strahlenden Augen an dem Gabentisch stehen, treten den Beteiligten Tränen in die Augen,

Düsseldorf 1850
Versorgung von Mädchen

Initiative katholischer Frauen

Verantwortungsbewusste katholische Frauen aus ersten Kreisen Düsseldorfs hatten einen Waisenverein für Mädchen gegründet. Sie lassen die Kinder erziehen und pflegen. Doch es ist schwierig, geeignete Erzieherinnen zu finden. Im Juni 1850 schickt der Verein zwei ihrer Damen nach Aachen, die Clara ein Gut in Derendorf anbieten, um dort Waisenmädchen zu betreuen.
Zunächst zögert Clara. Dann reist sie dennoch nach Düsseldorf, um das Projekt in Augenschein zu nehmen. Sie findet ein völlig unzureichendes Waisenhaus vor – in angemieteten Räumen. Man einigt sich, es mit dem geschenkten Derendorfer Gut zu verbinden, zu dem zwanzig Morgen Land gehören. Doch auch dieses befindet sich in einem verwahrlosten Zustand und reicht nicht aus, um die Betreuung der Waisenmädchen wirtschaftlich abzusichern. Auf der anderen Seite empfindet Clara die Lage der Waisenmädchen als so traurig, dass sie darüber hinwegsieht.
Dazu kommt dann auch noch der Wunsch an die Schwestern, das Düsseldorfer Knabenwaisenhaus zu übernehmen. Das würde bedeuten: die Übernahme der gesamten Düsseldorfer öffentlichen Waisenpflege.

Eröffnung eines zweiten Tochterhauses in Derendorf

Es ist ein Wagnis für die noch junge Kongregation, mit einer so geringen Zahl geschulter Kräfte gleich eine zweite und dazu so ansehnliche Tochterniederlassung anzugehen. Doch schon am 30. Juli wird die Niederlassung Derendorf feierlich eröffnet. Clara selbst ist dabei und äußert sich so: „Der gute Herr steht vor uns, über und über verwundet, und sucht einige treue, mutige Seelen, die bereit

sind, etwas zu wagen, um seine tiefen Wunden zu heilen."
Erste Oberin wird Mutter Dominika Istas, eine der vier Gründerinnen. Sie hat mit großen Anfangsschwierigkeiten zu kämpfen. Das herrschaftliche Haus befindet sich in völlig verwahrlostem Zustand. Dazu kommt noch, dass das Pflegegeld für die Kinder zu gering ist, was zu äußerster Sparsamkeit zwingt.

Alle Räume – bis auf zwei – werden für die Kinder gebraucht, einer davon als Kapelle. Die Schwestern selbst wohnen im umgebauten Pferdestall. Hauptsache, die Kinder fühlen sich geborgen und können die Volksschule des Ortes besuchen. Bald wird auch ein Priester dem Haus zugeteilt; er liest in der Kapelle die heilige Messe und erteilt Religionsunterricht.

Kurz danach übernehmen die Schwestern neben dem Waisenhaus noch zwei dreiklassige Armenschulen, eine in Derendorf (1854), die andere im nahen Flingern (1859).

Bau einer Kapelle

Da Seelsorge den Schwestern ein zentrales Anliegen ist, kommen sie schon bald zum Entschluss, zuerst dem Herrn eine würdige Wohnung zu schaffen. Alles andere wird Gott fügen. Unterstützt und beraten werden sie dabei von Franziskanerpatres, die ihnen schon länger treu zur Seite stehen. Einer der Brüder entwirft als Architekt den Bauplan für ein Gotteshaus – nach orientalischem Vorbild. Der Waisenverein stellt 4.000 Taler für die Baukosten zur Verfügung, unverzinslich, solange die Schwestern städtische Waisen aufnehmen. Ein großzügiger Spender sorgt für die Ausstattung.

Bau eines neuen Waisenhauses

Nach drei Jahren ist das Waisenhaus zu klein. Es kann die Kinder nicht mehr fassen. Zum einen hatte der Waisenverein als Stifter zur Bedingung gemacht, dass wenigstens 15 Kinder aus Derendorf und Umgebung bevorzugt aufgenommen werden. Dazu kommen bald sämtliche Waisenmädchen aus Düsseldorf. Schließlich kommt noch hinzu, dass die Kinder eine lange Verweildauer haben. Gewöhnlich bringt man sie im Alter von 7 bis 8 Jahren und behält sie, wenn eben möglich, bis sie allein in der Welt zurechtkom-

Ehemalige Kirche und Klosterfront des Annaklosters in der Annastraße.

Diese Gestalt des heiligen Josef stand ursprünglich im Annakloster von Derendorf.
Heute hat sie ihren Ehrenplatz in der Klosterkapelle der Schwestern in Maastricht.

Oft wird Mutter Anna dargestellt mit ihrer Tochter Maria und dem Jesuskind, ein Bild für die drei Generationen umfassenden Sorge, gemalt von Schwester Edith (Agnes Seyffarth) nach einem italienischen Maler (Bild heute in Kolumbien).

men können, also bis zu etwa 20 Jahren. So ist das Waisenhaus Heimat für sie.
Weil sich der Zustrom der Kinderschar nicht mehr auffangen lässt, ist ein Erweiterungsbau unerlässlich. Auch hier findet sich ein betuchter Spender; er baut ein geräumiges Haus und schenkt es der Kongregation.
Mit den Kindern wächst notgedrungen auch die Zahl der Schwestern. Der umgebaute Pferdestall ist zu klein. Die neue Schwesternwohnung soll sich an die Kirche anlehnen. Gegenüber dem Altar entsteht ein geräumiges Oratorium, darüber eine Krankenabteilung mit Betchor.

Von Armenschulen bis zu Bewahranstalt

Schon länger hatten die Schwestern über das Waisenhaus hinaus zwei dreiklassige Armenschulen übernommen, eine in Derendorf (1854), eine im nahen Flingern (1859). Dann errichten sie, um auch den Kleinsten ein Heim zu geben, noch eine Kleinkinderbewahranstalt (1865), die bald 70 bis 80 Köpfchen umfasst.
Dazu kommen 120 Heimkinder (1866): 50 städtische Waisen, 18 Militärwaisen und 52 verwahrloste Mädchen. Trotz aller Neubauten muss manche Bitte um Aufnahme unerfüllt bleiben.

Wie ist das zu finanzieren?

Stadt und Waisenverein schießen Pflegegeld zu. Besser gestellte Familien zahlen Kostgeld, was wiederum armen Kindern zugutekommt. Schwestern und Kinder bemühen sich, durch Näharbeiten etwas dazu zu verdienen. Die Not schreckt auch vor Kollekten und Straßensammlungen nicht zurück.

Versorgung von Knaben

Günstige Vorbedingungen

Gleichzeitig übernehmen die Schwestern ein Knabenwaisenhaus für die Stadt Düsseldorf. Ein Komitee engagierter katholischer Herren hatte gut vorgesorgt und ein geeignetes Haus in der **Ritterstraße** gekauft.
Die Anlage bietet den Schwestern beste Voraussetzungen. Es ist groß genug für ein Waisenhaus. Daneben steht eine schöne Kapelle mit einem würdigen Altar. Gleich neben der Kapelle liegt ein zur Klausur eingerichtetes Wohnhaus für die Schwestern.

Feierliche Einweihung

Zur Einweihung am 31. August 1850 kommt der Erzbischof von Geissel höchstpersönlich. Er wird begleitet von der gesamten Düssel-

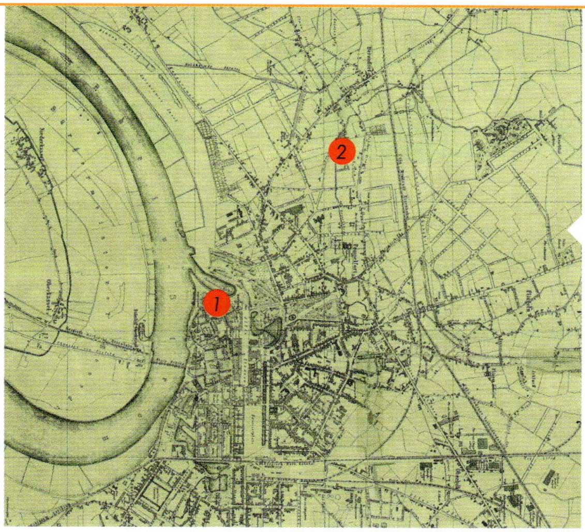

Blick in die Ritterstraße am nördlichen Rande der Altstadt in der Nähe der Oberkasseler Brücke (1), wie es einst dort aussah.

Von hier aus war es ein Weg von gut 10 Minuten durch den Schlossgarten zum Derendorfer Haus (2).

dorfer Geistlichkeit. Auch Clara ist dabei. In festlicher Prozession ziehen alle zum Waisenhaus. Dort ist vor dem Eingang eine Tribüne aufgestellt. Der Erzbischof begrüßt die Schwestern erstmals mit dem zu dieser Zeit noch umstrittenen Namen „vom armen Kinde Jesus" und gedenkt ihres heldenmütigen Opfersinns. In der anschließenden Messe reicht er ihnen die Kommunion, erteilt ihnen den sakramentalen Segen und spricht ihnen Mut zu. Er verweilt noch länger im Waisenhaus für die Knaben und begibt sich dann hinüber nach Derendorf, um auch das Waisenhaus der Mädchen zu besuchen.

Konzept des Hauses

Die kleinen Knaben werden von den übrigen abgesondert. Sie werden von den Schwestern verpflegt und Tag und Nacht beaufsichtigt, ebenso die Großen, in ihrer Freizeit von den Schwestern, nachts in den Schlafsälen von zuverlässigen Männern. Das Komitee sorgt für das Pflegegeld der Knaben und den Unterhalt der Schwestern.

Alles nimmt seinen erfreulichen Fortgang. Auch Schwester Augustin als Oberin scheint geeignet, bringt gute Voraussetzungen mit. Doch sie ist schon älter und kommt bald mit der Situation nicht mehr klar. Die trüben Erfahrungen mit den verdorbenen Knaben erschütterte sie. Aus der gedrückten Stimmung entwickeln sich Empfindlichkeiten, die das herzliche Verhältnis zu Clara zu trüben beginnen. Bischof Laurent sucht zu vermitteln, was erst recht zu Verwicklungen führt. Dank Claras Selbstbeherrschung kommt es nach Monaten wieder zum Ausgleich.

Die alte, vom katholischen Waisenverein erbaute Kapelle (Westansicht), dahinter das Haus der Schwestern, 1872.

Köln 1851

Überraschender Ruf aus Köln

Noch bevor das Haus in Düsseldorf eingeweiht ist, überrascht der Klosterkommissar des Erzbistums Clara mit einem Besuch. Dabei lässt er vertraulich durchblicken, dass demnächst an die Schwestern auch ein Ruf nach Köln ergehen werde. In der Martinspfarrei, sozusagen in den Schatten des Domes, soll ein Heim für gefährdete Kinder und eine Armenschule errichtet werden. Noch gibt es kein Haus. Doch der Elisabethenverein will für Miete und Unterhalt aufkommen. Die äußeren Bedingungen sind alles andere als verlockend. Dennoch willigt Clara ein, stellt allerdings eine Bedingung: die Errichtung eines Kapellchens.

Groß-St. Martin am Rhein, um 1840. Ein paar Schritte davor mündet die Mühlengasse, wo Claras Schwestern mit ihrer Arbeit beginnen.

Startschuss am Fest Maria Geburt (8.9.1851)

Als in der Kölner Altstadt das erste Haus eröffnet wird, ist es sicher kein Zufall, dass die Schwestern vom armen Kinde Jesus ihre Arbeit an einem Fest der Gottesmutter beginnen und dabei zugleich auch deren **Mutter Anna** gedenken, die offensichtlich bereits in Düsseldorf eine Rolle gespielt hat (Annakloster). Doch ihr Start in der Domstadt ist begleitet von äußerster Dürftigkeit. Es fehlt an allen

Bildung für alle
Dieses Bild hat Mutter Clara selbst gestickt. Es zeigt eine Mutter, die sich um ihr Kind kümmert. Es ist Anna, die Großmutter des Jesuskindes, die ihrer Tochter Maria das Lesen beibringt. Der lateinische Spruch, den sie Maria lesen lehrt, heißt übersetzt: „Tauet, Himmel, von oben. Ihr Wolken regnet den Gerechten."

Es ist ein beliebtes Motiv:
Mutter Anna bringt Maria das Lesen bei.
Sie lesen gemeinsam in einem Buch, doch nicht in irgendeinem, sondern in der Bibel. So mögen sich auch die Schwestern verstehen. Sie geben ihr Wissen an die armen Kinder weiter. Sie suchen gemeinsam nach Fragen und Antworten und dürfen dabei voneinander lernen.

Ecken und Enden: an Kleidung für die zunächst noch wenigen armen Kinder, an Schränken und Truhen zum Aufbewahren. „Ich habe recht viel Freude an diesem neuen Haus.“, sagt Clara. Bereits acht Tage nach Eröffnung kann hier die erste Messe gefeiert werden. Und mit Blick auf das Kapellchen, kaum so groß wie ihre Zelle, und den kleinen Tabernakel fügt sie hinzu: „Da hat sich der gute Herr heute Morgen zum ersten Mal in diesen kleinen Kerker einschließen lassen und wird so lange da bleiben, als seine armen Mägde dies Haus bewohnen werden. Einen großartigen Eindruck der unendlichen Liebe und Erbarmung des Herrn macht diese seine Erniedrigung... Acht Kinder sind im Hause. Die Schulen sollen im Oktober beginnen.“

Am Martinstag kommt sogar der Kardinal zu Besuch. Nur mit größter Mühe gelingt es, die mittlerweile siebzehn Kinder halbwegs anständig zu kleiden.
Im Mai des folgenden Jahres sind es schon vierzig Kinder, und es wären noch mehr – allein es fehlt an Platz. Auch der Umzug in ein anderes Mietshaus hilft da nicht viel weiter.

1. erstes Haus, Mühlengasse
2. Haus Martinsgasse

A. Dom
B. Groß St. Martin
C. Klein St. Martin
bei Maria im Capitol

Schließlich kann eine passende **Unterkunft an Klein St. Martin** erworben werden. Dieses Haus in der Martinsgasse hat größere Zimmer und ist fortan die Basis für weitere Projekte.

Zwei Armenschulen

Auch in Köln – einmal Fuß gefasst – beginnt das Tätigkeitsfeld der Schwestern schnell anzuwachsen. Zunächst sollen sie die Pfarrschulen übernehmen. Am Ende läuft es darauf hinaus, dass sie zwei stark besuchte Armenschulen zu leiten haben, in die Kinder

Als die Schwestern 1852 hier einziehen, hat die Gemeinde Klein St. Martin ihre Pfarrkirche längst aufgegeben. Sie ist in die gegenüberliegende Kirche St. Maria im Kapitol umgezogen. Diese gehörte bis 1802 zu einem Damenstift, das von Napoleon aufgelöst wurde. Die alte Kirche ist seit knapp dreißig Jahren abgerissen, nur der alte Turm steht noch (bis heute) und wird als Glockenturm genutzt. Offensichtlich ist im Zuge der ganzen Umgestaltung jetzt unter dem Glockenturm auch Wohnraum für die Schwestern frei geworden.

aus den umliegenden Pfarrgemeinden strömen. Der Unterricht, den die Schwestern im eigenen Haus erteilen, verlangt ihnen alles an Kraft ab. Eine Vergütung seitens der Stadt gibt es dafür nicht, dafür sind die Kontrollen umso schärfer. Die Behörden verlangen beste Lehrschwestern, weniger tüchtige werden unbarmherzig verabschiedet. Erst später lässt sich die Stadt herab, zumindest Schulutensilien bereitzustellen.

Drei Vereinsschulen

Die Schwestern scheinen sich zu bewähren, denn drei Pfarrgemeinden vertrauen ihnen ihre Vereinsschulen an. Dort erteilen sie vormittags Unterricht und nachmittags Nähstunden. Damenvereine in den Gemeinden kommen an jeder Schule für den Unterhalt je einer Lehr- und Nähschwester auf. Außerdem lässt sich mit den Näharbeiten etwas verdienen. Aus den damit gebildeten Rücklagen kann man Schulentlassenen ein kleines Startkapital mit auf den Weg geben.

Zwei Verwahrschulen

Auch zwei Verwahrschulen werden von Damenvereinen gefördert. Doch sie liegen so weit vom Schwesternhaus entfernt, dass die Betreuerinnen über Mittag bleiben müssen. Von morgens halb Sechs bis abends halb Sechs ausharren zu müssen, ist ein aufreibender Dienst. Dafür schlägt den Schwestern das Wohlwollen der Bevölkerung entgegen bis hin zum Kardinal.

Dazu noch ein Haus auf dem Land

Der neue Erzbischof Melchers (1866-1895) sucht die Schwestern eindringlich zu ermuntern, doch auch ein Haus auf dem Land einzurichten, wo sich die Kinder an frischer Luft freier bewegen und erholen können. Zwar gelingt es bereits 1867, im heutigen Stadtteil Ehrenfeld ein geräumiges Haus einzurichten, doch es wird schon bald Quelle schwerer materieller Sorgen. Immerhin können etliche Pfleglinge des Kölner Hauses dorthin ausgelagert werden. Das sind vor allem ältere Mädchen, die zu Mägden herangebildet werden sollen. Dazu kommen auch kleine, noch nicht schulpflichtige Kinder. Das erfordert dann auch wieder eine Bewahrschule und – so ganz nebenbei – ein kleines Töchterpensionat. Am Ende lassen sich die Schwestern auch noch breitschlagen, einige Elementarklassen in Ehrenfeld zu übernehmen.

Koblenz 1851/1852

Selten günstige Vorbedingungen

Ein ausgesprochen rühriger Frauenverein unterhält bereits seit Jahrzehnten ein kleines Waisenhaus und eine Armenschule. Beide sind in den Räumen eines alten Klosters untergebracht, das vor knapp 50 Jahren unter Napoleon aufgelöst worden ist. Das dazu gehörende Kirchlein ist noch in Betrieb. Im Kloster gibt es Wohnung für vier weltliche Lehrerinnen.

Dazu kommt die zentrale Lage an der Hauptschlagader der Stadt. Was heutzutage für Düsseldorf die „Kö", für Köln die Hohe Straße, das ist für die Koblenzer die Löhrstraße. An dieser Flaniermeile der Stadt nun liegt das alte St. Barbarakloster, in das die Schwestern einziehen sollen. Denn es ist der Wunsch des Frauenvereins, die Anstalt wieder in die Hände einer religiösen Gemeinschaft zu geben.

Das erste Kloster außerhalb der Erzdiözese Köln

Im November 1851 ist die Neugründung gesichert. Im Dezember kommt Clara mit Sartorius, ihrem Beichtvater, und ihrem Bruder André, dem Rektor des Klösterchens in Aachen, um alles abzumachen. Eine der vier Lehrerinnen, die im Haus wohnen, wird Novizin, die anderen ziehen aus. Im folgenden April, zu Schuljahresbeginn, kommen die ersten Schwestern. Das Haus wird eröffnet, Vorsteherin wird Sr. Antonia, die Schwester von Claras Jugendfreundin Anna von Lommessem.

Es ist die erste Gründung außerhalb der Erzdiözese. Sie geschieht im Einverständnis mit dem Bischof von Trier, dem zuständigen Ortsbischof. Der Erzbischof von Köln allerdings ist beleidigt, dass er von dritter Seite davon erfährt; schließlich unterstehen die Schwestern aus Aachen doch seiner Amtsgewalt. Clara ist bestürzt und erscheint vor dem Kardinal, um Abbitte zu leisten. Dieser Zwischenfall wiederum trägt dazu bei, das Wohlwollen des Erzbischofs für sie nur noch mehr zu gewinnen.

Anfangs sind es nur sechs Hauskinder, die bei Vollverpflegung hier leben, am Ende des Schuljahres sind es bereits fünfzig. In die auch den Externen offen stehende Schule kommen jedoch sämtliche arme Mädchen der Stadt. Es gilt aber auch manche Rückschläge zu überstehen. Der erste Gönner der Schwestern stirbt. Die Oberin erkrankt. Eine vornehme Dame besucht die Schwestern und stürzt sich aus dem Fenster in den Tod.

St. Barbara-Kirche auf der Löhrstraße. Vordem stand hier einmal ein Hospital (seit 1239). Dann wird auf dem Gelände ein barockes Kloster errichtet (anfangs 18. Jh.), ein Komplex, der sich bis zur Ecke Pfuhlgasse hinzieht. 1910 wird die Kirche, 1930 das Kloster abgerissen.

Heute stehen hier ein bekanntes Textilhaus und ein Filmpalast.

Lage von Kloster (1) und kurfürstlichem Schloss (2), nach einem Plan von 1864 aus dem Stadtarchiv Koblenz

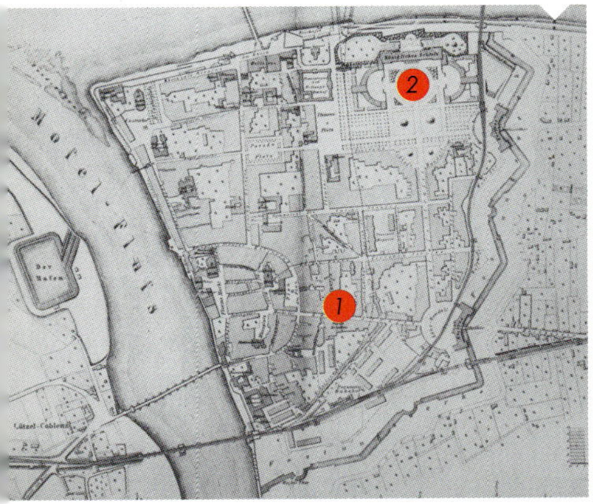

Prinzessin Augusta, geb. 1811, nachmals Königin von Preußen.

Begegnung mit der Prinzessin von Preußen

Koblenz ist zu dieser Zeit die wichtigste Stadt am Rhein; sie ist Hauptstadt der preußischen Rheinprovinz. Das alte, am Rheinufer liegende Schloss des Kurfürsten ist nun Sitz des Oberpräsidenten und des Friedensgerichts. Hier amtiert auch der preußischer Militärgouverneur Prinz Wilhelm – später bekannt als Kaiser Wilhelm I. – mit seiner Gattin Augusta. Sie fühlt sich wohl hier.

Gut 500 m vom kurfürstlichen Schloss entfernt liegt das Kloster. Prinzessin Augusta wird auf die Arbeit der Schwestern aufmerksam, zeigt von Beginn an Interesse an ihnen. Sie ist sogar bereit, als Protestantin die Schirmherrschaft zu übernehmen. Doch Clara weicht aus, weil sie allein die katholischen Damen zulassen will.

Dennoch erscheint **Prinzessin Augusta** persönlich zur Eröffnungsfeier (15.4.1852) und hält eine längere Rede. Sie kommt zum festlichen Frühstück der Erstkommunikanten und bringt ihre Hofdame mit. Von da an erscheint sie regelmäßig im Kloster. Sie besucht die Oberin, als sie krank ist, erscheint unerwartet in der Nähstube und in der Küche. Weihnachten beschenkt sie die Kinder. Sie schließt sich den Kindern an, wenn sie Spaziergänge aufs Land machen.

Augusta zeigt besondere Verehrung für Clara. Immer wenn sie nach Koblenz kommt, sucht sie ihr zu begegnen.

Zweimal im Jahr bezahlt Augusta den Kindern die Wallfahrt zum **Gnadenbild nach Bornhofen**.

Im Wallfahrtslied von Bornhofen (1845) mag sie die Kinder begleiten:

Geleite durch die Welle
das Schifflein treu und mild
zur heiligen Kapelle,
zu deinem Gnadenbild,
und hilf ihm in den Stürmen,
wenn sich die Wogen türmen!
Maria, Maria, o, Maria hilf.

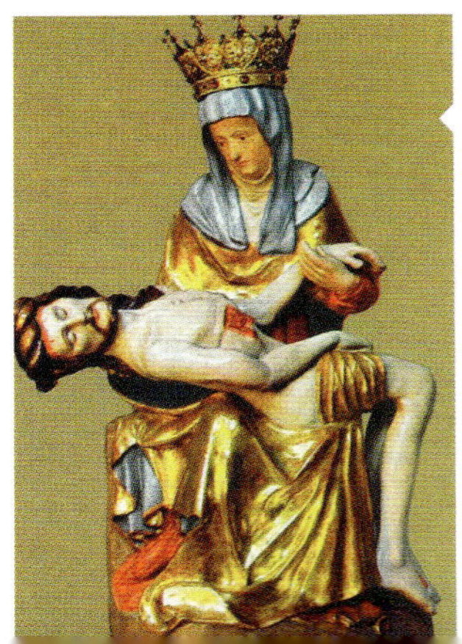

Gnadenbild der schmerzhaften Mutter in Bornhofen
Die Leiden und Schmerzen Mariens sind Symbol für die Leiden und Schmerzen der Christen, die sie in ihrem Leben erdulden müssen.

Das alte Kloster mit der dazugehörigen Kirche, ein schlichter Backsteinbau aus dem Jahre 1462.

Zwischenzeitlich wird das Gotteshaus der evangelischen Kirche zur Verfügung gestellt. 1911 werden es dann die Schwestern vom armen Kinde Jesus übernehmen.

Neuss 1855

Das erste Waisenhaus

Auch in Neuss beginnt alles mit einem Pflegeheim für Waisenkinder, zunächst nur für Mädchen. Im Oktober 1855 wird es eröffnet. Mit dem Haus verbunden ist sogleich eine neue städtische Elementarschule für Mädchen, die von den Schwestern vom armen Kinde Jesus gehalten wird. Die Stadt Neuss übernimmt alle Rechnungen. Erste Oberin ist Mutter Theodosia.

Übernahme des ehemaligen Klosters Marienberg

Kaum ein Jahr vergeht und das erste Haus ist bereits zu klein. Im Juni 1856 beschließt der provisorische Waisenhausvorstand den Ankauf des ehemaligen Augustinerinnen-Klosters Marienberg; dieses war im Zuge der Säkularisation unter Napoleon aufgelöst worden (1802). Auch dieses Haus, in das die Schwestern bald umziehen, liegt im Zentrum der Stadt und nur wenige Schritte vom Quirinus-Münster entfernt.

In diesem Haus wird 1855 das Waisenhaus eröffnet. Es liegt an der Ecke Münsterstraße/Münsterplatz.

Die Behörde weist den Schwestern im neuen Haus alle städtischen Waisenkinder zu, Mädchen und Knaben. Wie bereits schon in den anderen Städten folgen dem Waisenhaus zwei Verwahrschulen und die Errichtung mehrerer Elementarklassen für Mädchen.

Schon bald entwickelt sich ein zweiter Zweig ihres Neusser Wirkens:

Übernahme der Mädchenschule

Schon die Schwestern des aufgelösten Klosters hatten mit Schule zu tun gehabt und – gegen Entgelt – den Töchtern der höheren Stände Privatunterricht erteilt. So hatte in den Wirren der Zeiten oft nicht nur

Über dem alten Eingang des neobarocken Gebäudes steht die heilige Anna, die ihrer Tochter Maria das Lesen beibringt. Sie erinnert an die im Hause befindliche Annakapelle. Sie ist Klosterkirche bis die Evangelische Gemeinde den Schwestern die alte Marienbergkapelle abtritt (Anfang 19. Jh.).

das Kloster, sondern mit ihm auch die Schule zu leiden. Mehrfach wurde sie geschlossen (wie unter Napoleon) – allerdings immer nur für kurze Zeit.

Als die Schwestern vom armen Kinde Jesus kommen, gibt es die Schule der höheren Töchter dort bereits seit 1846 wieder, allerdings in städtischer Trägerschaft. Ihre Vorsteherin tritt in den Orden der Schwestern ein, wird Novizin und möchte die ganze Schule in die Hände der Schwestern legen. Alsbald leitet sie als Novizin Quirina die Schule. Bereits vom Schuljahr 1857 an geht sie auf Initiative Neusser Bürger ganz in die Hände der Schwestern über. Mit dieser Übernahme einer bereits bestehenden „Höheren Elementar-Mädchenschule" wird der Grundstein gelegt für das spätere Lyzeum Marienberg.

Abschlussexamen als Lehrerin

Der Standort Neuss gewinnt schließlich noch dadurch erhöhte Bedeutung, dass Absolventinnen der letzten Klasse hier ein Lehrerinnenexamen ablegen können. Eine hohe Zahl von Schülerinnen des Marienbergs wählt diesen Weg und besteht nach sechsjährigem Besuch der Schule über den Lehramtsanwärterinnenkurs das Examen zur Lehrerin für

An das alte Klostergebäude wird dann nach der Jahrhundertwende der neobarocke Erweiterungsbau (links) angefügt.

Elementar- und Höhere Schulen. Vieles weist darauf hin, dass das Hauptinteresse der Schule in ihrer frühen Phase in der Ausbildung der Lehrerinnen liegt.

Die Schule der Schwestern hat sich in der Folgezeit zum heutigen katholischen Mädchengymnasium Marienberg weiterentwickelt; Träger ist das Erzbistum Köln.
Seit über 150 Jahren spielt diese Schule eine entscheidende Rolle im Bildungsleben der Stadt und des Kreises Neuss.
Lehrerkollegium, Eltern und Schülerinnen mühen sich darum, christliche Wertvorstellungen zur Geltung zu bringen, religiöse zu reflektieren und sich mit dem eigenen Glauben auseinanderzusetzen, auch um so vorzubereiten auf die Anforderungen unsrer Zeit.

AUSBREITUNG IM DEUTSCHSPRACHIGEN „AUSLAND“

Kirche in Landstuhl

Landstuhl/Bayern 1853

Vorbereitungen

Dieses entlegene, aber freundliche Städtchen in der Pfalz soll deshalb erwähnt sein, weil Clara hier das erste Kloster im „Ausland“ gründet. Die Reise von Aachen dorthin ist lang.
Mittlerweile sind derart viele Anfragen in Aachen eingegangen, dass die Schwestern schon aus Personalmangel immer wieder absagen müssen. Dass Clara dann zu Landstuhl ihre Einwilligung gibt, liegt am Kölner Erzbischof. Dessen Freund **Nikolaus von Weis** (siehe Bild), jetzt Bischof von Speyer, hat mit viel Mühe in seiner Diözese ein Waisenhaus auf die Beine gestellt. Der Grundstein ist schon gelegt (Juni 1852), jetzt fehlen ihm nur noch Betreuerinnen. Über seinen Freund in Köln kommt es zum Kontakt mit Clara. Diese stellt bei den Verhandlungen in Köln nur eine Bedingung: ein Oratorium mit dem heiligsten Sakrament.

Impulse zur Eröffnung

Kurz vor Weinachten wird das neue Waisenhaus St. Nikolaus eröffnet, am 15. 12. 1853. Dieser Tag ist sicher kein Zufall. Denn an diesem Tage gedenkt die Kirche des großen Mystikers **Johannes vom Kreuz** (1542-1591). Dessen Schriften haben Clara schon vor über zehn Jahren fasziniert. Deshalb darf man davon ausgehen, dass sie seine Gedanken wie Wegweiser zum Start in das neue Projekt sehen möchte.

Wegweisende Gedanken des Johannes vom Kreuz

Die Seele ist nicht dort, wo sie lebt, sondern wo sie liebt.
Mit der Liebe zu Gott steigert sich die Liebe zum Nächsten. Beide entspringen derselben Quelle.
Die Geschöpfe sind gleichsam eine Spur der Fußstapfen Gottes, an der man seine Größe, Macht und Weisheit sehen kann.
Herz, worauf wartest du? Lieben kannst du sofort!
Lerne zu lieben, wie Gott geliebt sein möchte, und lass deine Eigenheit.

Durchbruch zu einem Vorzeigewerk

In den ersten Jahren herrscht in dem von einer Ringmauer umfriedeten Waisenhaus große Armut. Die Räume sind feucht und ungesund, die Hauskapelle provisorisch. Es herrscht Kälte und Hunger. Mit Sticken, Hutflechten und Kollektenwanderungen der Schwestern in der Diözese sucht man über die Runden zu kommen.
Dennoch blüht das Werk auf. 1874 kommt bei der Bevölkerung der Wunsch auf, doch auch Mädchen aus dem Bürgerstand auszubilden. So entsteht eine Haushaltungsschule mit Pensionat, in die auch sogenannte „Kostmädchen" gegen Entgelt aufgenommen werden. 1877 werden vierzig Mädchen von sechs Schwestern unterrichtet.

Mit bald hunderten von armen Kindern wächst das Unternehmen zur schönsten und fruchtbarsten Heimstätte christlicher Caritas in der Pfalz. Dazu kommt eine besondere Frucht des Landstuhler Projekts: Eine große Zahl tüchtiger junger Frauen ist fasziniert von diesem Modell, wird angezogen und bald zu Stützen der Kongregation. Der Kardinal von Köln sieht im Aufblühen ein wenig sein eigenes Werk, was den Schwestern umso mehr Gunst einbringt.

Das Waisenhaus in Landstuhl und alle Schulen, die sich später dort entwickeln, bleiben Eigentum des Bistums Speyer. Die Schwestern arbeiten in einer Stiftung.

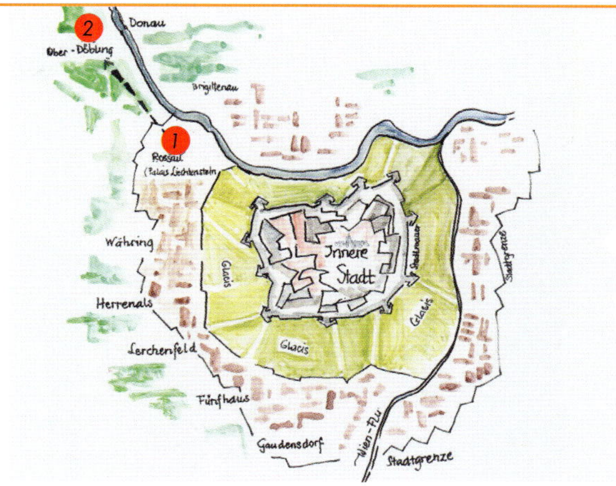

Wien um 1850;
11.12.1857 Ankunft der Schwestern in der Rossau (1), 1860 Ankauf des Hauses in Ober-Döbling (2); gezeichnet von Sr. Admirabilis.

Kaiserstadt Wien 1857

Eingeladen von höchster Stelle

Auch im Osten, in der fernen Kaiserstadt Wien, ist man bedrückt von den Zeichen der Zeit, der stetig wachsenden Umschichtung der Gesellschaft und dem Aufkommen eines vierten Standes. Dort gibt es einen Vinzenzverein, eine Laienorganisation mit sozialen Zielen. Durch Bischof Laurent aus Aachen, der in Marienbad zur Kur weilt, spricht sich das Wirken der Schwestern vom armen Kinde Jesus herum. Da tritt der Vinzenzverein 1855 mit der Bitte an sie heran, doch auch in Wien ein Waisenhaus für arme Mädchen zu übernehmen – möglichst eingeschlossen Elementarschule und Bewahranstalt für auswärtige Kinder.

Die Kardinäle von Köln und Wien haben nichts dagegen. Allerdings muss das Waisenhaus erst noch gebaut werden.

Voller Schwung über hohe Hürden

An die Spitze dieses waghalsigen Unternehmens stellt Clara eine dynamische junge Frau, die erst 28-jährige Schwester Assumpta. Sie hat Vorliebe für kleine Kinder, Mitleid mit kleinen Kinderherzen und hat harte Kämpfe und Entbehrungen in ihrer Jugendzeit hinter sich. Erfahrung und Durchhaltevermögen wird sie auch in Wien brauchen. Als sie nach viertägiger Fahrt über Dresden und Prag endlich in der Kaiserstadt angekommen sind, wird den ersten vier Schwestern zunächst eine Wohnung am nördlichen Rand der Innenstadt angeboten, in Ross-Au (genannt nach den Pferden, welche die Kähne die Donau hinaufzogen und dort weideten). Doch der den Schwestern vom Fürsten von Liechtenstein in einem Nebengebäude seiner Sommerresidenz zugewiesene Wohnraum ist eine einzige Enttäuschung. Das Haus, eher eine Kellerwohnung, ist feucht und kalt, dazu arm-

Das ihnen zugewiesene Haus liegt in der Döblinger Hauptstraße 83. 1860 abgerissen und durch ein größeres ersetzt, das heute noch stehende Eckgebäude.
1861 nehmen die Schwestern die benachbarte barocke Johann Nepomuk-Kapelle (1739), mittlerweile zu einer Scheune herabgekommen, als Klosterkirche in Betrieb.

seligst eingerichtet. Abgesehen von den vier unerlässlichen Feldbetten fehlt es an allem bis hin zum Küchengeschirr. Wie soll man hier auch noch arme Kinder zwischen drei und zwölf Jahren unterbringen? Die Schwestern denken schon daran, nach Haus zurückzukehren. Ein Brief von Mutter Clara macht ihnen Mut zu bleiben.
Dazu sollen jetzt zu den Mädchen auch noch – gegen alle Absprachen – arme Knaben aufgenommen werden, für die es sonst zum Zweck christlicher Erziehung in der ganzen Stadt kein anderes Unterkommen gibt. Wie soll man bei der Enge der Räume Mädchen und Knaben voneinander trennen? Und schließlich geraten die Schwestern, da man von ihnen auch noch die Verpflegung der Kinder erwartet, in schreiende Not.

Dennoch wendet sich alles zum Guten, auch dank freundlicher Unterstützung durch Jesuiten, Redemptoristen und bald auch durch Dominikaner. Im Frühjahr können bereits 30 Kinder verpflegt werden, im Jahr darauf sind es schon 46. Indem die Zahl der aufzunehmenden Kinder wächst, ist das Haus bereits 1859 zu klein. Inzwischen ist auch noch eine zweiklassige Volksschule entstanden.

Da kann im April 1860 im noch weiter nördlich gelegenen Stadtteil **Döbling** ein leerstehendes Dominikanerinnenkloster erworben werden, groß genug, um die Kinder durch eine gediegene Bildung fähig zu machen, sich ihre Existenz in der menschlichen Gesellschaft zu sichern.

Entlang der hier abbiegenden Hofzeile werden bald weitere Gebäude errichtet, um darin die Schule unterzubringen.

Als Clara im Mai 1863 zu Besuch kommt, findet sie „ein schönes Kloster mit hübscher Kirche und geräumigen Gärten“ vor und schreibt freudig bewegt: „Gottes Segen ruht offenbar auf diesem Hause. Wenn man bedenkt, durch welche Prüfungen die Schwestern hindurchgegangen, in welchem Kote sie gesteckt haben, und nun sieht, wie das Haus aufblüht, da möchte man ausrufen: De stercore erigens pauperem“ (aus dem Psalm 112,7: „Wer gleicht dem Herrn, unserm Gott, ...der den Schwachen aus dem Staub emporhebt und den Armen erhöht, der im Schmutz liegt?“)

Das Ergebnis kann sich sehen lassen

Sechs Jahre später (1869) wirken hier bereits 50 Schwestern. Sie betreuen und verpflegen im Hause 150 Kinder, Tendenz steigend. Dazu kommt ihre Tätigkeit in den nebenan neu errichteten Schulen.

Angesichts der immer größer werdenden Schülerzahl kann die kleine alte Kapelle den Ansprüchen der Ordensschwestern nicht mehr gerecht werden. Im Jahre 1885 geht man an den Bau einer neuen größeren Klosterkirche, die ebenfalls an der Hofzeile erbaut und 1887 eingeweiht wird. Die alte Kirche wird umgewidmet. Durch Einzug einer Zwischendecke gewinnt das Kloster einen neuen Speisesaal und einen Versammlungsraum. So ist es heute noch zu sehen.

Im Jahre 1890 betreuen die Schwestern schon 220 Hauskinder, zum Teil ohne Vergütung, mit Hilfe mancher privater Wohltäter. Dazu leiten sie eine mittlerweile auf etwa 420 Schüler angewachsene achtklassige Privat-Elementarschule und noch so nebenbei für 14-18 Jahre alte Mädchen eine Arbeitsschule mit Stickzimmer, wo glänzende Leistungen hervorgebracht werden.
Bei einem so blühenden Unternehmen verwundert es nicht, dass in den Schulbauten bald auch eine Lehrerinnenausbildungsstätte entsteht.

Im Haus von Wien ist alles nach dem Vorbild Aachens eingerichtet. Rein äußerlich gesehen hat es unter allen Gründungen Claras wohl die glänzendste Entfaltung genommen.

Bis heute existiert in Oberdöbling das Kloster der Schwestern vom armen Kinde Jesus unter den Patronat der „Heiligen Familie“. Das Bild zeigt die neoromanisch ausgestaltete Kirche in der Hofzeile.

Dazu gehört das Schulzentrum Maria Regina mit Kindergarten, Hort und Bildungsanstalt für Kindergartenpädagogik und weiterführend eine Volksschule, ein Gymnasium und ein wirtschaftskundliches Realgymnasium (Döblinger Hauptstraße).

Mit diesem Bild wirbt das heutige Bildungszentrum „Maria Regina" für seine Aktivitäten für die heranwachsenden Kinder.

Name ist Programm

Die Klosterkirche hat sich unter den Schutz der Heiligen Familie gestellt; es stehen natürlich große Holzfiguren von Maria und Josef (1886) im Gotteshaus.

Harmonisch wie in einer guten Familie soll es nach Claras Willen auch im Wiener Haus zugehen, und sie ist daran nicht unbeteiligt. Ihre Kapitalwahrheit lautet: „In einer kleinen Gemeinde ist es besonders notwendig, dass alle heiter sind und keine verstimmt ist." Daher lässt sie es, um die Stimmung zu heben und zu trösten, an Aufmunterung nie fehlen. Sie wacht darüber, dass notwendigste Vorsorge getroffen wird für die Erhaltung der Gesundheit. Aber sie lässt den Verantwortlichen vor Ort stets größte Freiheit und betont immer wieder, dass praktische Fragen nur an Ort und Stelle zu beurteilen sind.

Weberdorf Peterswaldau/Schlesien 1868

Was nur führt die Schwestern vom armen Kinde Jesus ausgerechnet ins ferne Schlesien, ins 1.000 km entfernte Peterswaldau?

Ort der Not und des Aufstandes der Weber

In Aachen wie in Peterswaldau lebt ein Großteil der Menschen von der Textilindustrie und an beiden Orten sind die Arbeiterfamilien angesichts des Maschinenzeitalters in große Not geraten. In Aachen waren die Arbeiter schon 1830 protestierend auf die Straße gegangen. In Peterswaldau waren es 1844 die Weber, die sich revoltierend zusammenschlossen und die Nachbarorte in den Aufstand hineinzogen. Das war just im gleichen Jahr, als sich in Aachen die Gemeinschaft der Schwestern gründete.

Der schlesische Dichter Gerhard Hauptmann beschreibt 50 Jahre später in seinem **Drama „Die Weber“** das Elend von Peterswaldau und lässt dort eine Mutter klagen:

„Meine armen Kinder verhungern mir (sie schluchzt und winselt). Ich weiß mir keinen Rat mehr. Man mag anstellen, was man will, man mag rumlaufen bis man liegenbleibt. Ich bin mehr tot wie lebendig, und da ist doch kein Anderswerden. Neun hungrige Mäuler, die soll einer nun satt machen. Von was denn, hä? ...da hatt' ich ein Stückchen Brot; es langte noch nicht mal für die zwei Kleinsten. Wem sollt ich's denn geben, hä? Alle schrien sie in mich nein: ‚Mutterle mir, Mutterle mir…‘ Nee, nee! Und dabei kann ich jetzt noch laufen. Was soll erst werden, wenn ich zum Liegen komme? Die paar Kartoffeln hat uns das Wasser mitgenommen. Wir haben nichts zu brechen und zu beißen.“

Inspiriert von Hauptmanns Drama (1893) gestaltet Käthe Kollwitz ihren Zyklus „Ein Weberaufstand“. Hier das Blatt 1 mit dem Thema „Not“ (1897).

Patriarchalische Fürsorge des Grafen

Schließlich ist es der Peterswaldauer **Franz zu Stolberg-Wernigerode**, der bei Clara vorspricht. Was nur treibt einen Grafen im fernen Schlesien, katholische Schwestern aus Aachen ins eher evangelische Peterswaldau zu holen? Das hat mehrere Gründe: Zum einen ist er selbst zur katholischen Kirche konvertiert und wünscht sich eine Niederlassung von Schwestern, denen er eine Schule für katholische Kinder übergeben kann. Für Wohnung und hinreichendes Auskommen will er Sorge tragen. Zum anderen ist seine Schwägerin seit gut zehn Jahren bereits Mitglied der Kongregation und weiß deren erfolgreiches Mühen um Kinder in Not wärmstens zu empfehlen.

Am Park gleich hinter diesem Schloss der Grafen von Stolberg-Wernigerode sammelten sich 1844 die Weber von Peterswaldau zu ihrem mitreißenden Protestmarsch gegen die Armut. Von hier aus ergeht ein Vierteljahrhundert später der Ruf an die Schwestern vom armen Kinde Jesus, den armen Weberkindern zu helfen.

Noch heute erinnert dieses Gebäude an das ehemalige Josefskloster, vorne herausragend die Kapellenapsis, 2013 aufgenommen von der katholischen Kirche aus. Gleich rechts hinter den Bäumen steht das Schloss der Grafen zu Stolberg.

Vom Giebel des Klosters her grüßt der heilige Josef mit dem Jesuskind.

Im Februar 1868 ist es nach vielen Vorverhandlungen endlich soweit. Die ersten Schwestern erreichen – bei strengster Winterkälte – Peterswaldau. Der Graf weist ihnen als Niederlassung das **St. Josefs-Kloster** zu. Ein Waisenhaus für arme Mädchen und eine Schule mit Elementarunterricht nehmen alsbald einen höchst hoffnungsvollen Aufschwung.

Als Clara im Jahre darauf die sechs Schwestern besuchen kommt, kann sie sich selbst davon überzeugen.

AACHEN BLEIBT SCHWERPUNKT

Aus aller Welt erreichen die Schwestern Anfragen. Selbst aus den USA kommt eine Einladung zu einer Niederlassung (1858). Eine reiche Konvertitin möchte die Schwestern zu Krankenpflege und Schulunterricht gewinnen.

Clara muss sich hüten vor weiterer Zersplitterung. Aachen soll Schwerpunkt bleiben. Die Kongregation wächst und wächst.

Hier eine Übersicht (ohne Wien):

Zahl der Häuser

1862	19
1864	25

Zahl der Schwestern

1862	300
1864	450
1872	690

Aus dem Buch „Mutter Clara Fey vom armen Kinde Jesus und ihre Stiftung" (1907), Seite 291.

	1864	Schwestern	1872	Schwestern
1. Aachen (Mutterhaus)	"	134	"	155
2. Bonn	"	28	"	38
3. Derendorf	"	33	"	48
4. Düsseldorf	"	10	"	20
5. Köln (mit Ehrenfeld)	"	39	"	86
6. Koblenz	"	18	"	24
7. Kleve	"	11	"	13
8. Landstuhl	"	22	"	24
9. Burtscheid	"	16	"	62
10. Haaren	"	4	"	5
11. Stolberg	"	9	"	16
12. Neuß	"	24	"	40
13. Eilendorf	"	4	"	6
14. Echternach	"	11	"	15
15. Döbling	"	31	"	57
16. Bardenberg	"	4	"	6
17. Würselen	"	7	"	9
18. Eschweiler	"	8	"	17
19. Brand	"	5	"	5
20. Erkelenz	"	7	"	11
21. Ürdingen	"	5	"	8
22. Lövenich	"	5	"	7
23. Röhe	"	5	"	6
24. Morsbach	"	4	"	5
25. Peterswaldau	"	6	"	7
		450		690

DIE PARAMENTENSTICKEREI UND ANDERE EINNAHMEQUELLEN

Notwendig, praktisch und honorig

PARAMENTENSTICKEREI

Der Anlass: Bedarf für Liturgie

Schon als Kind hatte Clara Freude am Schmuck eines Gotteshauses. Jetzt aber, seitdem das neue Kloster in der Jakobstraße über ein eigenes Kirchlein verfügt, ist es ihr ein Herzensanliegen, die Kapelle mit würdigem Schmuck zu versehen. Geschenkte Heiligenstatuen werden aufgestellt. Zwei aus Rom kommende Reliquien werden feierlich beigesetzt. Die Kapelle erhält einen neuen Hochaltar und alle sind glücklich, als erstmals eine eigene Glocke zum Gottesdienst ruft. Am empfindlichsten trifft es die Schwestern, dass es an brauchbaren liturgischen Gewändern fehlt, sind sie doch unentbehrlich zur täglichen Heiligen Messe. Den einzigen Schatz, den das Kloster besitzt, besteht aus einigen Altar- und Kommuniontüchern sowie ein paar **Alben** mit gestickten Spitzen. Eine Albe (von lateinisch alba: „die Weiße") ist ein aus der antiken Tunika hervorgegangenes, knöchellanges Gewand aus weißem Leinen. Der Priester trägt es als liturgisches Untergewand. Die dazu gehörenden Messgewänder (auch Kaseln genannt, von lat. casula: „Zelt", „Häuschen") müssen ausgeliehen werden, meist von der gegenüber liegenden Pfarrkirche St. Paul.

Albe mit gestickten Spitzen

Suche nach neuen Formen

Zum Kauf neuer Gewänder kann man sich nicht entschließen, zumal auch der ihnen nahestehende Geistliche André Fey die üblichen Gewänder im barocken Stil ablehnt. Diese Kaseln nach französischem Muster hält er für geschmacklos; sie sind ihm ein Gräuel. Hier schlägt das feine Verständnis für kunstvolle Gestaltung durch, das die Familie Schweling/Fey ihren Kindern mitgegeben hat.

„Bassgeige mit Hosenträgern" *nennt der Kölner Kardinal von Geissel diese Messgewänder.*

Diese Kasel hat Kurfürst und Erzbischof Clemens August getragen – bei der Krönungsmesse 1742 in Frankfurt. Die Vorderseite ist in Form einer Baßgeige geschnitten. Auf der reich mit Goldstickerei bedeckten Fläche befindet sich ein mittlerer Zierstreifen (Kaselstab). Er ist hervorgehoben durch aufgesetzte Reliefmotive, die stilisierte Blätter und Blüten wiedergeben.

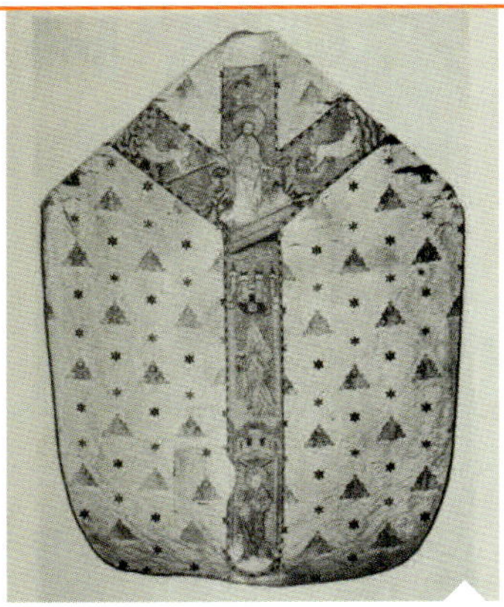

Gotisches Messgewand um 1400: Der Unterschied zur barocken „Bassgeige" ist gut zu erkennen.

Sog. „Borromäuskasel", geziert mit Kreuz, neugotisches englisches Vorbild.

Stattdessen verlangt André Fey Gewänder, die sich anlehnen an Formen und Ornamente des Mittelalters. Doch solche Paramente gibt es zu dieser Zeit noch in keiner deutschen Stadt. Deshalb ermuntert er die Schwestern im Aachener Kloster, den Anfang zu machen.
In England hatte dieser reinere Geschmack in Paramentensachen unter Einfluss eines genialen Neugotikers bereits Fuß gefasst. Über eine englische Konvertitin, die Bischof Laurents Hauskapelle in Aachen betreut, gelangen neugotische Vorlagen in die Hände der Schwestern.

Eine Paramentenstickerei, die beeindruckt

Bereits im Oktober 1848 machen sich die Schwestern an die Arbeit und stellen den neuen Vorstellungen entsprechend das erste Messgewand her. Es wird zum Fest Maria Lichtmess 1849 erstmals getragen.
André Fey entführt die Kasel gleich nach St. Paul. Das wiederum schafft Aufmerksamkeit in der Öffentlichkeit. Weitere Paramente finden schnell Abnehmer, zunächst sind es die Kirchen der eigenen Kongregation, dann der befreundete Aachener Klerus. Auf der anderen Seite gibt es Schwestern mit großem Geschick bei der Handarbeit. Da wäre gleich die erste Stickschwester zu nennen, die junge Sr. Franziska. Mit feiner Beobachtungsgabe und Schöpfungskraft schafft sie Stickmuster, die ihr großen Beifall eintragen. Ein halbes Jahrhundert lang wird sie die Seele der gesamten Kunststätigkeit der Kongregation sein.
Als Erzbischof von Geissel das Kloster besucht und mit den Schwestern die Messe feiert, überraschen diese ihn mit einer geschmackvollen Kasel, die ihm als Geschenk nach Köln nachfolgt. Bald schenken sie dem beeindruckten wie erfreuten Kardinal eine schöne Stola, ein gesticktes Rochett (bis zu Knien reichendes Leinengewand) und eine noch reicher gezierte Kasel (wie hier im Bild zu sehen). Dadurch verbreitet sich der Ruf und das Ansehen der Aachener Klosterstickerei.

Ein Stick-Atelier, das sich beachtlich entwickelt

Ein bekannter Kunstarchäologe wird aufmerksam und entwirft für das Stick-Atelier, unterstützt von Zeichnern, Ornamente in romanischem und gotischem Stil, mit denen

Bald entwickeln die Schwestern eine neue Form der Kasel: An die Stelle der „Borromäuskasel" tritt die sog. „Bernarduskasel". Viel Beifall zu dieser Neuentwicklung kommt vom beratenden Bischof von Münster, der gleich für Dom und Seminar reihenweise Bestellungen aufgibt.

Kaseln wie diese aus dem 14. Jh. mögen dabei Pate gestanden haben.

kreativ weitergearbeitet werden kann. Der Bischof von Münster kommt anlässlich einer Volksmission nach Aachen und bewundert die bereits vielgerühmten Stickereien. Er findet Vergnügen an ihnen und gibt gleich Bestellungen auf. Da er aber auch vorzüglich vertraut ist mit älterer christlicher Kunst, kann er nützliche Ratschläge geben. Er merkt, dass es den Schwestern an Vorlagen fehlt und schickt ihnen alte bestickte Levitenröcke. „Kopieren sie diese Figuren und die Goldstickerei an den Stäben, dann kommt die alte Figurenstickerei wieder auf."

Die Schwestern denken sich hinein in die alte Formensprache mit ihren strengen Mustern und studieren an den verblichenen und verschlissenen Überresten die Technik der Alten. Sie nutzen jede Gelegenheit zur Weiterbildung. Dabei empfinden sie die ihnen gewährte „handgreifliche" Begegnung mit alten Paramenten als andachtsvolle Stunden des Studiums, so auch das Verweilen bei den großen Heiligtümern im Aachener Münster. „In Bezug auf das dreistündige Verweilen in der Sakristei bei den großen Heiligtümern müssen wir sagen, dass ein Segen über unsere Hände gekommen ist. Der liebe Heiland wies uns die Aufgabe zu, für seinen im heiligsten Sakrament verborgenen Leib das Linnen zu bereiten und die Gewande für den heiligen Dienst zu verfertigen."

Nadelmalerei aus dem Stickatelier zu Wien.

Stick-Ateliers nach Aachener Vorbild

So entwickelt sich in Aachen aus bescheidenen Anfängen dank vorhandener Talente und günstiger Einflüsse bald eine technisch wie künstlerisch hochstehende Werkstatt und eine Schule für **Nadelmalerei** mit ganz individueller Note und zugleich klarer Tradition. Schon bald bringt sie es zu höchster Blüte. Kunstwerke von Weltruf gehen aus ihr hervor. Das Interesse an Paramenten im Stil des Mittelalters wird immer größer und ist überregional.

Das Aachener Stickatelier kann der steigenden Nachfrage nicht mehr Herr werden. Deshalb entschließen sich die Schwestern, auch in anderen Häusern der Kongregation Stickateliers nach Aachener Vorbild einzurichten. So entsteht bereits 1855 die erste Werkstattniederlassung in Köln. Dort wird dem Stickatelier noch eine Schule für Paramentenstickerei angeschlossen, in der die Waisenkinder des Klosters Unterricht im Sticken erhalten. Bald folgen Werkstattgründungen im pfälzischen Landstuhl (Sommer 1856), im luxemburgischen Echternach (um 1857) und in Döbling bei Wien (1864) In anderen Klöstern, so in Bonn, Kleve, Eschweiler, Stolberg und Koblenz, fertigen einzelne Schwestern kirchliche Stickereien nur für den eigenen Gebrauch an.

Aufträge steigen ins Uferlose

Bis in die Mitte der siebziger Jahre des 19. Jahrhunderts erleben sämtliche Stickateliers einen ungeahnten Aufschwung. Der Ruf vom Aachener Kunstgeschmack und der Fertigkeit der Schwestern ist überall hingedrungen. Priester und Bischöfe auf der Durchreise besuchen die Stickwerkstatt, kommen sogar eigens aus der Ferne. Aus ganz Deutschland kommen die Aufträge, sogar aus dem Ausland. Sie sind so zahlreich, dass die Bestellungen oft erst nach zwei oder drei Jahren ausgeführt werden können.

Allein die Aachener Werkstatt stellt bis 1865 nicht weniger als 400 Messgewänder her, dazu 130 vollständige Ornate, die meisten in mittelalterlichem Schnitt und mit reicher Verzierung. Dazu kommt noch eine große Menge reich gestickter **Stolen** und trefflich gearbeitete **Pluviale,** Vorhänge voll gestickter Figuren, Fahnen und **Baldachine**.

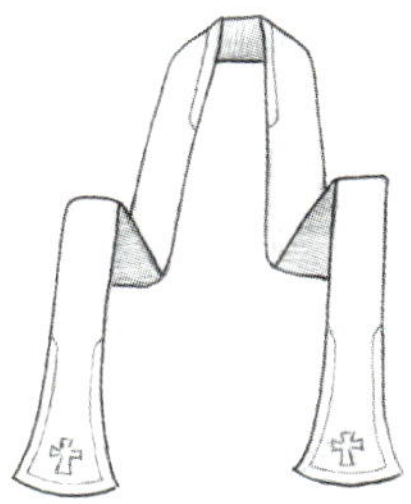

Die Stola, ein schmaler Stoffstreifen, ist das Amtszeichen des Priesters. Es gibt sie in verschiedenen Farben. Zur hl. Messe getragen, folgen diese weitgehend den Farben des Kirchenjahres. Gezeichnet von Sr. Beatriz Helena.

Ein Pluviale ist ein Chormantel: Dieses halbkreisförmige Obergewand des Priesters ist vorne offen und hat am Rücken ein sog. Schild. Letzteres ist ein Überbleibsel der Kapuze des römischen Regenmantels (lat. Pluviale). Gezeichnet von Sr. Beatriz Helena.

Der Baldachin ist ein „tragbarer ‚Himmel'", der besonders bei Prozessionen und Umzügen über dem das Altarsakrament tragenden Priester gehalten wird.

Schwestern bei der Stickarbeit

Über die Produktivität der anderen Stickateliers sind wir aufgrund fehlender Werkstattunterlagen nicht näher unterrichtet. Es ist jedoch anzunehmen, dass auch hier Paramente in großer Zahl gearbeitet wurden. Anfangs beschäftigen sich viele der Klosterfrauen nur während ihrer Freistunden mit der Paramentenstickerei. Doch nach und nach werden immer mehr Schwestern hauptamtlich mit dieser Aufgabe betraut. In Aachen, der größten Werkstatt der Kongregation, sind um 1860/70 etwa 30 Stickerinnen ständig mit der Paramentenherstellung beschäftigt. Im Kölner Atelier arbeiteten um 1861/62 mehr als acht Schwestern und vierzehn geübte Waisenkinder. In der Döblinger Werkstatt sind es in den siebziger Jahren 14 hauptamtliche Stickerinnen.

Entsprechende Stickateliers gibt es alsbald nach Aachener Vorbild: u.a. in Wien, Echternach, England und Simpelveld.

Beispiele aus der Werkstattarbeit der Schwestern

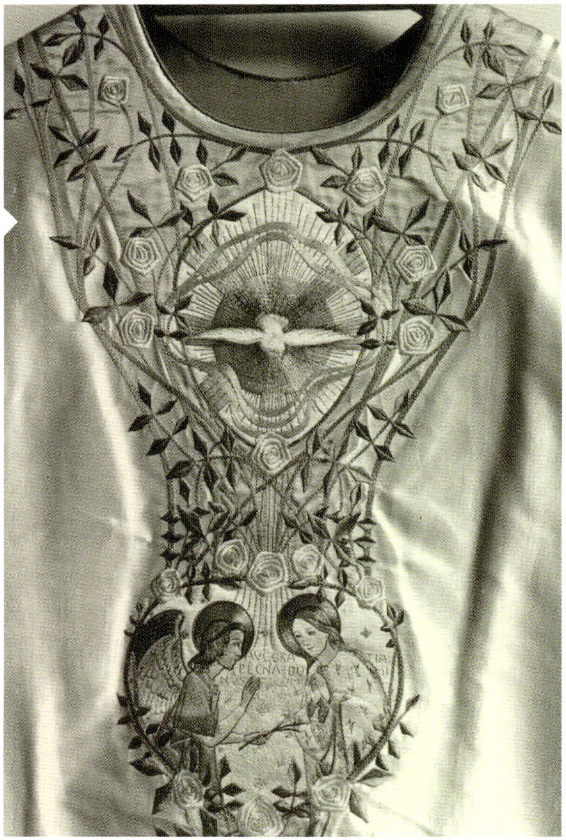

Vorderseite eines Messgewandes zum Thema Mariae Empfängnis (25. März):
Der Engel Gabriel kommt zu Maria nach Nazareth und kündigt ihr die Geburt ihres Sohnes Jesus an durch die Kraft des Heiligen Geistes.

Damit verbindet sich die Botschaft: Was Gott sagt, das wird auch Wirklichkeit.

Geburt Jesu, *Zeichnung aus dem Stickzimmer.*

Geburt Jesu, *Vorderseite einer Kasel.*

Anbetung der Hirten *Nadelmalerei, auf einem Wandbehang in Burtscheid.*

Jesuskind, der Welt zugewandt *aus dem Stickzimmer (oben),*

und als Nadelmalerei (unten).

Heilige Familie

Maria und Johannes unter dem Kreuz.

Pieta:
Maria mit ihrem toten Sohn,
Rückseite eines Chormantels.

Heiliger Geist,
Wiener Stickatelier.

IHS *(Das bedeutet JESus),*
Wiener Stickerei.

Kelchparamente:

Burse *(lat. Tasche),*
zur Aufnahme des Tuches (Corporale), das immer unter Hostienschale und Kelch ausgebreitet wird.

Palla *(lat. Tuch)*
In der Antike bedeckten sich Frauen mit einem quadratischen Tuch, wenn sie ausgingen. Bei der Messe dient ein quadratisches Leinentuch, mit Karton verstärkt, zur Abdeckung des Kelches.

Die Schwestern arbeiten nicht nur an Prachtgewändern

Die Schwestern schmücken Burse und Palla mit Hinweisen auf die Gegenwart Jesu in der Gestalt von Brot und Wein.

DIE AUFTRAGGEBER DER AACHENER WERKSTATT

Die meisten Auftraggeber kommen natürlich aus der katholischen Kirche und hier insbesondere aus Aachen, nicht nur aus der Münsterkirche, von den acht Hauptpfarreien der Stadt und anderen Gemeinden der näheren Umgebung. Durch die vielen Gemeindegründungen im 19. Jh. ist der Bedarf an Paramenten ständig gestiegen. Auch von weiter her kommen Aufträge, die bedeutendsten von den Domen in Köln, Speyer, Trier, Limburg und Frankfurt. Auch von anderen Ordensgemeinschaften und Priesterseminaren gehen Bestellungen ein.

Seite aus einem Auftragsbuch.

Eine wichtige Käufergruppe ist aber auch der Adel. Er braucht Paramente für seine kirchlichen Stiftungen, aber auch profane Decken zum eigenen Gebrauch. Einer der bedeutendsten Auftraggeber ist das preußische Königshaus.
Auch normale Bürger gehören zu den Kunden. Viele haben es infolge der Industrialisierung zu Wohlstand und neuem Status gebracht und danken dies mit Stiftungen an die Kirche. Es sind in erster Linie Vertreter aus Industrie, Handel und Gewerbe.
Angesichts so vieler Bestellungen erweist sich das Stickzimmer bald als namhafte Einnahmequelle und befreit die Schwestern etwas vom materiellen Druck. Zudem können sie in der Folgezeit viele arme Kirchen mit ihren Vorräten an Kirchenwäsche und Kirchengewändern ausstatten.

Ehrenvoller Auftrag: Restauration des Heiligen Rocks

Im Jahre 1844, zu dessen Beginn die Gemeinschaft der Gefährtinnen zusammenfand, wird nach langen Jahren wieder einmal der Heilige Rock in Trier ausgestellt. Die vier Schwestern nehmen großen inneren Anteil am Wallfahrtsgeschehen.
Jahrelang war die kostbare Reliquie in eine Hülle verpackt, vor den Revolutionstruppen Napoleons auf der Flucht gewesen („Flüchtung"). Später dann wurde diese den Schwestern vom armen Kinde Jesus für einige Zeit übergeben, weil sie dort „am besten aufgehoben sei".
Im Sommer 1891 soll der Heilige Rock abermals ausgestellt werden. Da er mittlerweile sehr gelitten hat, kommt es im Jahr zuvor zu einer geheimen Voruntersuchung. Die Expertenkommission kommt zu einem ausgesprochen negativen Ergebnis: Die Tuchreliquie ist von Schimmel befallen, denn jahrelang war sie in einem feuchten Raum hinter dem Altar eingemauert. Schlimmer noch sind die zahlreichen Bruchstellen und Verletzungen des Stoffes, wodurch unzählige kleine Fragmente schollenartig abblättern. Dies dürfte wohl die Folge von wiederholter Auslagerung

in Kriegszeiten sein. Schließlich weist die Vorderseite des heiligen Gewandes starke Abnutzungserscheinungen auf, da sie von Pilgern immer wieder mit ihren Devotionalien berührt wurde.

Um diesen Schäden vorläufig Einhalt zu gebieten, werden die Risse mit Nähseide fixiert, sehr provisorisch und wenig fachkundig. Danach wird der heilige Rock zum Schutz in eine Umhüllung aus einem bräunlichen, maschenartigen Gewebe (Tüll) eingebettet. Das aber entzieht ihn zu sehr den Augen der Pilger.

Deshalb bittet der Bischof Clara, dass sich ihre sachkundige Schwester Franziska der Reliquie annimmt. Anfang Juli 1891 kommt sie nach Trier, begutachtet die Schäden. Es folgt eine Woche intensiver, gewissenhafter Arbeit. Zunächst entfernt sie behutsam die Umhüllung. Dann geht sie an die Restauration der Reliquie und führt darüber genauestens Protokoll. Die angewandten Methoden sind äußerst umsichtig und fortschrittlich. Vielleicht ist die Konservierung mit Klebstoffen aus späterer Sicht fragwürdig, doch zu ihrer Zeit die einzige zu realisierende Methode.

Zum Umgang mit Heiligem Rock und seiner Hülle aus dem Bericht von Sr. Franziska:

Wir hatten den Rock [gemeint ist die den Schwestern übergebene Hülle], der hier, wie Sie sich erinnern werden, in dem großen Glaskasten hing, mitgenommen.
Und als wir mit einem Domkapitular Didtscheid allein waren, gesagt, die würdige Mutter wünsche, dass wir diesen noch einmal gut anrührten, da hat dieser gute Herr mit uns niedergekniet, hat den Rock auf die Reliq. gelegt und die hl. 5 Wunden laut vorgebetet, das heißt hat mit uns 5 Vater unser zu Ehren der hl. 5 W. gebetet.
Sie wissen ja, dass dieser Rock bei den Flüchtungen der hl. Gewänder nach Ehrenbreitstein längere Zeit als Hülle gedient und von einem Priester, in dessen Besitz dieser Rock gelangt war, unserer Genossenschaft geschenkt wurde, damit derselbe die gebührende Wertschätzung finden möge.
Wir haben denselben mit großer Ehrerbietigkeit wieder in den Glaskasten gehängt und auch die meisten Sachen, welche wir bei der Repar. des hl. Rockes gebraucht haben.
Das Stückchen Carton, welches ich Ihnen hiermit schicke, müßen Sie sehr sorgfältig aufbewahren, es ist die größte Reliquie, die

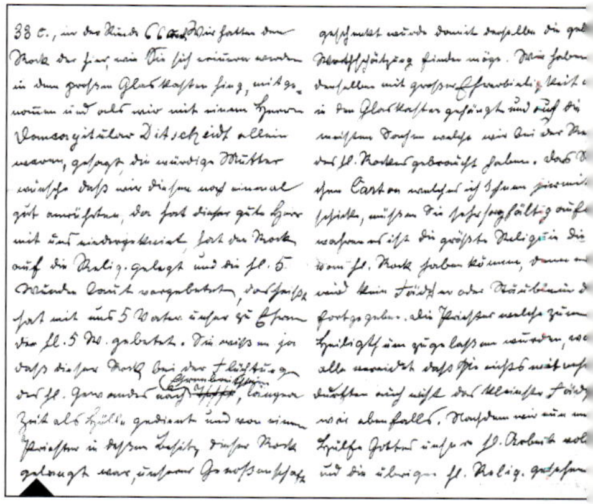

Originaltext

sie vom hl. Rock haben können. Denn es wird kein Fädchen oder Stäublein davon fortgegeben.
Die Priester, welche zum Heiligthum zugelaßen wurden, waren alle vereidet, dass sie nichts mitnehmen dürften, auch nicht das kleinste Fädchen, wir ebenfalls. Nachdem wir nun mit Hilfe Gottes unsere hl. Arbeit vollendet und die übrigen hl. Reliq. gesehen...

Von der heute verschollenen Mitra ist nur noch der Entwurf von 1856 erhalten.

Vom Messgewand fehlt jede Spur. Vielleicht hat es einmal so ausgehen wie dieses ebenfalls aus der Werkstatt der Schwestern stammende Gewand.

EHRENVOLLE GESCHENKE

Messgewand für den Erzbischof

Bei Festjubiläen bischöflicher Gönner, wie beim Erzbischof von Köln und beim Bischof von Speyer, feiert der Kunstfleiß der Schwestern wahre Triumpfe. So schenken die Schwestern dem Kölner Kardinal von Geissel zu seinem Bischofsjubiläum ein „Chorkleid" mit Mitra.
Der bedankt sich mit einem Schreiben freundlichst für das Geschenk.

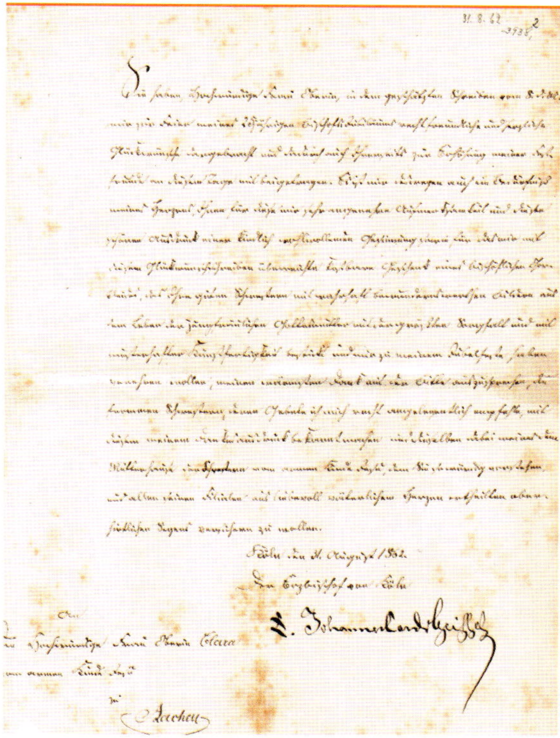

„Sie haben, Hochwürdige Frau Oberin, in dem geschätzten Schreiben vom 8. d. Mon. mir zur Feier meines 25jährigen Bischofsjubiläums recht freundliche und herzliche Glückwünsche dargebracht und dadurch Ihrerseits zur Erhöhung meiner Festfreude an diesem Tage viel beigetragen. Es ist mir deswegen auch ein Bedürfnis meines Herzens, Ihnen für diese mir sehr angenehme Aufmerksamkeit und diesem schönen Ausdruck einer kindlich wohlwollenden Gesinnung sowie für das mir mit diesem Glückwunschschreiben überreichte kostbare Geschenk eines bischöflichen Chorkleides, das ihre guten Schwestern mit wahrhaft bewundernswerten Bildern aus dem Leben der jungfräulichen Gottesmutter mit der größten Sorgfalt und viel meisterhafter Kunstfertigkeit bestickt und mir zu meinem Jubelfest haben verehren wollen, meinen wärmsten Dank mit der Bitte auszusprechen, die frommen Schwestern, deren Gebete ich mich recht angelegentlich empfehle, mit diesem meinem Dankesausdruck bekanntmachen und dieselben dabei meines dem Mutterhause den Schwestern vom armen Kinde Jesu, dem Sie so würdig vorstehen, und allen seinen Filialen aus liebevoll väterlichem Herzen ertheilten oberhirtlichen Segens versichern zu wollen.“

Köln, den 31. August 1862
Der Erzbischof von Köln
Johannes Card. Geissel

Papst Pius IX schickt den Schwestern dieses Dankesschreiben.

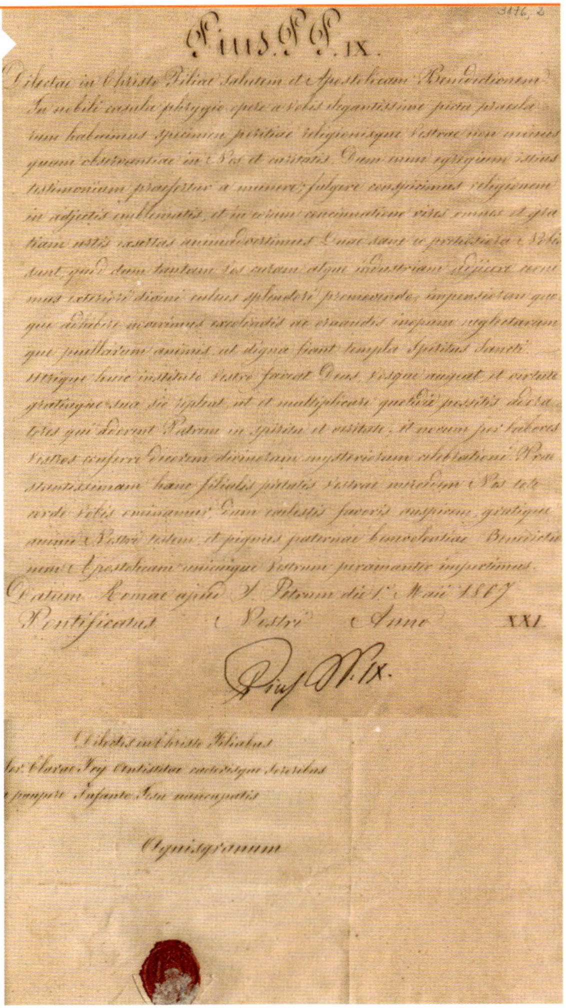
Pius PP. IX.

Dilectae in Christo Filiae Salutem et Apostolicam Benedictionem.
In nobili casula phrygio opere a Vobis elegantissime picta praecla-
rum habemus specimen peritiae religionisque Vestrae non minus
quam obsequentiae in Nos et caritatis. Dum enim egregium illius
testimonium praefertur a munere, fulgere conspicimus religionem
in adjectis emblematis, et in eorum concinnatione [illegible]
[illegible] animadvertimus. Quae sane [illegible] Nobis
sunt, quod dum tantam Vos curam atque industriam [illegible]
[illegible] divini cultus splendori promovendo, [illegible]
[illegible] excolendis ac erudiendis [illegible]
[illegible] puellarum animis ut digna fiant templa Spiritus Sancti.
Utrique huic instituto Vestro faveat Deus, Vosque augeat et virtute
[illegible] multiplicare [illegible]
[illegible] Patrem in spiritu et veritate, et [illegible]
Vestros conferre [illegible] divinorum mysteriorum celebrationi. [illegible]
[illegible] hanc filialis pietatis Vestrae [illegible] Nos toto
corde Vobis [illegible] coelestis favoris auspicem, gratique
animi Nostri testem, et pignus paternae benevolentiae Benedictio-
nem Apostolicam unicuique Vestrum peramanter impertimus.
Datum Romae apud S. Petrum die 1. Maii 1867
Pontificatus Nostri Anno XXI

Pius PP. IX.

Dilectis in Christo Filiabus
[illegible] Clarae Fey Antistitae caeterisque Sororibus
[illegible] paupere Infante Jesu nuncupatis

Aquisgranum

Selbst **Päpste** können die Schwestern mit Huldigungsgeschenken aus ihrer Kunstwerkstatt erfreuen.

Pius IX (1846-1878)

Dieser Papst beeindruckt die Schwestern. Er kümmert sich um die Armen, insbesondere um die Kinder und sorgt für Waisenhäuser in Rom. Er verehrt Maria und erhebt den heiligen Josef zum Patron der Kirche (1870). Er sucht das Schifflein der Kirche in stürmischen Zeiten auf Kurs zu halten. Unter ihm findet das erste vatikanische Konzil statt (1869/70). Kein Pontifikat in der Kirchengeschichte dauert so lange wie seins (32 Jahre).
Im Frühling 1867 beschenken ihn die Schwestern zu seinem 40-jg. Bischofs- und 20-jg. Papstjubiläum mit einem Messgewand, einer Burse, einem Paar Pontifikalschuhen und mehreren Gürteln (Zingulum) fürs liturgische Gewand.

Leo XIII (1878-1903)

Die Schwestern schätzen ihn wegen seiner Anteilnahme an sozialen Fragen. Man nennt ihn den „Arbeiterpapst" und gibt ihm den Beinamen „der Soziale". Er ist auch ein Verehrer der Gottesmutter. Kein Papst in der Kirchengeschichte erreicht ein so hohes Lebensalter (93 Jahre).

1888 schenken ihm die Schwestern zu seinem goldenen Priester- und 10-jg. Papstjubiläum ein Bild aus ihrer Kunststickerei. Es zeigt die Geburt Christi in einem Rahmen aus Ebenholz mit goldener Schrift und Rosetten.

HERSTELLUNG VON KRIPPENFIGUREN

Der Stern in der Geburtskirche von Bethlehem will an die Stelle erinnern, an der Jesus zur Welt kam.

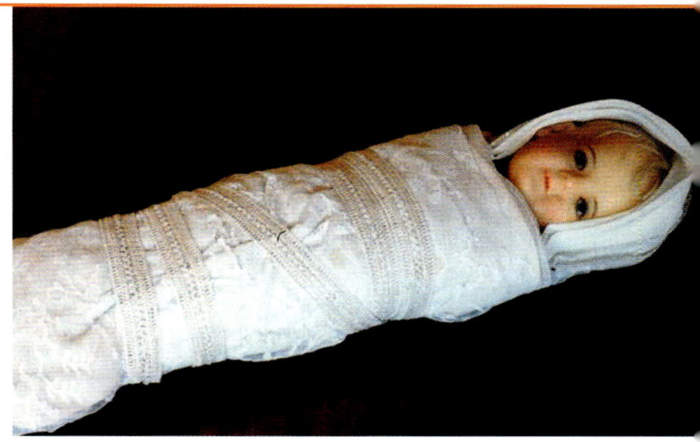

Anlässe und Anregungen

Mit dem Umzug in die Jakobstraße steht den Schwestern ein eigenes Kirchlein zur Verfügung. Da bedarf es bei ihrer großen Liebe zu den Geheimnissen der Kindheit des Herrn einer angemessenen Weihnachtskrippe. Um würdige Figuren zu besitzen, verpflichten sie sogar – unter beträchtlichen Kosten – einen Kölner Bildhauer (1849). Später schenkt Claras Freundin, Franziska Schervier, dazu ein Jesuskind, das ihr aus Bethlehem geschickt worden war.
Da kommt eine der Schwestern, Schwester Petra, auf die Idee, dieses liebliche **Jesuskind in Wachs** nachzubilden. Zunächst sind die Modelle nur für die Tochterhäuser gedacht, um die dortigen Schwestern zu erfreuen. Doch dann wird die Nachfrage so groß, dass die Nachbildungen tausendfach versendet werden müssen. Für die Schwestern ist es ein Beitrag, die Liebe zum Jesuskind in der katholischen Welt anzufachen. Doch das alles zu bewerkstelligen kostet viel Aufwand und Kraft, zumal es anfangs noch an allen Ecken und Enden mangelt, angefangen von der Werkstatteinrichtung bis hin zur Organisation des Versands.

Auf einer Visitationsreise nach Österreich (1863) macht Clara in Prag kurz Station und begegnet dem reich gezierten „Prager Jesuskind". Es ist eines der weltweit bekanntesten wundertätigen Jesus-Gnadenbilder.

Schon bald finden sich Abbildungen des **Prager Jesuskindes** in allen Kirchen und Kapellen der Kongregation. Die Schwestern lieben es, das Figürchen zu bekleiden und zu zieren. Bald beginnt sich dieser Brauch, andächtigen Menschen zum Trost, weltweit zu verbreiten.

Immer umfangreicher wird die Arbeit an den Krippen. Die Schwestern modellieren und bemalen die Figuren. Sie bekleiden sie mit aus Seide gefertigten und gestickten Gewändern.

Die Statue aus Wachs (16. Jh.) ist etwa 45 cm groß und stellt das Jesuskind im Alter von etwa drei Jahren dar. Nach altem Brauch wird es je nach Stand des Kirchenjahres oder zu bestimmten Anlässen unterschiedlich gekleidet bzw. mit kostbaren Kronen versehen.
Die jüngste Krone stammt von Papst Benedikt XVI, der das Jesuskind 2009 mit einem Besuch ehrte.

Schwester Petra mit dem Jesuskind von der Jakobstraße.

Jesuskind von Burtscheid, bis heute zur Krippe gehörend.

Der Krippenversand wird immer umfangreicher. Allein zu Weihnachten 1894 werden an die 70 große Kartons mit mehr oder weniger vollständiger Krippeneinrichtung versandt.
So wird die Herstellung von Paramenten und die Arbeit an der Krippe zur geistlichen und materiellen Segensquelle für viele. Es kommen Einnahmen zusammen, mit denen für die Ärmsten der Armen viel Gutes getan werden kann. Die Weihnachtsbescherung für die Kinder der Armen, wie sie schon den Schwestern im Mutterhaus Herzensanliegen war, findet bald auch in allen Tochterklöstern statt und lässt die Schwestern viele Herzen gewinnen.

Beispiele der Aachener Krippenkunst

Münster, St. Ludgeri – älteste Krippe der Stadt
Sie wurde 1866 im Nazarener Stil von den Schwestern vom armen Kinde Jesus in Aachen hergestellt. Das belegt eine alte Quittung über 232 Reichsthaler.
Mit den Heiligen Drei Königen besteht sie aus zwei Dutzend Figuren. Köpfe und Hände sind aus Wachs modelliert, die Gewänder aus Leinenstoff.

St. Ludgeri

Maria in der Kupfergasse

Dass sie so gut erhalten sind, liegt daran, dass die Krippe in all den Jahren nicht auf dem Dachboden verstaut wurde, sondern ihren Platz im Sakristeischrank fand.

Köln, Maria in der Kupfergasse

Auch diese Krippe stammt von den Schwestern vom armen Kinde Jesus, die sie vermutlich Ende des 19. Jh. modellierten.
In den 60er Jahren des 20. Jh. wurde sie auf dem Umweg über die Niederlande der Kölner Pfarrei zur Verfügung gestellt.
Köpfe und Hände der 15 Figuren sind aus gefärbtem Wachs. Deren Korpus bestand ursprünglich aus Pappmaché, wurde dann aber vor ca. 30 Jahren neu eingekleidet und später auf bewegliche Gliederpuppen montiert.
„*Kinder stürmen begeistert den Erwachsenen voran zum Stall.*" In vielen Details kann man Symbole und Zeichen entdecken, etwa das weiße Lamm an der Krippe, das auf Christus als Opferlamm hindeutet.
Das Weihnachtsbild strahlt Harmonie und Frieden aus, soll Herz und Gemüt erfreuen und Hoffnung geben durch die unfassbare Botschaft, dass Gott aus Liebe zu uns ein Mensch geworden ist.

ORDENSFRAU FASZINIERT KÖNIGS- UND KAISERHÄUSER

Begegnungen mit den Landesmüttern

BEGEGNUNGEN MIT DEM PREUSSISCHEN KÖNIGS- UND KAISERHAUS

Königin Elisabeth (1801-1873)

Elisabeth Ludovika von Bayern
Elisabeth wurde vom protestantischen preußischen Kronprinzen Friedrich Wilhelm umworben. Die bayrische Prinzessin, übrigens Patentante der nach ihr benannten berühmten späteren Kaiserin „Sisi", wollte katholisch bleiben, im preußischen Königshaus galt nur das protestantische Bekenntnis. Um die Ehe (1823) dennoch möglich zu machen, musste sich Elisabeth verpflichten, zumindest protestantischen Glaubensunterricht zu nehmen. Wenngleich sie dann später – freiwillig, wie es heißt – konvertiert, so hat sie sich doch offensichtlich ihre Offenheit für katholische Belange bewahrt.

Glückwunsch der Königin zum Start im neuen Kloster (1848)

Am 14.9.1848 ziehen die Schwestern um, von der Königstraße zu ihrem nunmehr fest bleibenden Standort in der Jakobstraße. Sieben Tage später segnet der alte Pastor Wisdorff von St. Paul, amtlich bestellter Direktor der Kongregation, das neue Haus ein und in der hergerichteten Kapelle kann die erste Hl. Messe gefeiert werden.

Zu diesem von allen herbeigesehnten Umzug sendet die **Landesmutter Elisabeth** ein handschriftliches Glückwunschschreiben an Clara und die Kongregation:

„Ich habe aus ihrem Schreiben vom 4. dieses Monats mit vieler Teilnahme ersehen, dass Sie im Begriff stehen, Ihre Klosterschule zu eröffnen und wünsche, dass Gottes Segen auf Ihrem Unternehmen ruhen möge. In herzlicher Anerkennung der ausgesprochenen treuen und anhänglichen Gesinnungen verbleibe ich Ihre wohlgeneigte......
Elisabeth
Sanssouci, den 14. September 1848"

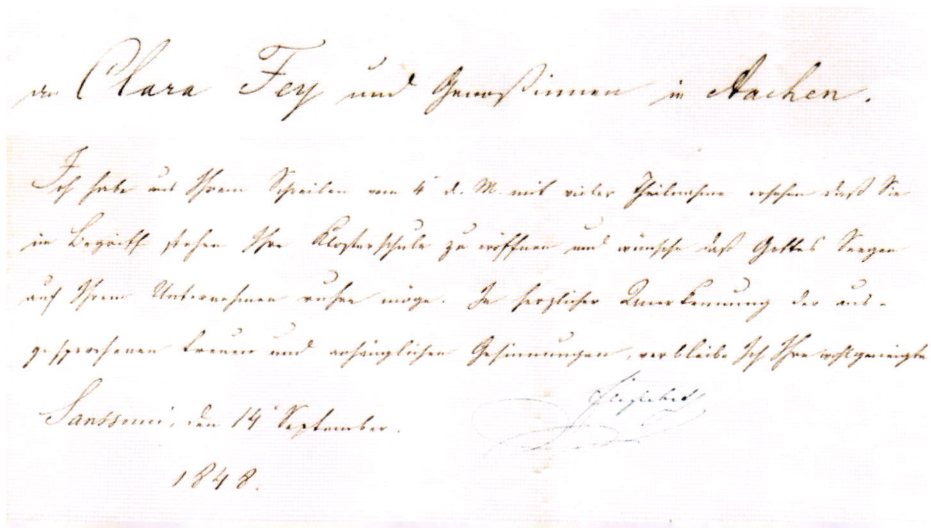

An Clara Fey und Genossinnen in Aachen.

Ich habe aus Ihrem Schreiben vom 4. d. M. mit vieler Theilnahme ersehen, daß Sie im Begriff stehen Ihre Klosterschule zu eröffnen und wünsche daß Gottes Segen auf Ihrem Unternehmen ruhen möge. In herzlicher Anerkennung der aus-gesprochenen treuen und anhänglichen Gesinnungen, verbleibe Ich Ihre wohlgeneigte
Elisabeth
Sanssouci, den 14 September 1848.

Das Interesse der regierenden Königin, bereits öfters ergangene königliche Gnadenerweise und die mit dem Handschreiben vom 14.9.1848 bekundete ‚gnädigste Anteilnahme' am Einzug ins neue Haus sind sehr hilfreich, ja notwendig, damit die neue Klostergründung auf preußischem Gebiet von den Behörden abgesichert wird.

Prinzessin Augusta *(1811-1890) seit 1861 Königin von Preußen, seit 1871 Kaiserin.*

In ständigem Kontakt mit Kronprinzessin Augusta in Koblenz (1850-1860)

Prinzessin Augusta ist uns schon bekannt durch ihr Interesse an der Kongregation der Schwestern vom armen Kinde Jesus. Als deren Kloster in Koblenz am 14.4.1852 feierlich eröffnet wird, ist sie ganz unbefangen persönlich dabei.

Auch weiterhin bewegt sie sich frei und ungezwungen unter den Schwestern, steht in andauernd gutem Kontakt zur Oberin Antonia und bleibt Gönnerin des Koblenzer Filialhauses.

Prinzessin Augusta, 1811-1890

Aufgewachsen am liberalen Hof von Weimar genoss sie eine standesgemäße Erziehung. Goethe fand anerkennende Worte über ihren hellen Verstand, ihre hohe Bildung und ihr reiches Wissen. Ihr fester, selbständiger Charakter fiel schon bald den Beobachtern auf. Von ihrer Mutter lernte sie früh strenge Pflichterfüllung und die vollkommene Beherrschung höfischer Umgangsformen.
Durch all ihre geistigen Vorzüge, ihren Kunstsinn, edle Humanität und Wohltätigkeit schafft sich die auch politisch interessierte Frau bald eine angesehene Stellung am Hof.
Die Jahre, die sie in Koblenz mit ihrem Mann Kronprinz Wilhelm von Preußen verbringt (1850-1860), nennt sie die glücklichsten Jahre ihres Lebens. Auf sie zurück gehen die noch heute bestehenden Rheinanlagen.
Der „fremdartige Katholicismus hatte etwas Anziehendes für eine Fürstin, welche überhaupt das Fremde mehr interessierte als das Näherliegende, Alltägliche, Hausbackne."
So sucht die liberal gesinnte Protestantin den Kontakt zu den katholischen Schwestern in Koblenz.

König und Königin zu Besuch im Kloster zu Aachen (1855)

Am 1. Oktober 1855, abends um 10 Uhr, läutete es heftig an der Pforte des Klosters zu Aachen. Die Schwestern sind schon zu Bett gegangen. Da wird ihnen gemeldet: Morgen früh bekommt ihr Besuch von den Majestäten! – Da beginnen sie mit Putzen und Schmücken des Hauses.

Um 10 Uhr erscheint Königin Elisabeth, begleitet vom Oberpräsidenten der Rheinprovinz. Schwestern und Kinder haben sich zur Begrüßung versammelt: die einen in malerischem Habit mit lang wallendem weißem Mantel, die armen Kinder im schönsten Sonntagskleidchen. Alle haben grüne Zweige in den Händen. Clara begrüßt die Königin schlicht und herzlich. Die Kinder singen ein frommes Lied auf die hl. Elisabeth, sagen ihre Sprüchlein auf. Die Königin wird durch die oberen Räume geführt.
Da erscheint mit großem Gefolge der König und lässt sich zur Königin geleiten. **Friedrich Wilhelm IV.** ist leutselig und freut sich, dass das Projekt der Schwestern gut vorangekommen ist.
Er erfreut sich am Anblick der herausgeputzten Kinder. Er lässt sich vom Essen der Kinder auftragen und kostet davon. Im Speisesaal liegen wunderschöne Kunststickereien aus; der König ist begeistert. Er möchte auch die Kapelle sehen. Dort singen ihm die Schwestern ein Lied von Palestrina. Friedrich Wilhelm bleibt lange über die Zeit, sodass der Oberpräsident schon ungeduldig wird.

***Friedrich Wilhelm IV.** (1795-1861), König von Preußen 1840–1861 mit seiner Frau **Elisabeth** (1801-1873)*

Der Besuch zeigt Wirkung.
Auf der einen Seite beflügelt er Clara in ihrem Tun. Im Gefühl großer Freude möchte sie der gütigen Landesmutter ein Zeichen der Erinnerung und des Dankes widmen. Sie lässt eine ihrer Novizinnen ein wunderschönes Bild

***Namenspatronin** der Königin ist die heilige Elisabeth von Thüringen. Auch sie war Landesmutter und in gewisser Weise Vorbild für die aus katholischen Wurzeln kommende Frau an des Königs Seite im protestantischen Herrscherhaus. Etwas von ihrer Patronin lebt in ihr weiter, wie sich spürbar zeigt an ihrem Interesse an Menschen, die sich wie Claras Schwestern, um Menschen in Not sorgen. Elisabeth (1207-1231) war als Landgräfin engagierte Helferin der Bedürftigen. Ihr Einsatz für die Armen war leidenschaftlich, umsichtig und zärtlich zugleich.*

malen und sendet es in geschmackvollem Rahmen nach Berlin. Dort wird es Königin Elisabeth am Tag ihres Geburts- und Namenstages (19.11.), den sie zugleich zu feiern pflegt, stilvoll übergeben. Ihre Majestät äußert sich mit großer Wärme über das Wirken des jungen Ordens. Und bereits ein paar Tage später spricht Elisabeth in einem persönlichen Handschreiben königlichen Dank aus (26.11.).

Auf der anderen Seite zeigt sich der Regierungspräsident fortan als Gönner der Kongregation. Im folgenden Frühjahr erscheint er zur Schulinspektion und äußert sich sehr zufrieden. Er gibt den Rat: „Stiftet nur in Deutschland und ihr bekommt alles, was ihr wollt!“ Noch mehrfach wird er im Kloster erscheinen.

Augusta als Kronprinzessin in Aachen zu Besuch (1856)

Weil Augusta, Schwägerin des noch amtierenden Herrschers, beim königlichen Besuch in Aachen (1855) nicht dabei sein konnte, holt sie diesen im Jahre darauf nach. Schließlich ist sie dem Filialhaus in Koblenz seit langem verbunden. Da will sie auch das Mutterhaus besuchen. Feierlich wird sie begrüßt. Eines der Hauskinder trägt ein Gedicht vor, in dem es die menschenfreundliche Gesinnung Augustas lobt.

Kurz darauf übersendet die Prinzessin eine **Wanduhr** als bleibendes Andenken. Clara bedankt sich herzlich und schreibt in ihrem Dankbrief: „Wir haben die Uhr auf dem Gesangschor unserer Kirche aufgehängt, und wenn ihr Klang uns das Zeichen zum Anfang oder Schluss unserer Gebetsstunden gibt, werden wir oft vor Gott der holden Geberin gedenken, deren teurer Name so tief in unsere Herzen eingeschrieben ist.“

Ob es sich bei dieser Uhr, die später lange in der Kapelle des Simpelvelder Klosters stehen wird, um das Geschenk Augustas handelt, bleibt ungewiss.
Jedenfalls werden viele Schwestern später denken, es könnte sie sein.

Als Erinnerungszeichen an den Besuch lässt Clara der Prinzessin ein Buch übereichen, die „Nachfolge Christi", deren Seiten von einer künstlerisch begabten Schwester wundervoll verziert worden waren. Prinzessin Augusta bedankt sich für „das Buch, in welchem sich täglich meine Seele erquickt". Sie würdigt es als „ein Kunstwerk, welches nur aus der gesammelten und geheiligten Stille des Klosterlebens hervorgehen kann."

Augusta als Königin von Preußen (1861)

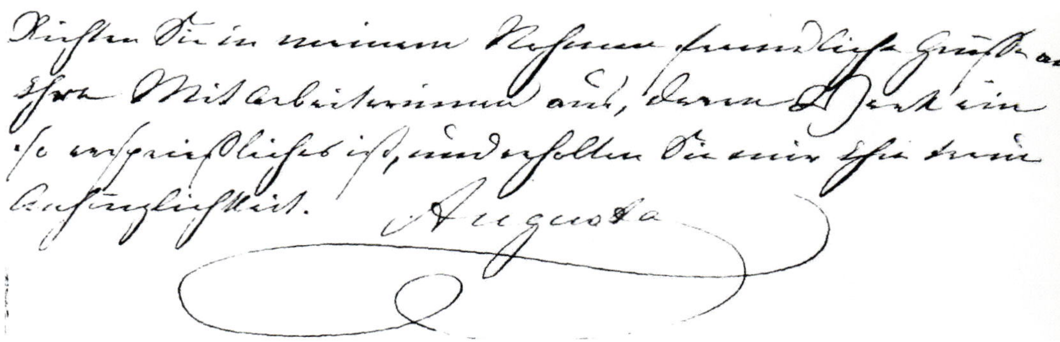
Augusta

Schluss des Briefes von Königin Augusta an Mutter Clara (1861)

... Richten Sie in meinem Nahmen freundliche Grüße an Ihre Mitarbeiterinnen aus, deren Werk ein sehr ersprießliches ist, und erhalten Sie mir ihre treue Anhänglichkeit.

Augusta

Briefkontakt (1861)

Zum Tode ihres Schwagers schreibt Clara der neuen Königin und Landesmutter Augusta. Wiederum antwortet sie handschriftlich und schließt mit den Worten: „Wie gerne ich einem Wiedersehen entgegensehe, wissen Sie."

Audienz im Schloss zu Koblenz (1862)

Bei einem kurzen Aufenthalt in Koblenz wird Clara von der Königin zu einem Besuch ins Schloss bestellt. Das Vertrauen der Landesmutter tut Clara gut und macht ihr Mut, sie in einem persönlichen Anliegen um Vermittlung anzurufen. Und die Königin setzt sich für sie ein, wie weitere Briefwechsel belegen.

Regentin Augusta
mit ihrem Ehemann Wilhelm, um 1861.

Regentin und Königin

Seit 1858 ist sie Regentin, nachdem ihr Ehemann, stellvertretend für seinen kranken Bruder, die Regentschaft in Preußen übernommen hat. Als „edle und freisinnige Fürstin" wird sie in liberalen Kreisen hoch geschätzt. Mit dem Tod ihres Schwagers (1861) wird aus der Prinzessin eine Königin. Sie ist politisch interessiert und hat einen gewissen Einfluss auf die königliche Politik.

Sie nutzt aber auch die Möglichkeit, sich wie eine gute Landesmutter sozial und karitativ zu betätigen. Sie geht sogar so weit, während alle Welt den Sieg über den Feind (Österreich) bejubelt, dass sie die Gefallenen betrauert und sich mit Hilfe eines von ihr gegründeten Frauenvereins um die Verletzten kümmert (1866).

Den Kranken zum Heil, zur Pflege der Heilkunst, lässt sie Krankenhäuser errichten, darunter z.B. die Augusta-Klinik in Berlin (1868), die später von der naheliegenden Charité übernommen wird.

Landesmutter, sozial und karitativ engagiert.

Besuch im Mutterhaus Aachen (1863)

Große Freude herrscht, als sich die Königin bereits im folgenden Sommer auf der Rückreise von England ankündigt. Feierlich wird sie im Mutterhaus empfangen. Bischof Laurent hat Gedichte zur Begrüßung verfasst, die Hauskinder tragen sie vor und erfreuen den Gast mit ihrem Gesang. Beim Abschied aus Aachen bedankt sich Augusta mit einem großen Umschlag, dazu von eigener Hand geschrieben: „Eine Freundschaftsgabe für das Kloster vom armen Kinde Jesus mit herzlichem Gruß für die Mutter Clara."

Besuch im Kloster von Neuss (1863)

Auf der Durchreise in Neuss versammeln sich alle Schulen auf dem Markt zur Begrüßung der Königin, darunter auch die Schwestern vom armen Kinde Jesus mit ihren Pflegekindern. Sie ruft sie an ihren Wagen, umarmt und küsst sie freundschaftlich. Am Tag darauf besucht sie das Kloster und zeigt sich zufrieden, da alles so ist wie im Mutterhaus.

Besuch in Aachen zum Jubiläum der Rheinprovinz (1865)

Zur Jubiläumsfeier der 50-jg. Zugehörigkeit der Rheinprovinz zu Preußen besucht das Königspaar die wichtigsten Städte des Landes und kommt auch nach Aachen. Die Königin lässt es sich nicht nehmen, wieder einmal das Mutterhaus zu besuchen. Eine Schwester überreicht ihr kniend einen Blumenstrauß. Dann lässt sich Augusta an Claras Arm mit großem Interesse durchs Haus führen. Voll Güte schenkt sie den Schwestern ein schönes Muttergottesbild.

Letzter Besuch der Königin im Aachener Mutterhaus (1867)

Dieses Mal erscheint die Königin völlig unerwartet. Die Schwestern sitzen gerade am Mittagstisch. Sie lässt sich von Clara in den Speiseraum führen. Da blickt sie auf die an langen schmalen Tischen schweigend sitzenden Ordensfrauen, die Augen gesenkt, die Hände gefaltet unter dem Gewand. Betroffen steht die Königin da. „Welch ein Anblick!“ ruft sie, und dann zu Clara gewandt: „O Mutter Clara, wenn ich Ihnen bös sein könnte, so wäre ich es, weil Sie mir dieses Schauspiel so lange vorenthalten haben.“ Sie schreitet durch die Reihen, spricht da und dort ein freundliches Wort und trifft sogar eine Bekannte (Prinzessin Radziwill) aus Berlin. Lange sitzt die Königin an der Seite Claras und es kommt zu einem regen, ja geradezu vertraulichen Gedankenaustausch.
Dieser letzte Besuch zeigt wohl wie kein anderer, wie intensiv und mit welch persönlicher Zuwendung die Königin zu den Schwestern vom armen Kinde Jesus steht.

Fortan stehen Clara und Augusta nur noch im Briefverkehr. Die Königin bestellt von Zeit zu Zeit Stickereien.

***Augusta** als Deutschlands erste Kaiserin, 1871.*

Augusta – Deutschlands erste Kaiserin (1871)

„Kaiserin wider Willen"
So empfindet Augusta sich selbst. Dagegen hätten viele Zeitgenossen viel lieber sie auf dem deutschen Thron gesehen als ihren konservativen Ehemann Kaiser Wilhelm I. Doch die Zeit ist noch nicht reif für eine Frau als Kaiserin, und so versucht Augusta auf ihre Art, Einfluss auf die Politik zu nehmen.

Sie setzt sich ein für Kultur, Wohlfahrt und Kirche. Doch ihre tolerante Haltung gegenüber den Katholiken wird im protestantischen Berlin kritisch beäugt. Ihre vorurteilsfreie Anerkennung der Arbeit katholischer Wohlfahrtsvereine und Krankenhäuser legen ihre Gegner zu ihren Ungunsten aus. In einer Zeit, wo die Konfession noch eine große Rolle spielt, empfindet man diese Haltung für eine preußisch-protestantische Prinzessin einfach unpassend. Als dann auch noch Otto von Bismarck zum Ministerpräsidenten ernannt wird und der „eiserne Kanzler" eine kriegerische und bald auch Katholiken feindliche Politik betreibt, vermag Augusta bei diesem mächtigen Gegner politisch nichts mehr zu bewirken.

Als die Katholiken feindliche Politik dann auch schmerzlich die Schulschwestern erreicht, richtet Clara an Kaiserin Augusta und an Königinwitwe Elisabeth ein flehentliches Gesuch um Hilfe (2.7.1872). Königin Elisabeth lässt ihr erwidern, unter den gegebenen Verhältnissen sei sie machtlos! Von der Kaiserin liegt keine Antwort mehr vor, doch man durfte ihrem guten Willen vertrauen. Und auch Freunde in Berlin, die ihre Beziehungen ausspielen, vermögen nur für einen Augenblick Hoffnung aufleuchten lassen.

Dieser 198 cm mal 198 cm große **Wandbehang** (rechts) ist ein Geschenk der Schwestern an das Kaiserhaus. Er ist eingebettet in eine lateinische Umschrift, Grundlage für die Karlshymne, die bis heute zum Karlsfest zu Aachen im Gottesdienst gesungen wird (hier die Übertragung ins Deutsche aus dem Gotteslob).
Der Behang wurde nach dem 1. Weltkrieg wieder zurückgegeben und hängt heute geschützt hinter Glas im Schwesternhaus von Burtscheid.

quæ de magni regis gaudes Caroli præsentia. Iste coetus
Festesfreude füllet wieder Karls des Großen Heiligtum.

psallat lætus, sonet chorus hic sonorus, musicali concordia.
Feierklänge, Festgesänge aus der frohbewegte Menge einet volle Harmonie.

prima regum curia. Regi regū pange laudes,
Königshof voll Glanz und Ruhm! Sing dem Himmelskönig Lieder.

Urbs Aquensis, urbs regalis, regni sedes principalis
Aachen, Kaiserstadt, du hehre, alter Städte Kron und Ehre,

Karoline Charlotte Auguste
von Bayern (1792-1873)

BEGEGNUNGEN MIT DEM ÖSTERREICHISCHEN KAISERHAUS IN WIEN

Karoline, die Witwe des alten Kaisers (1863)

Im Mai 1863 besucht Clara zum zweiten Male Wien. Die Zahl der von den Schwestern versorgten/verpflegten Kinder ist mittlerweile auf das Fünffache gestiegen. Es zeugt vom hohen Ansehen Mutter Claras, dass sie vom Kardinal und von Erzherzogin Sophie, Mutter des regierenden Kaisers, empfangen wird.
Dann erscheint unerwarteter Weise auch die alte, durch ihre Wohltätigkeit bekannte Kaiserwitwe Karoline. Mutter Clara berichtet: „Gestern Abend, als ich eben zu Tisch gegangen war, wurde ich ins Sprechzimmer gerufen…als man mir meldete, die [alte] Kaiserin sei da… Sie war überaus freundlich und herablassend und sagte unter anderem, sie habe eine Vorliebe für Aachen."
Die Hauschronik berichtet: „Die gute Kaiserin unterhielt sich lange Zeit auf das freundlichste mit Clara und unserer Mutter [Assumpta]. Als sie deren herzlichstes Einverständnis sah, legte sie die Arme um beide und sagte: ‚Wie habt ihr euch gern! Das tut so gut!'"

Und Clara berichtet weiter: „Sie war ziemlich lange im Hause und fuhr dann weg unter Volksgedränge in einem prächtigen Wagen, mit sechs Schimmeln bespannt, worauf zwei Reiter saßen in blassgelber Uniform. Die Schwestern hatten so viel Spaß daran."

Kaiserwitwe Karoline
Sie war eine überaus gebildete Frau und Förderin der Kultur. Doch ihre ganze Energie steckte sie in Wohltätigkeit. Das brachte ihr den Beinamen „Mutter der Armen" ein. Sie besuchte Fabriken, Bergwerke und soziale Einrichtungen wie Schulen, Erziehungsanstalten, Spitäler, Kleinkinderbewahranstalten, Klöster, Armen- und Waisenhäuser, Häuser und andere Unterkünfte der Untertanen. So lernte sie hautnah die Armut und das Elend der Bevölkerung kennen. Wo sie konnte, half sie und hörte damit auch nicht nach dem Tod ihres Mannes, 1835, auf. Sie widmete sich der Jugendfürsorge, der Armen- und Krankenpflege und gründete Waisenhäuser und Kinderheime.

Sophie, die Mutter des neuen Kaisers (1803 und 1869)

Zum dritten Mal besucht Clara 1869 das Kloster in Wien und zufrieden stellt sie fest: „Wir müssen dem lieben Gott dankbar sein, dass er unsere Genossenschaft berufen hat, hier zu arbeiten."

Wie bereits 1863 kommt es auch dieses Mal zu einer Begegnung mit der Mutter des Kaisers. Kaum hat Erzherzogin Sophie von Claras Ankunft gehört, schickt sie sogleich eine Botin, um sie zu sich einzuladen.

Und am Abend vor der Abreise erscheint unvermutet des Kaisers Töchterlein. Die Liebenswürdigkeit des Kindes macht Clara noch mehr Freude als die mit dem Besuch verbundene Auszeichnung.

Kaisermutter Sophie

Verheiratet mit einem Sohn des Kaisers (1824) sucht sie politisch Einfluss zu nehmen und zieht die Fäden im Hintergrund. 1848 sichert sie erfolgreich ihrem Sohn den habsburgischen Thron. Der heiratet später die als Sisi bekannte Elisabeth, Herzogin von Bayern, sehr zum Unwillen seiner Mutter. Auch wenn manche Sophie als herrschsüchtig und rücksichtslos wahrnehmen, wird sie am Ende doch zunehmend vom Volk verehrt als Frau mit klarem Charakter und wahrhaft kaiserlicher Mildtätigkeit.

Erzherzogin Sophie
(1805-1872)

SPÄTERE EHRUNGEN DURCH STAATLICHE STELLEN

Königin Wilhelmina von Holland *zeichnet die Generaloberin Louise Gonzaga aus (23. August 1933).*

„Diese Auszeichnung wird wegen besonderer Verdienste im Zusammenleben gegeben."

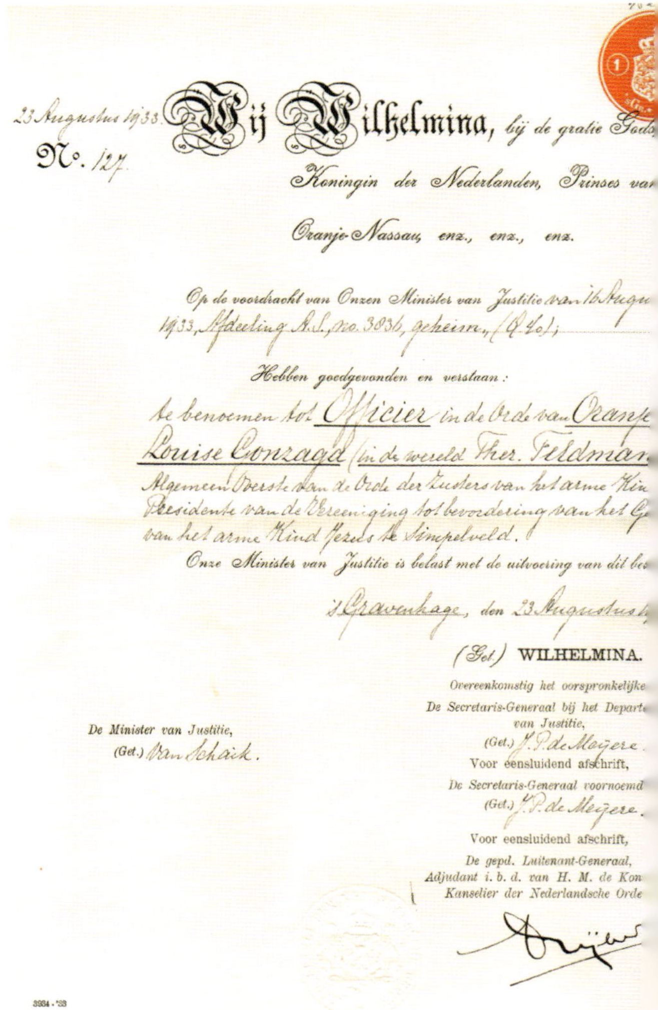

23 Augustus 1933. Wij Wilhelmina, bij de gratie Gods

No. 127.

Koningin der Nederlanden, Prinses van

Oranje-Nassau, enz., enz., enz.

Op de voordracht van Onzen Minister van Justitie van 16 Augu

1933, Afdeeling A.S., no. 3836, geheim, (Q 40);

Hebben goedgevonden en verstaan:

te benoemen tot Officier in de Orde van Oranje

Louise Gonzaga (in de wereld Ther. Feldman

Algemeen Overste van de Orde der Zusters van het arme Kin

Presidente van de Vereeniging tot bevordering van het G

van het arme Kind Jezus te Simpelveld.

Onze Minister van Justitie is belast met de uitvoering van dit be

's Gravenhage, den 23 Augustus

(Get.) WILHELMINA.

De Minister van Justitie,
(Get.) Van Schaik.

Overeenkomstig het oorspronkelijke
De Secretaris-Generaal bij het Departe
van Justitie,
(Get.) J. P. de Meyere.
Voor eensluidend afschrift,
De Secretaris-Generaal voornoemd
(Get.) J. P. de Meyere.

Voor eensluidend afschrift,
De gepd. Luitenant-Generaal,
Adjudant i. b. d. van H. M. de Kon
Kanselier der Nederlandsche Orde

3934 - '33

BEDEUTUNG SOLCHER BEGEGNUNGEN

Es fällt auf, dass es meist die Frauen der Königs- und Kaiserhäuser waren, in der Regel die „Landesmütter", die sich für das Projekt der Schwestern vom armen Kinde Jesus interessieren und in der konkreten Begegnung oft ganz fasziniert davon sind.

Dabei ist besonders herauszustellen, dass die Aktivitäten der Schwestern über Konfessionsgrenzen hinweg, die damals noch viel schwerer wogen als heute, so wohlwollend anerkannt wurden.

So viele Zeichen freundlichen Wohlwollens und der persönlichen Anteilnahme zumal von Königinnen und Kaiserinnen haben für Clara und die Kongregation große Bedeutung. Sie tragen zum öffentlichen Ansehen bei. Sie erhöhen die allgemeine Hochachtung für das Wirken der Schwestern.

Natürlich hat das alles auch Auswirkungen auf die staatlichen Behörden, die besonders rücksichtsvoll mit der Kongregation umgehen. Auf der anderen Seite stärkt das den Mut der Schwestern, entfacht ihre Berufsbegeisterung.

Sie bekommen das Gefühl: Gott steht auf unserer Seite.

ORDENSOBERIN IM SPANNUNGSFELD

Zwischen persönlichem Anspruch und Heimsuchung

STRENGES KLOSTERLEBEN NACH VORGABEN CLARAS

Quelle all unserer Kraft: die Begegnung mit dem Herrn

Mutter Clara verankert die Begegnung mit Christus an der Gegenwart des Herrn im Allerheiligsten Sakrament und schreibt dazu:

„Ich habe das Vertrauen zu unserm lieben Herrn und Heiland, dass er immer mehr … Stärke und … Trost wird… Die Gnade, die wir besitzen, unseren Herrn im heiligen Sakrament im Hause in nächster Nähe zu haben, ist so groß, dass wir sie nicht fassen können; sie entschädigt uns für alles.“

Für das Mutterhaus zu Aachen ist das bereits gesichert; da hat das Allerheiligste in der Klosterkirche bereits seinen festen Platz. Damit es auch in den anderen Niederlassungen so sein kann, richtet Clara über ihren Bruder

Die Gegenwart Jesu – in Gestalt von Brot und Wein – ist gleich einem strahlenden Licht und einer Quelle der Kraft. Ihm gebührt Ehre, Zuneigung und Dank.
Seidenstickerei aus Schwesternhand.

und geistlichen Direktor ein Gesuch direkt an den Papst. 1851 erhält sie die Erlaubnis – vorerst auf sieben Jahre – dass dies auch in den anderen Häusern so sein darf.

Clara erkennt deutlich: Geistliches Leben einer Klostergemeinschaft, aber auch Seelenkraft bei ganz persönlichen Heimsuchungen kommt aus dem Empfang der heiligen Kommunion.

Das offizielle Stundengebet der Kirche (Offizium), wie es Priestern vorgegeben war, besteht vor allem aus Laudes (Morgenlob), Vesper und Komplet (Abendgebet). Dazu gab es früher noch drei Stundengebete, zur dritten Stunde (ca. 9 Uhr) die Terz, zur sechsten Stunde (ca. 12 Uhr) die Sext und zur neunten Stunde, der überlieferten Todesstunde Christi (ca. 15 Uhr), die Non. Diese Gebete sollen Kraft geben zur Arbeit (Ora et Labora).

Die Schwestern in der Klosterkirche von Burtscheid (siehe Bild von 2013) kommen dreimal täglich zum gemeinsamen Gebet zusammen: zur Laudes (zum Tagesbeginn), zur Vesper (nach getaner Tagesarbeit) und zur Komplet (zum Beginn der Nacht). Die dazwischen liegenden Stundengebete Terz (9 Uhr), Sext (12 Uhr) und Non (15 Uhr) sind freiwillig.

„Ganz besonders habe ich recht deutlich erkannt, wie das geistige Leben einer Klosterfrau von der... heiligen Kommunion abhängt... d.h. mit dem Herrn vereint bleiben von einer Kommunion zur anderen. Wer das versteht, dessen Leben ist eine Kommunion ... Die Vorbereitung zur heiligen Kommunion sei unser einziges Augenmerk vom Morgen bis zum Abend, bei unserem ganzen Tageswerk sei das die Hauptaufgabe.“ „Wer... nur aus Gewohnheit hinzugeht..., könnte leicht statt vorwärts rückwärts gehen ... Die notwendige Vorbereitung besteht darin, dass wir die Gabe der Liebe a u s L i e b e empfangen. In dieser Liebe sind alle Tugenden eingeschlossen...“

„Es wäre mir lieber, dass eine Schwester, die sich wiederholt Fehler gegen die Liebe zu Schulden kommen lässt, die Kommunion manchmal unterlasse, als dass sie sich angewöhne, dieselbe leichtsinnig zu empfangen, ohne solche Fehler zu bessern und gutzumachen.“

Hochschätzung des Chorgebets

Das regelmäßige Chorgebet ist das zweite Herzensanliegen Claras. Gleich nach dem Einzug ins Mutterhaus mahnt sie es an (1848). Und immer wieder schärft sie den Schwestern ein, sich doch an die von der Kirche für Geistliche vorgegebenen Gebetszeiten zu halten.

„Das Tageszeitengebet ist eine Hauptsache in einer geistlichen Genossenschaft ... Es muss uns dies die liebste Übung sein, durch die wir Tätigkeit und Beschauung verbinden. Es kann leicht vorkommen, dass wir das Offizium aus Gewohnheit beten… Es ist aber ganz sicher, dass das Offizium einen Hauptpunkt unserer Regel ausmacht.“

Hilfsangebote zum geistlichen Leben

Mit dem sich entwickelnden Klosterleben treten neben das Chorgebet auch besondere Andachten. Clara arbeitet Monat für Monat Zettel mit besonderen Tugendübungen aus, welche die Schwestern nach Bedarf ziehen können, um sich an ihnen mit den dazu gegebenen Anleitungen zu erproben. Sie verteilt Katechismen an die Schwestern und sorgt dafür, dass sie sich damit vertraut machen. Als sie krank zu Bett liegt, lässt sie sich Heiligenbildchen bringen, schreibt auf jedes einen schönen Spruch und erfreut damit jede Schwester am Fest des hl. Josef vom Krankenbett aus. Manche sind tief ergriffen von dem ihnen nach dem Zufallsprinzip zugeteilten Spruch, da er so trefflich in ihr Leben passt. Zur Gewissenserforschung führt sie kleine Bußübungen im Speisesaal ein und macht selbst damit den Anfang. Daraus werden wöchentliche „Schuldkapitel“, in denen je vier Schwestern ihre äußeren Fehler bekennen, alle übrigen sich aber bereithalten sollen. Auch Übungen des Schweigens stehen auf dem Programm. Alles in allem ein strenges, auf Disziplin ausgerichtetes Programm!

Strenge Tagesordnung

Das Leben der Schwestern ist anstrengend. Es nimmt sie völlig in Anspruch. Um vier Uhr in der Frühe stehen sie auf. Es folgen geistliche Übungen (Betrachtung, Chorgebet, Hl. Messe). Das dauert bis 7 Uhr. Dann beginnt ein streng geregeltes, hartes Tagwerk mit den zu erziehenden Mädchen. Die Zeit zur Erholung ist knapp bemessen und selbst die ist gewöhnlich noch ausgefüllt mit Handarbeit. Das alles, verbunden mit strengen Bußübungen, bringt die Schwestern oft an den Rand ihrer Kräfte. Trotz allem fühlen sich die Schulschwestern an die geistlichen Übungen und die strenge Fastenordnung gebunden und haben Freude an der Arbeit.

Mahnung zur Stille
gemalt von Schwester
Beatriz Helena.

Auch weil es mit den „kleinen Schwestern" zu Spannungen kommt, wird die „dritte Abteilung" 1883 aufgehoben.
Gemalt von Schwester Helena.

ABMILDERUNG MANCHER ORDNUNGEN, ABER NEUE STRENGE

Auf Dauer bleiben Einwirkungen auf den Gesundheitszustand der Schwestern jedoch nicht aus. Nach ernster Beratung mit erfahrenen Ordensoberen, Seelsorgern und Ärzten entschließt sich Clara dazu, stufenweise Milderungen einzuführen. Dabei gibt es viele, die das mit Bedauern hinnehmen.

Für alle gilt fortan eine neue Tagesordnung (1863). Die Schlafzeit wird um eine Stunde verlängert, die Gebetszeiten besser verteilt. Diese Lockerung sucht die Stifterin in anderen Bereichen wieder auszugleichen. So wird es mit der Klausur strenger gehalten. Der Empfang von Besuchen und der Verkehr im Sprechzimmer werden eingeschränkt. Dazu entzieht Clara den Schwestern ihr liebstes Vergnügen: die Erlaubnis, beim Sonntagsfrühstück miteinander zu sprechen. Sie ordnet **klösterliches Stillschweigen** an.

NEUORGANISATION

Vorübergehende Einführung eines weiteren Zweiges der Schwesterngemeinschaft

Im Jahre 1860 kommt Clara nach Beratung zum Entschluss, zu den **Chorschwestern** und **Laienschwestern** auch noch eine dritte Gruppe einzuführen, die **„Kleinen Schwestern"**. Dabei ist hauptsächlich an ehemalige Hauskinder gedacht, brave, fromme und handwerklich geschickte Mädchen. Sie sollen wirkliche Mitglieder sein und sich nach einer Probezeit durch Gelübde binden können, jedoch immer nur auf 3 Jahre. Sie tragen eine von den anderen Schwestern abweichende schwarze Kleidung. Sie sind auch nicht zum Offizium verpflichtet, stattdessen nur zu siebenmal täglich sieben Ave-Maria. 1869 wurden die besten von ihnen zu den ewigen Gelübden zugelassen.

Änderung des Ordensgelübdes – auf Anordnung Roms

Die neue Gelübdeformel (1863)

Die Sorge um arme Kinder ist nicht mehr Gegenstand besonderen Gelöbnisses.
Doch der Hauptzweck der Genossenschaft bleibt gewahrt.

Gelübdeformel am 6. Oktober 1844:
Mein Herr und Heiland Jesus Christus, unter dem Schutz und Beistand deiner jungfräulichen Mutter Maria erwähle ich dich heute zu meinem einzigen und ewigen Bräutigam und gelobe dir für alle Tage meines Lebens Reinheit des Leibes und der Seele, Dich stelle ich mir vor als mein göttliches Vorbild, durch dessen Nachahmung ich nach der Vollkommenheit, nach der höchsten Gottgefälligkeit streben will. Zu dem Ende verspreche ich dir, beständig zu verharren in dem heiligen Verein und Bündnis, so ich mit meinen Mitschwestern geschlossen, in gemeinschaftlichem Leben mit ihnen, in Abgeschiedenheit von der Welt, in freiwilliger Armut, mit Erziehung und Unterweisung armer Kinder beschäftigt, gemäß der von uns angenommenen Lebensregel und Tagesordnung. Und weil Gehorsam dir besser gefällt als alle andern Opfer, so gelobe ich dir, o Herr, der unter uns gewählten oder zu wählenden Oberin in allem zu gehorchen wie dir selber, so dass dieser Gehorsam mir zur Sicherung und Befestigung, zur Deutung und Erklärung und auch, wenn solches als dein heiliger Wille erkannt würde, zur nötigen Erleichterung oder Lösung der Regel dienen möge. Zu dem allem hilf mir, o Herr, mit deiner Gnade durch die Fürbitte deiner Mutter Maria. Amen.

Jetzige Gelübdeformel
Allmächtiger Gott, ich, Schwester... vom armen Kinde Jesus, gelobe dir in Gegenwart der Generaloberin unserer Kongregation, vor den anwesenden Brüdern und Schwestern für immer Keuschheit, Armut und Gehorsam gemäß der Lebensregel der Schwestern vom armen Kinde Jesus.
Ich stelle mich dieser Kongregation und ihrer apostolischen Aufgabe zur Verfügung, um Zeugnis für Jesus Christus abzulegen und Gott in der Kirche zu dienen.

Ich bitte um die Gnade des Heiligen Geistes, die Fürsprache der seligen Jungfrau Maria, den Segen der Kirche und die Hilfe meiner Mitschwestern. Amen.

Hinausschiebung der ewigen Gelübde (1870)

Bisher war es die Regel: Nach einer Probezeit von einem Jahr wird das Gelübde sofort fürs ganze Leben abgelegt. Jetzt kann das Gelübde nach einjährigem Noviziat zunächst nur auf drei Jahre abgelegt werden. Erst nach weiterer Bewährung werden die Kandidatinnen zum ewigen Gelübde zugelassen.

Wahl der Generaloberin und ihr Führungsstil

Die Wahl

Die Neuwahl der Generaloberin soll zunächst alle fünf Jahre stattfinden. 1850 nehmen noch alle Schwestern des Mutterhauses daran teil, sowie die Vorsteherinnen der Tochterhäuser mit je einer weiteren Abgeordneten. 1852 beträgt die Gesamtzahl der Kongregation 84 Schwestern. Doch schon nach wenigen Jahren hat sich ihre Zahl vervielfacht. 1865 ist sie so angewachsen, dass für eine Beherbergung in Aachen kein Raum mehr zur Verfügung steht. Deshalb geht man den Weg der Briefwahl, wozu sämtliche Schwestern aus allen Häusern berechtigt sind. 1870 wird diese direkte Abstimmung aufgegeben. Sieben frei gewählte Stimmschwestern geben im Namen aller ihr Votum ab. Das Vertrauen zu Mutter Clara ist nach wie vor übergroß.

Ein sich um alle sorgender Führungsstil

Mit dem Anwachsen der Schwesternschaft kommt es zu Klagen, wie schwer es ist, zu Mutter Clara vorzudringen. Diese gibt sich alle Mühe, dem entgegenzuwirken und dem ihr entgegengebrachten Vertrauen mütterlich gerecht zu werden. Sie schreibt Briefe über Briefe an die Vorsteherinnen der Tochterhäuser. Sie sendet aberhunderte kleine Briefzettel mit Worten der Aufmunterung und des Trostes an Chor- und Laienschwestern, an Novizinnen, Professen und Postulantinnen aller Häuser. Darüber korrespondiert sie mit einzelnen Schwestern, die im Kampf gegen innere Schwierigkeiten ihrer besonderen Leitung bedürfen. Sie tut das aus tief gläubigem Herzen: „Meine lieben Schwestern, welch ein Band verbindet uns miteinander. Gott selbst ist dieses Band… Er will, dass Obere und Untergebene treu miteinander vereint wandeln."
Andererseits will sie die Schwestern nicht verzärteln. Denn sie ist überzeugt, dass dies eine schlimme Krankheit der Zeit ist. Personen, die zu viel Mitleid mit sich selbst haben, taugen nicht für die Kongregation. Stattdessen sucht

sie den Eifer und die Begeisterung immer neu anzustacheln. „Bedenken wir doch, liebe Schwestern, die uns nachfolgen, werden auf uns sehen, wie wir es mit der Haltung der Gelübde genommen haben. Eine laue und eine träge richtet großen Schaden an, hingegen kann eine Schwester mit ihrem Eifer und ihrer Treue den Eifer vieler anderer beleben und aufrecht erhalten."

Im Kampf gegen den nachlassenden Eifer

Mit großer Besorgnis und tiefem Schmerz sieht Mutter Clara, wie bei einigen Schwestern der Erstlingseifer nachlässt. In Rundschreiben an alle Häuser ruft sie aufs eindringlichste zur Erneuerung des Eifers auf (1864). Zugleich ordnet sie zu Pfingsten eine neuntägige Andacht an zur Besinnung auf die Erneuerung des Geistes. Um den Gebetsgeist im Mutterhaus neu zu beleben, hält sie dreimal die Woche Betrachtungen für alle. Diese werden mitgeschrieben, womit sie zum Gemeingut für alle werden können. Streng achtet sie auf pünktliches Erscheinen zu den gemeinsamen Übungen. Zudem versammelt sie alle Wochen die ganze Klostergemeinschaft des Mutterhauses zu einer Konferenz, die sie auch dazu nutzt, die Schwestern zur Erneuerung des Eifers zu ermahnen:

„Alle könnten wir mehr Ernst anlegen, alle bedürfen wir es, das Streben nach Vollkommenheit reger zu erhalten. Wir sind zu weich, zu zart, wir können nicht viel ertragen. Nehmen wir uns in acht..., dass wir uns nicht selbst täuschen; denn aller Trost, den wir beim lieben Gott oder im Gebet finden können- ... ist n i c h t s, wenn wir nicht etwas für den Herrn leiden wollen..." --- „Es gibt nichts quälenderes für mein Herz, als wenn ich einzelne Schwestern nicht wandeln sehe vor dem Herrn, wie sie es sollten. Gott sei Dank sind es nur wenige..." (1867)

„Ich verlange einigen Trost für mein Herz, ich bin etwas matt geworden. Warum soll ich Ihnen das nicht sagen? Wir sind hier unter uns. Es sind einige unter Ihnen, die liegen mir schwer am Herzen, die drücken mich." --- „Ganz besonders ist es eines, was mich betrübt, das nämlich, wenn die Schwestern nicht aufrichtig vor mir wandeln, wenn ich mich umgangen fühle – das tut weh. Ich weiß nicht, ist es Schwäche, dass ich das so empfinde; aber ich habe doch ein Mutterherz, und ein Mutterherz darf auch etwas eifersüchtig sein." (1869)

*Maria Magdalena,
Zeichnung aus dem Stickzimmer
(Malerin und Zeit unbekannt).*

Jesu Mutter unter dem Kreuz

Paramentenstickerei: Ausschnitt aus einer Bursa, einer Tasche, in der das Korporale verwahrt wird. Das Korporale ist ein quadratisches Tuch, das bei der Eucharistie auf den Altar gelegt wird, um die Patene mit der konsekrierten Hostie und den Kelch darauf zu stellen: das Gefäß, in dem sich Wein und Wasser, Jesu Blut und Wasser (Seitenwunde) mischen. Man kann auch sagen Blut und Wasser stehen für Freude und Leid, die sich im Leben des Menschen mischen.

UMGANG MIT HEIMSUCHUNGEN

Krankheit und kranke Zustände

Mutter Clara ist häufig krank. Jahr für Jahr gibt es Zeiten, in denen sie aussetzen muss und sich mit Leib und Seele ans Kreuz geheftet fühlt. Dazu kommen die harten Entbehrungen, Schwierigkeiten und Anfeindungen, die zumal in den ersten Jahren den Schwestern auferlegt sind. Bei allem verliert sie nicht den Mut: „Ich habe einen gewissen Trost dabei, denn es ist mir, als zögen diese Leiden das Band enger an, das uns an den Herrn umschließt."

Solch tröstlicher Halt der Seele steht ständig auf dem Prüfstand. 1856 ist ein schlimmes Jahr:

Zunächst liegt die Oberin auf den Tod danieder.

Dann macht ein erbitterndes Gerücht die Runde: Die Schwestern hätten ein Kind im Keller verhungern lassen. Menschenmassen sammeln sich vor dem Kloster. Der Lärm währt mehrere Tage, die Lage wird immer bedrohlicher, bis André Fey, der geistliche Direktor, am Sonntagabend in einer Predigt das Wort ergreift. Er verteidigt die Schwestern, die doch „bisher sich und all das Ihre für die armen Kinder geopfert hätten. Kein Kind sei gestorben, am wenigsten an Hunger. Aber bereits zwölfmal habe sich das Totenkämmerlein für die Schwestern geöffnet, zuletzt noch für eine in den besten Jahren. Sie alle haben sich für die ihnen anvertrauten Kinder verzehrt. Dass sie vor Hunger gestorben, kann man nicht sagen, aber dass die Schwestern Hunger gelitten haben, um ihr Stücklein Brot mit den Kindern zu teilen, das kann ich bezeugen."

Zur Erklärung sei hier noch gesagt, dass sich in einem Beruf wie dem der Schwestern, der mit tiefsten Schichten und rohesten Elementen in Berührung kommt, sich ähnliche Prüfungen auch sonst wiederholen.
„Was für bedrohliche Auftritte mit Poltern und Schelten von Seiten mancher Eltern sie erlebt, ist nicht zu sagen. Mehr denn einmal ist es auch vorgekommen, dass man uns die Polizei ins Haus schickte, die jedoch nichts zu bestrafen, sondern nur falsche Anklage zu konstatieren fand."

Unangemessene Anklagen:
„Kindesmissbrauch“

Wien (1861)

In Wien werden die Schwestern wegen Missbrauch häuslicher Strafgewalt verklagt. Die Mutter eines ungeratenen 7-jg. Mädchens hatte sich wegen der Reparatur eines Kleidchens zu einem Auftritt gegen die Oberin hinreißen lassen und das Kind aus der Anstalt genommen. Nach einigen Tagen wusste das Kind zu erzählen, eine Schwester hätte es vor die Brust gestoßen, eine andere es in den Kohlenkeller eingesperrt.

Jetzt gibt es einen aufsehenerregenden Prozess. Das Ganze wird zumal von der Presse als unbeschreiblicher Skandal hochgespielt. Die Agitation gegen kirchliche Institutionen liegen zurzeit im Trend. Oberin und Schwestern werden verhört, und am Ende muss selbst der Staatsanwalt die Schuldlosigkeit eingestehen. Bei den Katholiken Wiens bleibt der Eindruck, man wolle gegen die Ordenskongregation einen moralischen Vernichtungsschlag führen. Das gelingt nicht. Stattdessen kommt es vor Gericht zu den glänzendsten Zeugnissen für das Wirken der Schwestern.

Manuela Sanches,
Schülerin aus Kolumbien.

Aachen (1868)

Unangenehm wird es, als im Mutterhaus eine Klage gegen eine Schulschwester eingeht. Clara bringt die Angelegenheit in einer Kapitelermahnung offen zur Sprache: „Man beschuldigt die Schwestern, ein Kind eingesperrt zu haben, das infolgedessen gefährlich erkrankt sein soll, und geht sogar so weit, die Sache ans Gericht zu bringen. Wenn die Schwestern auch ganz ohne Schuld vor Gericht erscheinen müssen, so macht dies doch immer einen üblen Eindruck und fällt auch im ganzen wieder auf die Genossenschaft zurück. In diesem Falle ist nun zwar auf unserer Seite keine Schuld, aber trotzdem habe ich mit dieser Sache viel zu schaffen. Es scheint, der liebe Gott habe es zugelassen, dass dieselbe solchen Eclat macht.“

Gemalt von Lilly Völkel, Kl 6c, Gymnasium Marienberg, Neuss

Paulus Melchers (geb. 1813), Erzbischof von Köln (1866-1893)

Krefeld Uerdingen (1869)

Auch in Krefeld, wo die Schwestern seit sieben Jahren still und segensreich wirken, beginnen jene hässlichen Hetzereien und die Schwestern sollen vor Gericht erscheinen. Hier ist es bereits ein Vorspiel zum bald beginnenden Kulturkampf. Entsprechend muss das Haus in Uerdingen unter fortgesetzten Unannehmlichkeiten leiden.

Krankheitswelle im Mutterhaus – größte Anteilnahme

Im Herbst 1868 wird das Mutterhaus von einer ansteckenden Krankheit heimgesucht. Etliche Schwestern liegen mit ansteckendem Typhus danieder. Da zieht viel Sorge ein. Clara muss alles aufbieten, um die Kranken zu verpflegen und die Genesenden zu besuchen, um sie zu trösten. Die ganze Stadt zeigt größte Anteilnahme. Aus einem der ersten Hotels wird täglich Essen geliefert. Am Ende müssen vier Schwestern ihr Leben lassen.

Ringen um inneren Frieden – mit Hilfe von außen

Klagen von Schwestern

Schon länger gibt es unzufriedene und nicht ganz aufrichtige Elemente unter den Schwestern, die (wenngleich vereinzelt) Klagen beim Erzbischof vorbringen. Sie betreffen die Zusammensetzung des Rates der Oberin bei entscheidenden Abstimmungen und die Schwierigkeit, mit der Generaloberin unmittelbar zu verkehren. Sie beschweren sich, dass die Liedchen, die Kinder beim Gottesdienst singen, noch nicht der strengen Cäcilianischen Reform angepasst sind. Auch finden sie es nicht gut, dass der Beichtvater der Schwestern Claras Bruder ist. Geschickt vermischen sie Tatsächliches und Falsches und können den Erzbischof für sich einnehmen.

Ein unparteiischer Visitator

Kardinal Melchers ist ein frommer Mann und den Schwestern sehr verbunden, haben sie ihm doch früher als Bischof von Osnabrück für seine Missionsgemeinden schöne Paramente zugeschickt. Und als Clara gleich nach seiner Ernennung zum Erzbischof zu ihm eilt, um ihn zu beglückwünschen, verspricht er ihr, im Gebet ihrer 500 Schwestern zu gedenken. Als er 1869 zur ersten amtlichen Visitation nach Aachen kommt, sieht er ihr mit Sorge entgegen.

Der Erzbischof weiß um den Segen der jungen Schwesterngemeinschaft und schätzt ihren Direktor André Fey. Doch die Klagen stehen nun einmal im Raum. Er bemüht sich um genaueste unparteiliche Untersuchung. In trockener, geschäftsmäßiger Form wird jede Schwester in Anwesenheit von zwei Beisitzern verhört und das Ganze protokolliert. Auch der verdienstvolle Fey wird verhört und auch ihm bleiben peinliche Fragen nicht erspart.
Ungewohnt für die Schwestern reist der Bischof ohne Erklärung und Bescheid wieder ab. Die Betroffenheit und Bestürzung über den Verlauf der Visitation ist unbeschreiblich. Bei Clara herrscht Schweigen über das, was sie da schmerzlich erfahren musste, bei den Schwestern gibt es Tränen und Schluchzen. Dann kommt das Schreiben des Erzbischofs mit dem Ergebnis der Visitation. Da gibt es keinen Tadel beim weisen Oberhirten, doch 13 Änderungswünsche, darunter die Umarbeitung der Regel und den Ausbau der vorhandenen Einrichtung zur Ausbildung der Schulschwestern. Der Kongregation wird ein wahres Ehrenzeugnis ausgestellt.

Umsetzung von Veränderungswünschen (1870)

Die Abstimmungsregeln werden geändert. Mit großem Einsatz geht man an die Umarbeitung der Ordensregel. Die Kirchenmusik im Mutterhaus wird fortan nach strengen Reformregeln gepflegt.
Aber auch die Schwester, die mit ihrer Beschwerde den Hauptanstoß gegeben hat, bekommt zu spüren, dass sie sich Vertrauen verscherzt hat. Clara sucht sie noch dem Unwillen der anderen zu entziehen, indem sie sie nach Köln versetzt. Doch ihr Ruf eilt ihr bereits voraus und sie bittet um Dispens vom Ordensgelübde und tritt aus der Kongregation aus. Später wird sie zwar zum Herzen Claras zurückfinden, bleibt aber in weltlich unabhängiger Stellung.

Die Mutter trägt Leiden, Schmerz und Tod in ihren Armen.

Seidenstickerei im Nachlass der Kongregation

DAS KREUZ DER MUTTER – EIN SEGEN FÜR DIE KONGREGATION

Unter das Kreuz vieler Leiden gestellt

Seelische Befindlichkeit

Lang ist die Kette ungewöhnlicher Leiden, die über Clara hereinbrechen. Da ist auf der einen Seite der nachlassende Eifer mancher Mitstreiterinnen und auf der anderen ihre Gewissenhaftigkeit, Ängstlichkeit, schwankende Gesundheit und innere Kämpfe.

Doch dann schwinden die Klagen auch wieder und es geht ihr „viel besser". „Meine Unvollkommenheiten und Nachlässigkeiten halten mich doch nicht lange auf und machen mich nicht mutlos, und ich glaube, der Herr führt mich zu größerem Frieden." Alles scheint wieder Friede und Freude zu sein. Ein Wort der von ihr so geschätzten heiligen Theresia begleitet sie: „Wenn ihr treu seid in diesem Wandel mit und vor dem Herrn, so werdet ihr ihn in der Folge nicht mehr von euch treiben können."

Trotz zunehmender Ruhe und Kraft bedarf sie aber auch jetzt notwendig einer Stütze. Sie fühlt dies und spricht das ihrem Seelenführer (Sartorius) gegenüber auch aus (1851). „Mein Leben ist arg bewegt und hat besonders für mich bei meiner Ängstlichkeit viel Mühe und Beschwerde. Doch, wie gesagt, der Herr muss es tun, ich bin nicht im Stande. Helfen Sie mir…"

Stickerei aus Wien

Körperliche Krankheitsphasen

Dazu kommt, dass seit der Ordensgründung kaum ein Jahr vergeht, ohne dass sie eine schwere Krankheit für Wochen niederwirft und körperliches Elend alle ihre Schritte beschwert. Und auch wenn es ihr zwischendurch wieder besser geht, bleibt ihr doch das Gefühl des Krankseins oder Krankwerdens. Dazu kommt das Gefühl kaum zu beherrschender Schwermut. Ihr Seelenführer Sartorius sucht sie zu trösten: „Ihre Schwermut ist ein unabweisbares Gefühl, krankhaft, mehr körperlich als geistig. Geben Sie ihm wenigstens keine Nahrung. Sie können es nur abweisen dadurch, dass Sie Gedanken in sich hervorrufen, die Vertrauen und Freude erwecken, oder dass Sie an die Nähe des Herrn lebhaft denken."

Deus meus, deus meus,
ut quid dereliquisti me?
Mein Gott, mein Gott,
warum hast du mich verlassen?

Gehen wir heute zu Maria, flehen wir zu ihr, dass sie uns erlange einen Blick zu tun in den Abgrund der Verlassenheit und Trostlosigkeit ihres Sohnes, ihres Gottes. Sie hat diese Qual der Verlassenheit mitempfunden, mehr als je ein Mensch. Sie hat das traurigste Wort, das je auf Erden vernommen ward, mit angehört: Mein Gott, mein Gott, warum hast du mich verlassen? Sie hat einer ihrer Dienerinnen geoffenbart, dieses Wort sei ihr in den Ohren geklungen alle Tage ihres Lebens, sie habe es keinen Augenblick vergessen können, nachdem ihr Sohn es ausgesprochen.
Mein Gott, mein Gott, warum hast du mich verlassen? Jesus hängt am Kreuze in den furchtbarsten Schmerzen. Seine Jünger sind von ihm geflohen, seine Feinde lästern ihn. Seine heilige betrübte Mutter mit den wenigen Getreuen, die ihm gefolgt bis zum Kreuze, können seine Angst, seine Leiden nicht lindern; denn er, der Allwissende, sieht ein Meer von Schmerzen in ihren Seelen um seinetwillen, und ihr Kummer vermehrt sein Leid.
Er wendet sich an seinen himmlischen Vater.

Er flieht zu dem Herzen, in welchem er ruht von Ewigkeit, und der Vater zieht sich zurück und überlässt ihn seiner Angst. Denn Jesus ist das Lamm, das den Fluch der Sünden einer ganzen Welt auf sich genommen, drum wendet der Vater seine Augen von ihm ab und gestattet ihm nicht, Trost zu suchen an seinem Herzen. Und auch dieses furchtbarste der Leiden, diese Angst der Gottverlassenheit, nimmt der barmherzige Herr an der Sünder wegen, die es verdient haben, auf ewig von Gott verlassen zu werden. Er nimmt dies Leiden an um seiner Auserwählten willen, auf dass auch sie lernen, jede Verlassenheit und Trostlosigkeit, die zu ihrem Heile über sie kommt, mit Geduld zu tragen.
Der Heiland hat den bittersten Kelch getrunken. Wirst du, Seele, für die er ihn ausgeleert, dich noch weigern, ein Tröpfchen Bitterkeit zu verkosten? Willst du in Trost und Süßigkeit leben immerfort und deinen Bräutigam allein lassen, wenn es gilt, ihm deine Treue zu beweisen in Angst und Trübsal und Verlassenheit? Wenn du stets mit deinem Herrn vereint sein willst, so musst du auch den dunklen Weg der Trostlosigkeit und Verlassenheit gehen, und es müsste dir verdächtig vorkommen, wenn du immer in Trost und Ruhe leben wolltest. (Betrachtung 13.4.1848)

Suche nach innerem Frieden

Schwankend zwischen Strenge und Nachsicht

So sehr Mutter Clara auch unter ihrer inneren Ängstlichkeit leidet, bei der Leitung der Schwestern ist ihr davon kaum etwas anzumerken. Ihre Ermahnungen sind klar und entschlossen. Ihre Lieblingsthemen sind Stillschweigen, klösterliche Armut und die Verletzung der Nächstenliebe durch unbedachtes Reden. Ihre Worte vermögen zu überzeugen. Und alle Ängstlichkeit schwindet, sobald eine Schwester bei ihr um Rat fragt oder Anweisungen zu geben sind.

Dennoch erfasst sie oft eine innere Unruhe, ob sie zu streng gesprochen habe. Dann muss sie sich von anderen und ihrem Beichtvater beruhigen lassen, ja muss von Ratgebern gedrängt werden, noch strenger zu sein. Mehr als einmal erhebt sie dann gegen sich Vorwürfe zu großer Nachsicht. „Ich weiß wohl, dass es am besten ist, in Sanftmut das Ganze zu leiten, allein die Sanftmut hat Grenzen und die habe ich zuweilen überschritten." Dann wieder sagt sie: „Es ist zwar gegen meine Natur, streng zu sein, aber ich sehe ein, dass ich zuweilen streng aufzutreten die Pflicht habe."

Schwestern besorgt um kranke Clara, gemalt von Schwester Beatriz Helena.

Höchste Anforderungen an sich selbst

So sehr Clara anderen gegenüber auf Nachsicht bedacht ist, umso strenger ist sie gegen sich selbst. Da nimmt sie wenig Rücksicht auf ihre Schwäche. Um weiterzukommen auf ihrem Wege zur Vollkommenheit, stellt sie sich höchsten Anforderungen. Die um ihre Gesundheit besorgten Schwestern drängen sie angesichts ihrer strengen Lebensweise auf Erhaltung ihrer Kräfte.

Leben nach dem Maßstab: „Der Herr allein!"

In ihrer Suche nach einem zentralen Leitmotiv fällt Clara immer wieder zurück auf den Gedanken: „Der Herr allein!" „Jesus allein!" Das bringt sie allmählich zu der Frage, ob sie nicht im Sinne einer höheren Vollkommenheit das Opfer bringen müsse, auch der letzten Stütze auf Erden, dem Rat und Trost ihres Seelenführers Sartorius zu entsagen. Jahrelang zieht sich dieser Kampf hin.

Ihr Seelenführer gibt zu bedenken: „Das arme Menschenherz kann und soll nicht auf allen Trost verzichten, solange ihm solcher zu Gebote steht. Es wäre das eine Verirrung, dies zu beklagen." (1854)

Dem gegenüber bewegt Clara der Gedanke, „sich [ganz] Gott zu überlassen und zu übergeben zu allem, was er mit ihr vorzunehmen für gut findet." Auch hier gibt ihr Sartorius einen Impuls zum Nachdenken: „Es wäre wirklich vermessen, an der Spitze einer großen, erst aufblühenden Genossenschaft zu stehen, ohne jemand zur Seite zu haben, der Rat und Hilfe geben kann. Weiß man auch in den meisten Fällen, was man zu tun hat, so tut man es doch erst dann mit Mut und Kraft, wenn man für sein Handeln Rat und Zustimmung erlangt hat. Worauf es ankommt, ist: Wer soll die Stütze sein?" (1856)

Detail aus einer roten Kasel, entstanden im Stickzimmer von Simpelveld.

Pastor Sartorius

Der Seelenführer respektiert die Entscheidung...

Noch ein weiteres Jahr ziehen sich Claras Kämpfe hin. Endlich scheint alles überstanden. Sie wird reifer und selbstständiger. Ihr Seelenführer bestärkt sie letztlich in ihrer Entscheidung. Hier einige seiner Worte an Mutter Clara, die das belegen mögen:

„[Was Sie bisher bedrängt hat], es ist auf Seite und Sie sind in dieser Beziehung ruhig. Wohlan denn... Mit einem gewöhnlichen Maß der Gnade reichen Sie in Ihrer Stellung nicht aus. Hunderte sollen von Ihrem Überfluss leben. Ein Haus, das lange stehen will, muss ein gutes Fundament haben. Das Fundament dieses Hauses aber sind Sie." (1857)

„‚Wer nicht hasst seinen Vater und seine Mutter und sein eigenes Leben, kann mein Jünger nicht sein.' Was anders wird uns damit gesagt, als dass wir sinnliche Befriedigung nicht suchen oder begehren sollen, sie kommen von welcher Seite immer. Dieser muss man entsagen k ö n n e n, um Jesus anzugehören. Jesus aber gehört dem an, der ihm angehört. Wollen wir Jesus im Herzen tragen, so muss unser Wahlspruch sein: ‚Jesus allein!' Das sind strenge Worte, das sind süße Worte; sie bringen Frieden, Ruhe, Fülle des Trostes, sie bringen den, der Leben ist und Süßigkeit...Ich führe Sie nicht einen neuen Weg. Ich befestige Sie auf Ihrem Weg... Misstrauisch müssen wir aber immer sein, bis wir sagen können: ‚Jesus allein!'" (1858)

„…Wie der Baum aber zuerst blüht und dann Früchte bringt, so beginnt der Weg der Heiligen meist mit Tröstungen… Der Weg zum Ziel ist ein gerader. Er hat sich nicht gekrümmt, wenn die Tröstungen erschlaffen und Prüfungen und Mühen und Leiden kommen. Sie sind vielmehr der Beweis, dass eine gute Wegstrecke bereits zurückgelegt ist.“
(1862)

M. Clara Fey um 1860.

…und bleibt doch ihr Berater

Sartorius hatte zunächst mit Rücksicht auf Clara von einem „scheinbaren gegenseitigen Fremdwerden“ gesprochen (1855). Der persönliche Verkehr wie der briefliche Austausch werden spärlicher. Seine Stellung „durch Trennung und Schweigen“ hat an Wärme scheinbar abgenommen, doch an Stärke ist sie trotzdem die gleiche geblieben. Aus dem Verhältnis zu ihrem Seelenführer ist eine geistliche „Gütergemeinschaft“ geworden.

Maria Magdalena begegnet dem auferstandenen Christus.

Ein Bild aus jenen Tagen von Alexander Ivanov (1806-1858).

Das innere Leben gerät in ruhigere Bahnen

In Claras inneres Leben ist Reife eingezogen, nicht Stillstand, wohl aber in gewissem Sinne eine Vollendung, ein Zustand des Friedens, der Stetigkeit. Im Anschluss an ein Wort der heiligen Mechthild über Freundschaft mit Jesus schreibt sie: „Möchten wir auch zu den Freunden gehören, bei denen er sein will… Sind Leiden und Trübsale goldene Münzen, für die ein großes Gut eingekauft werden muss, so haben wir solcher Münzen viele erlegt. Es ist also gut, dass wir miteinander etwas ausgestanden haben, denn wir dürfen uns darum des großen Gutes in größerem Frieden erfreuen. Durch Leiden hat der Herr uns erkauft, damit wir durch das Leiden ihn erkaufen. So erfreuen wir uns unseres Besitzes und benutzen die herrliche Gabe.“ (24.3.1859)

Mit dieser herrlichen Gabe meint Clara die bleibende innige Vertraulichkeit mit Gott. „Wir müssen mutig und vertrauensvoll einen Durchbruch machen durch all die Armseligkeiten und Zerstreuungen, die uns von unserem Herrn entfernen wollen, und nicht ruhen, bis wir zu seinen Füßen einen festen Platz gefunden haben, wo wir allein und einsam bei ihm verweilen.“

Am Festtag der heiligen Maria Magdalena (22.7.1858) hält sie eine kleine Betrachtung über den „Ruheplatz der hl. Maria Magdalena“. Darin verweilt sie bei der dreifachen Art, wie man zu den Füßen Jesu Ruhe finden könne und spricht aus eigener Erfahrung: „Setzen wir uns zu den Füßen unseres Herrn und weichen wir nicht vom Platze, halten wir unsere Augen auf ihn geheftet… Harren wir in Stille aus zu seinen Füßen.“

Über den Weg, auf dem sie selbst zu dieser beglückenden Vertraulichkeit gelangt ist, spricht sie am Borromäustag (4.11.1867) zu den Schwestern: „Wenn eine treue Seele nichts mehr kennt und nichts mehr will als ihren Herrn und Meister; wenn sie unaufhörlich sich nach ihm sehnt, nach ihm seufzt, dann ist das Herz des Herrn schnell überwunden, dann gibt er sich gefangen einem solchen Herzen, dann verbindet er sich aufs Innigste mit einer solchen Seele. Fährt dann diese Seele fort, durch Liebestreue ihrem Herrn anzuhangen, nach ihm immer mehr sich zu sehnen, wird alles andere ihr zur Lust, ist der tiefste Grund ihrer Seele rein und allein für ihn, dann wird das Band immer fester, dann lässt sich der Herr herab zu erstaunlicher Vertrautheit mit einer armen Menschenseele. Beständige Treue, die immer wieder den Knoten anknüpft, die entschieden nichts will als ihn, ich möchte sagen eigensinnige Treue, die hundertmal über ihre eigene Schwäche siegend, sich immer wieder erhebt – diese Treue gewinnt den Herrn, diese ist das Band, das den Herrn fesselt."

Im gleichen Jahre beschreibt ihr alter Seelenführer in einem Brief an Clara ihren neu gewonnenen Zustand: „Früher war es mehr die Zeit des Suchens. Nun ist die Zeit des Besitzes, des Schauens, der Freude. Das Meer ist vor unseren Blicken ausgebreitet, tauchen wir ein!"

Praestitisti eis panem de Coelo – Du hast ihnen gegeben Brot vom Himmel.

So steht es auf einer von den Schwestern gestickten Palla, die den Kelch abdeckt.

KAMPF DER KULTUREN

Kooperation oder Machtanspruch

DER KRIEG RÜTTELT AN DEN KLOSTERPFORTEN, 1870/71

Kriegsgeschehen an der deutsch-französischen Grenze.

Herausgerissen aus friedlichem Zusammensein

Gerade sind die Beratungen zur neuen Ordensregel in Aachen zum Abschluss gekommen und die angereisten Schwestern haben sich soeben auf den Heimweg gemacht, da bricht der **Deutsch-Französische Krieg** aus (Anfang August 1870). Nur mit knapper Not kommen die Schwestern zu Hause an, denn die Bahnlinien sind durch Militärtransporte ganz in Anspruch genommen.

Clara bleibt ohne Angst und Erregung, aber sie mahnt zum Gebet für die Soldaten und die von den Kriegsschrecken Betroffenen. Sie beobachtet mit Sorge, wie die Schwestern sich ganz von den neuesten Meldungen gefangen nehmen lassen und richtet auf einem Kapitel eine ernste Mahnung an sie: „Ich habe schon oft gesagt, ich wünsche, dass die Schwestern keine Zeitung lesen; es kommt aber doch noch vor! Es gibt einige Schwestern, die können es nicht lassen, wenn sie's haben können, um z.B. die Neuigkeiten des Krieges darin zu studieren. Das ist nicht gut, das darf nicht geschehen! Wir sind ja gern bereit, das Nötige mitzuteilen, aber das Zeitunglesen taugt gar nichts. Es ist ganz gegen den Gehorsam und ist eine Quelle von Zerstreuungen."

Sie möchte nicht, dass die Schwestern über den deutschen Waffenerfolgen die Bedrängnisse der Kirche vergessen und lenkt die Gedanken auf den an seiner Kirche leidenden Herrn.

Schon bald rütteln die Nöte des Krieges an den Klosterpforten

Als erstes trifft es die Niederlassung in Landstuhl nahe der Grenze und damit der Front. Die Behörde in Speyer verlangt die Überlassung von Räumen für Verwundete und

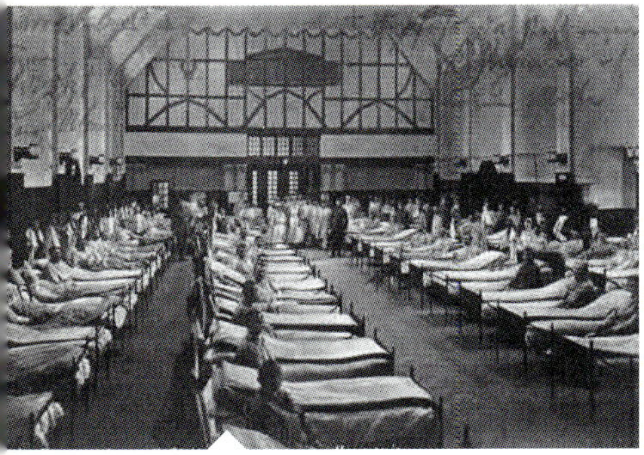

Zu Lazaretten umfunktionierte Räume.

Kranke. Ohne zu zögern gibt Clara die Einwilligung. Umgehend werden alle Schulsäle freigemacht, eine Baracke aufgeschlagen und eingerichtet. Über einhundert Kranke, darunter sieben Verwundete, werden im Waisenhaus untergebracht und sorgfältig gepflegt. Die Patienten, von katholischen Polen bis zu protestantischen Soldaten, sind voller Dankbarkeit. Und auch die Behörden zeigen sich dankbar. Später erhält die Oberin das bayrische Verdienstkreuz.

Aufopfernde Hilfe in vielen Häusern der Kongregation

Gleich nach Kriegsbeginn stellt die Düsseldorfer Oberin zwölf Schwestern frei, die sich mit der Pflege leidender Soldaten abmühen. Sie teilen sich mit Franziskanerinnen des Marienhospitals alle Strapazen des Krankendienstes. Auch in anderen Häusern stellen sich die Schwestern, soweit ihnen die Möglichkeit dazu geboten wird, aufopfernd in den Dienst an Kranken.

DER DANK DES VATERLANDES, 1871/72

„In dem, unter Gottes gnädigem Schutze zu unvergänglichem Ruhme des Deutschen Volkes für dessen höchste Güter siegreich durchkämpften nunmehr durch einen Frieden, den Gott im gleichen Maaße segnen möge, beendeten Kriege haben, ehrwürdige Oberin, auch Schwestern Ihres Ordens den Kriegern auf den Schlachtfeldern wie an den Krankenlagern in Noth und Tod helfend und tröstend, pflegend und aufrichtend mit wahrhaft christlicher Liebe und opfervollster Hingebung zur Seite gestanden. Wie das Deutsche Volk solch edles Wirken dankbaren Herzens ehrt, so haben auch seine Majestät der Kaiser und König in gleicher Würdigung der frommen Vaterlandsliebe und unermüdlichen Opferwilligkeit der Ordensschwestern die großen Erfolge dankend anerkannt,

welche denen, in gottvertrauender Demuth auf dem Kriegsfelde wie in der Heimath geübte Tätigkeit zur Linderung jeglicher Noth gehabt hat.

Solche Tathen finden Lohn nur im eigenen Herzen und vor diesem Gotteslohn treten alle, auch noch so wohlverdienten äußere Ehren für das zurück, was die einzelnen Schwestern geleistet haben, geleitet von dem Bewusstsein, dass die dabei nicht für sich, sondern in voller Selbstlosigkeit nur als Glieder der Genossenschaft handelten, deren heiligem Berufe sie geweiht sind. Dafür steht Mir nur anerkennender Dank zu Gebote und den sage Ich Ihr nun, ehrwürdige Oberin, und Ihrer Genossenschaft und ebenso auch in gleicher Weise tähig gewesenen Tochteranstalten Ihres Mutterhauses, aus vollem Herzen, Ich beauftrage Sie, jeder Einzelnen der Letzteren in Meinem Namen solchen Dank auszusprechen.

Als ein äußerstes Gedenkzeichen segensreichen Wirkens für das Vaterland übergebe Ich Ihnen zugleich nach Anordnung Seiner Majestät des Kaisers und Königs das Verdienstkreuz mit welchem Allerhöchstderselbe die hervorragenden Tathen deutscher Frauen und Jungfrauen während des jüngsten Krieges ausgezeichnet hat, mit der Bestimmung, dasselbe bei ihrer Genossenschaft bewahren zu wollen zur dauernden Erinnerung an deren Wirken in großer Zeit, aber auch an den Dank, den Ich als Deutschen Reiches Kaiserin wie als Preußens Königin Ihr schulde und mit Freuden darbrachte.

Berlin, den 31. Dezember 1871
Augusta“

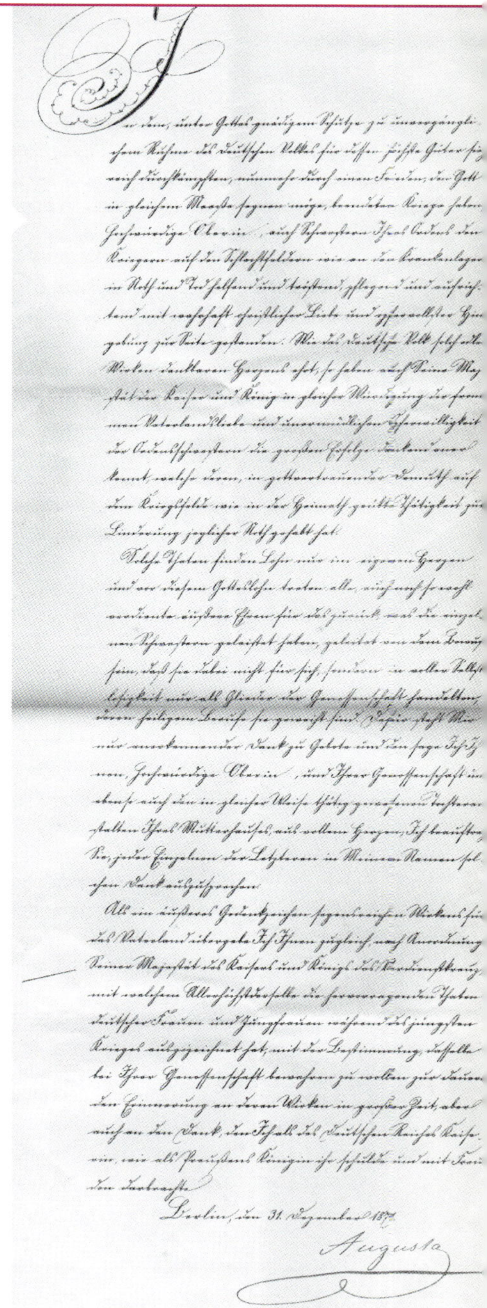

Auf Befehl Seiner Majestät des Kaisers und Königs

ist die von Allerhöchstdemselben

gestiftete Kriegs-Denkmünze von Stahl am Nicht-Combattanten-Bande

Elise Kuetgens, geb.

Dunker,

in Anerkennung der freiwilligen Leistungen bei der Pflege Verwundeter und Kranker während des siegreichen Feldzuges 1870 – 1871 verliehen, worüber gegenwärtiges Zeugniß ertheilt wird.

Berlin, den

Königliche General-Ordens-Kommission.

PFLICHTTREUE IM KRIEGE 1870-1871.

Auf der den Schwestern verliehenen Medaille ist im Zentrum zu lesen: „Für Pflichttreue im Kriege“. Die Umschrift lautet: „Gott war mit uns und ihm sei die Ehre“.

Mit einem Blumenstrauß gezierter Brief der Prinzessin Radziwill aus Berlin (an ihre Tochter, die Schwester im Mutterhaus ist).

Dieses Verdienstkreuz war vermutlich für Mutter Clara (zum Brief vom 31.12.1871).

Von ganz oben, der Kaiserin persönlich kommt ein **Dankschreiben** an die Schwestern. Bereits am 31. Dez. 1871 unterzeichnet Augusta eine Kabinettsorder. Darin spricht sie von der „frommen Vaterlandsliebe und unermüdlichen Opferwilligkeit der Ordensschwestern, die das deutsche Volk dankbaren Herzens ehre“. Sie rühmt ihre „wahrhaft christliche Liebe und opfervollste Hingebung“. Sie hebt die Selbstlosigkeit der Schwestern hervor und lässt jeder ihren Dank ausrichten.

Dieses Dankesschreiben wird der Generaloberin am 12. März 1872 zugeschickt. Ihm beigefügt ist nach Anordnung Sr. Majestät des Kaisers das **Verdienstkreuz** für Frauen und Jungfrauen.

GENOSSENSCHAFT IN SCHÖNSTER BLÜTE, 2.7.1872

Die Bestandsaufnahme des Mutterhauses im Juli 1872 kann sich sehen lassen. Allein in Preußen gibt es 27 Niederlassungen. Dazu kommen Häuser in Bayern, Luxemburg und Österreich. Acht von ihnen gehören der Kongregation, fünf sind in den Händen wohltätiger Organisationen, eins gehört einer herrschaftlichen Familie, dreizehn sind Gemeindeschulhäuser. Über 600 Schwestern stehen in Diensten von Schulen und Internaten bis hin zu Waisenhäusern, Kindergärten, Handelsschulen, Frauenfachschulen und anderen Instituten zur Betreuung vor allem der weiblichen Jugend. Über 1.500 Waisenkinder, dazu etwa 12.000 Kinder in den angegliederten Schulen werden von ihnen betreut. Allein in Preußens Gemeinde-Elementarschulen (8 Schuljahre umfassend) sind 150 Schwestern beschäftigt.

Von allen Seiten verlangt man nach den Schwestern. Die Nachfrage ist so groß, dass sie nicht abgedeckt werden kann. Mit den in Bonn und Köln-Ehrenfeld zu dem Zweck bereits vergrößerten Häusern bzw. Neubauten ist man schon in Geldsorgen geraten.

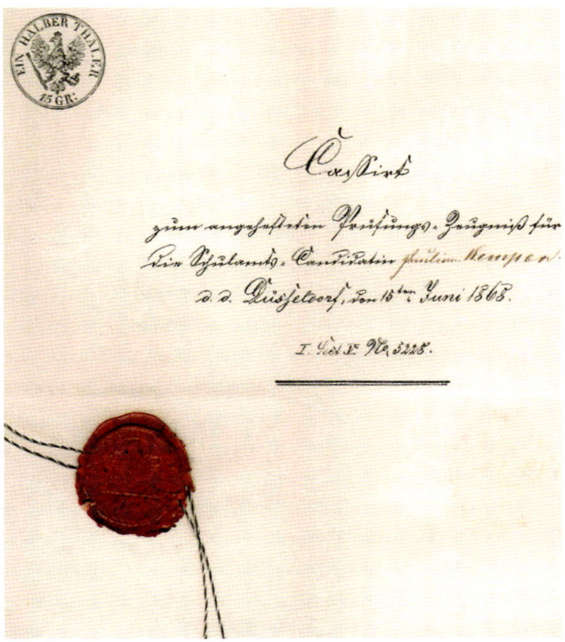

Düsseldorf, den 15ten Juni 1868.

Prüfungszeugnis für den Unterricht an höheren Mädchenschulen

Der Pauline Kemper, katholischer Konfession, geboren zu Werden, Kreis Essen am 16. Jan 1850 wird durch Gegenwärtiges aufgrund der mit ihr vorgenommenen schriftlichen und mündlichen Prüfung bezeugt, dass sie befähigt befunden worden ist, im Französischen und Englischen als Hilfslehrerin in den Examen dieser Sprachen an höheren Mädchenschulen zu unterrichten. Außerdem ist dieselbe für befähigt erklärt, auch in anderen Lehrgegenständen Unterricht zu erteilen, wenn sie in denselben bei einer Königlichen Rheinischen Prüfungskommission sich wenigstens das Prädikat gut erworben hat.

Beispiel eines staatlichen Zeugnisses, das die Schwestern zum Lehramt befähigt (1868),

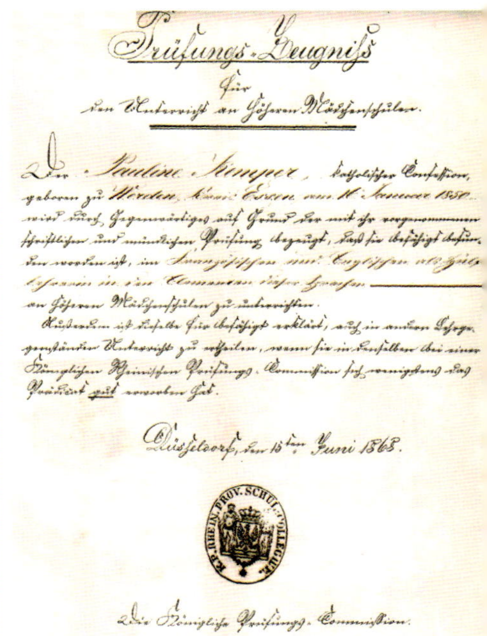

Prüfungs-Zeugniß

für

den Unterricht an höheren Mädchenschulen.

Düsseldorf, den 15ten Juni 1868.

Die Königliche Prüfungs-Commission.

DAS WERK DER ZERSTÖRUNG, 1872-1888

Hintergrund für eine antikatholische Haltung

Zum Verständnis der folgenden Ereignisse: der politische Hintergrund

Mit der Proklamation des Kaiserreiches (18.1.1871) kommt es zur Einigung der bislang zersplitterten Einzelstaaten. Unter Preußens Führung entsteht ein deutscher Nationalstaat. Bei den Reichstagswahlen im März wird das katholische Zentrum – nach den Nationalliberalen – zweitstärkste Partei. Aus ihrem Selbstverständnis heraus steht diese Partei in Opposition zum erzkonservativen protestantischen Reichskanzler und preußischen Ministerpräsidenten **Otto Graf von Bismarck**. Der wiederum hat sich die Einigung des neuen deutschen Nationalstaates auf die Fahnen geschrieben und möchte mit Hilfe vor allem der Liberalen dem politischen Katholizismus den Einfluss auf die Innenpolitik nehmen. Er unterstellt ihm, von einer ausländischen Macht, eben vom Papsttum, einem „Hort der Reaktion", gesteuert zu sein und stilisiert deshalb die katholische Opposition zu

Bismarck und der Papst beim Schachspielen, ein Bild der Konfrontation zwischen preußischem Staat und kath. Kirche, Karikatur im „Kladderadatsch", 1875.

„Reichsfeinden". Diesem „Ultramontanismus" möchte er mit seinen Maßnahmen (1871/75) – vor allem gegen Bischöfe, Priester und Ordensleute – einen Riegel vorschieben und den katholischen Einfluss in der Öffentlichkeit eindämmen.

Dieser ist dann unter dem Begriff „Kulturkampf" in die Geschichte eingegangen: eine liberale Politik mit Ziel der Trennung von Kirche und Staat.

Schritte der Regierung

Vorboten von Schikanen, Januar 1870

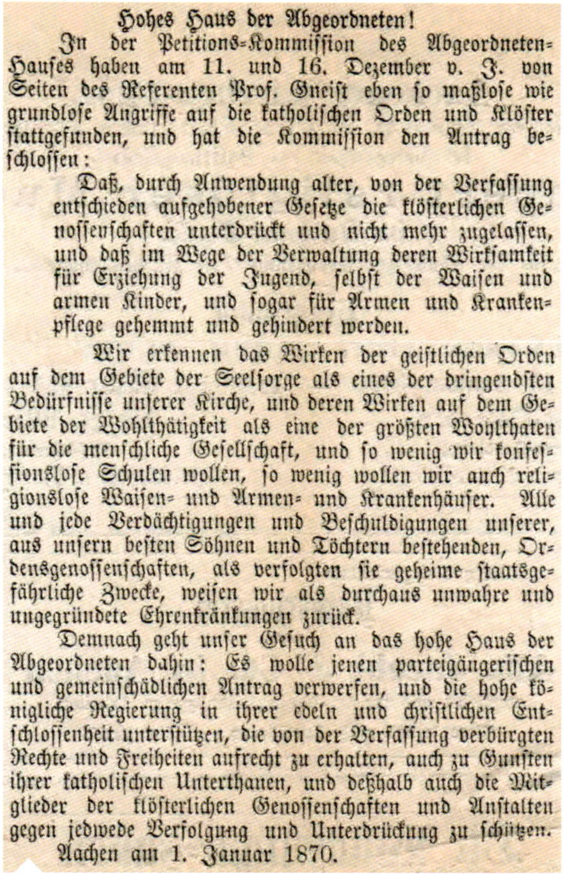

Hohes Haus der Abgeordneten!

In der Petitions-Kommission des Abgeordneten-Hauses haben am 11. und 16. Dezember v. J. von Seiten des Referenten Prof. Gneist eben so maßlose wie grundlose Angriffe auf die katholischen Orden und Klöster stattgefunden, und hat die Kommission den Antrag beschlossen:

Daß, durch Anwendung alter, von der Verfassung entschieden aufgehobener Gesetze die klösterlichen Genossenschaften unterdrückt und nicht mehr zugelassen, und daß im Wege der Verwaltung deren Wirksamkeit für Erziehung der Jugend, selbst der Waisen und armen Kinder, und sogar für Armen und Krankenpflege gehemmt und gehindert werden.

Wir erkennen das Wirken der geistlichen Orden auf dem Gebiete der Seelsorge als eines der dringendsten Bedürfnisse unserer Kirche, und deren Wirken auf dem Gebiete der Wohlthätigkeit als eine der größten Wohlthaten für die menschliche Gesellschaft, und so wenig wir konfessionslose Schulen wollen, so wenig wollen wir auch religionslose Waisen- und Armen- und Krankenhäuser. Alle und jede Verdächtigungen und Beschuldigungen unserer, aus unsern besten Söhnen und Töchtern bestehenden, Ordensgenossenschaften, als verfolgten sie geheime staatsgefährliche Zwecke, weisen wir als durchaus unwahre und ungegründete Ehrenkränkungen zurück.

Demnach geht unser Gesuch an das hohe Haus der Abgeordneten dahin: Es wolle jenen parteigängerischen und gemeinschädlichen Antrag verwerfen, und die hohe königliche Regierung in ihrer edeln und christlichen Entschlossenheit unterstützen, die von der Verfassung verbürgten Rechte und Freiheiten aufrecht zu erhalten, auch zu Gunsten ihrer katholischen Unterthanen, und deßhalb auch die Mitglieder der klösterlichen Genossenschaften und Anstalten gegen jedwede Verfolgung und Unterdrückung zu schützen.

Aachen am 1. Januar 1870.

Heftiger Protest, Aachener Katholiken gehen in die Presse

Schluss mit Dauerverträgen für Schulschwestern, November 1871

Schon im Sommer erreicht die Generaloberin ein scharfes Regierungsschreiben, es sei unstatthaft, dass Lehrschwestern ohne zuvor eingeholte Erlaubnis die Klassen wechseln. Im November kommt dann aus Düsseldorf – unter Berufung auf die Staatsregierung – die Verfügung, dass bei Lehrerstellenbesetzungen die Schulschwestern der Ordenskongregationen keine Dauerverträge mehr bekommen. In der Begründung heißt es, sie würden nur auf „Etablierung neuer Klosterstationen" abzielen. Zugleich wird ein langer Fragebogen verschickt zwecks Erhebung, in welchem Umfange Ordensmitglieder an öffentlichen Schulen tätig sind. Gleich unter Nummer 1 ist zu lesen: „Welches sind die Schulen, an denen Schulschwestern überhaupt und namentlich von welchem Orden, insbesondere solche aus dem Orden ‚zum Kindlein Jesus' angestellt sind?"

Die Regierung scheint sich Sorge zu machen wegen „übermäßiger Gebetsübungen" in der Schule und der Möglichkeit von „Sammlungen für den Peterspfennig,"

Gemalt von Schwester Beatriz Helena.

Schulaufsichtsgesetz, 11.3.1872

Besorgnisse kommen bereits auf, als im März des folgenden Jahres per Gesetz die geistliche Schulaufsicht ihr Ende findet. Das heißt für die katholischen Schulinspektoren, dass sie durch staatliche ersetzt werden.

Ausschluss der Ordenspersonen aus den öffentlichen Schulen, 15.6.1872

Plötzliche Schreckensnachricht

Nicht viel später flattert eine weit schlimmere Schreckensnachricht ins Haus: Ein Ministerialerlass verfügt: Alle Schulschwestern sollen aus den öffentlichen Schulen genommen werden. Das schafft große Betrübnis und Ratlosigkeit. Schließlich hängt der Unterhalt für die Kongregation zum großen Teil davon ab. Da haben sie seit Jahren mit großer Pflichttreue dem Wohl von Staat und Volk gedient, und jetzt werden verbriefte Rechte einfach beiseitegeschoben und den wehrlosen Frauen soll alles genommen werden.

Hilferuf an höchste Stelle

Umgehend richtet Clara ein flehentliches Bittgesuch an Kaiserin Augusta und die Königinwitwe Elisabeth (2.7.1872). Königin Elisabeth lässt ihr antworten, dass sie unter den gegebenen Verhältnissen machtlos sei.

Unterstützung durch Freunde

Von allen Seiten kommen Teilnahmebekundungen. Die einen drängen Clara: Zieht doch die Schwestern sofort ab! Dann könnt ihr den Staat unter Druck setzen, der noch keinen Ersatz für sie hat. Andere raten: Legt doch vorübergehend das Ordenskleid ab, dann behält man euch vielleicht.

Die vielen Freunde Claras bleiben auch nicht untätig. Aachens Pfarrer tun sich zusammen und schreiben an die Regierung: „Die Schwestern haben 37 Schulklassen in unseren Pfarreien… Wir alle nun, sowohl als

Beginn der Antwort von Königin Elisabeth, die sie am 24.10.1872 an Clara schicken lässt.

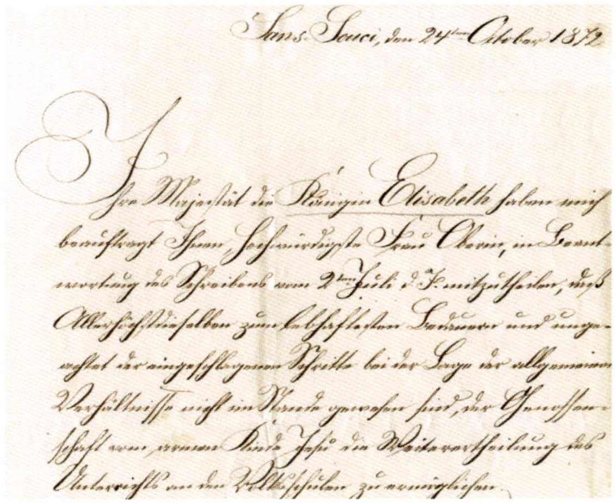
Sans-Souci, den 24ten October 1872

Pfarrer wie als Lokalschulaufseher, geben den Schwestern das Zeugnis unserer vollen Zufriedenheit.“ Der Oberbürgermeister selbst nimmt sich der Sache an und wird wiederholt vorstellig bei der Regierung – ohne Ergebnis. Der Stadtrat beschließt nahezu einstimmig, eine Petition an Abgeordneten- und Herrenhaus zu senden, überdies an den Kaiser (Nov. 1872). Die Frauen Aachens richten ein Bittgesuch an Kaiser und Kaiserin (Jan. 1873). Selbst einflussreiche Freunde in Berlin setzen sich ein, all das führt keinen Schritt weiter.

Kündigungen mit schlimmen Folgen

Bereits im Oktober, mitten in den Herbstferien, hagelt es die ersten Kündigungen. Die bisherigen Schulschwestern, die für ihre aufreibende Tätigkeit ohnehin bestenfalls halb so viel Gehalt bekamen wie staatliche Lehrerinnen, hatten damit auch noch etliche arme Kinder bei sich verpflegt. Jetzt nach dieser Entlassungswelle fällt mit einem Schlage für 200 Schwestern auch noch dies kärgliche Einkommen weg. Vielen Schwestern, bereits seit Jahren im Lehrerinnenberuf tätig, fällt es ausgesprochen schwer, den Gedanken an Schule lassen zu sollen. Dazu kommt, dass ein Haus nach dem anderen aus finanziellen Gründen aufgegeben werden muss, das letzte von zwölf „kleinen Häusern“ fällt 1875.

30. Dezember 1872

„Würdige Mutter Clara

Im Namen der Pfarrgemeinde Haaren kommen wir heute zu Ihnen, um tief gerührt den innigsten Dank auszusprechen für eine langjährige Wohlthat, die Sie, würdige Mutter uns durch die guten Töchter Ihrer frommen Genossenschaft vom armen Kinde Jesu großmüthig und in uneigennützigster Weise erwiesen haben. Uns Kindern haben Ihre guten Töchter in edler, christlicher, aufopfernder Liebe in allem guten Unterricht erteilt und durch einen musterhaften Lebenswandel auch der Gemeinde, vorgeleuchtet. Das erkennen wir nicht allein, sondern auch unsere Eltern, Geistliche und weltliche Vorgesetzte, ja alle Bewohner Haarens, die ein klares Auge für das Gute haben. Die Abberufung Ihrer allverehrten Töchter erfüllt darum uns alle mit tiefer Wehmuth. Und fragen wir den Himmel, warum er so ein hartes Geschick

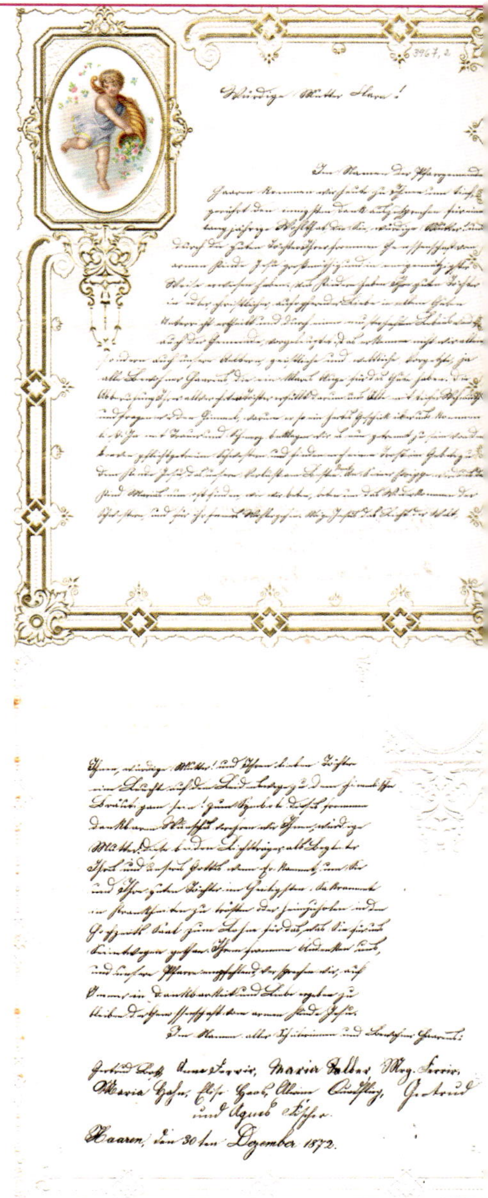
Würdige Mutter Clara!

Haaren, den 30ten Dezember 1872.

über uns kommen ließ. Ja mit Trauer und Schmerz beklagen wir es nun, getrennt zu sein von den braven pflichtgetreuen Schwestern und finden noch einen Trost im Gebet zu dem Kinde Jesu, das unsern Verlust am besten kennt. An Seiner Krippe wird uns das Kind Mariens nun oft finden wie wir beten, beten um das Wiederkommen der Schwestern und für Ihr fernes Wohlergehen. Möge Jesus das Licht der Welt Ihnen, würdige Mutter! und Ihren lieben Töchtern eine Leuchte auf dem Leidenswege zum himmlischen Bräutigam sein! Zum Symbol dieses frommen dankbaren Wunsches, verehren wir Ihnen, würdige Mutter, diese beiden Lichtträger als Begleiter Ihres und unsers Gottes, wenn er kommt, um sie und Ihre guten Töchter im heiligsten Sakramente in Krankheiten zu trösten oder heimzuholen in den Hochzeitssaal zum Lohne für das, was sie für uns Seinetwegen getan. Ihrem frommen Andenken uns und unserer Pfarre empfehlend versprechen wir, auf Immer in Dankbarkeit und Liebe ergeben zu bleiben der Genossenschaft vom armen Kinde Jesu. Im Namen aller Schülerinnen und Bewohner Haarens.“

Clara sucht die Situation zu retten, 1872/74

Gleich nach Bekanntwerden des Ministerialerlasses, nach dem ihre Schulschwestern die öffentlichen Schulen verlassen sollten, richtete sie – bereits Böses ahnend – eine Mahnung an die im Kapitel versammelten Schwestern: „Wir dürfen nicht verhehlen, dass der liebe Gott uns ein großes Kreuz auferlegt…, wo Brot und überhaupt Arbeit schaffen? Wir werden mit Handarbeit unser Brot verdienen müssen.“ (22.6.1872)

Als dann im Herbst erste Kündigungen erfolgen, füllt sich das Mutterhaus mit Arbeitslosen. Von Tag zu Tag wächst das Übel. Es fehlt an allen Ecken und Kanten. Die Räume platzen aus allen Nähten. Ein neues Haus müsste her. Ein solches wird frei, weil die dort wohnenden Jesuiten von den Behörden ins Ausland abgeschoben werden. Bereits im November ziehen die Schwestern dort ein und schon acht Wochen später errichten sie hier eine zweiklassige Töchterschule. Zudem finden im Hause alsbald an die 50 Schulschwestern Unterkunft, die sich unterschiedlichen Aufgaben widmen. Auch eine neu errichtete Bewahrschule gehört dazu.

Im Herbst 1873 wird ein weiteres Haus frei, weil die Gemeinschaft der Redemptoristen, ein Orden, der sich vor allem um Volksmission kümmert, ebenfalls aus seinem Kloster vertrieben worden ist. Auch hier mieten sich die Schwestern ein und gründen darin eine Verwahr- und Arbeitsschule für Mädchen, die im Januar 1874 sogar von der Regierung genehmigt wird.

Auflösung aller Häuser auf deutschem Boden, April 1875

Mitten in diese alternative Aufbauarbeit platzt dann zunächst das Gerücht, dann mit dem Erlass die Gewissheit: Alle Orden müssen Deutschland verlassen! Das heißt: Alle Häuser der Kongregation auf reichsdeutschem Boden stehen vor der Auflösung. Dieses Schicksal droht auch dem Mutterhaus! Das bedeutet nichts anders, so der erste Eindruck, als die Vernichtung!

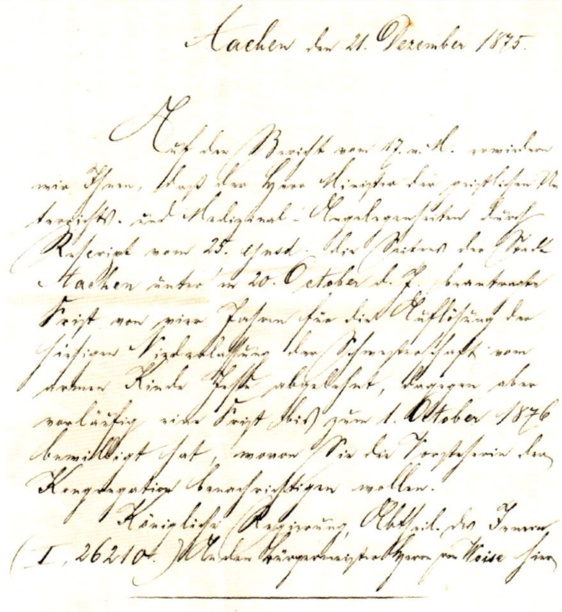
Aachen den 21. December 1875.

Beispiel eines Ausweisungsschreibens, 21.12.1875.

Es kommt Anteilnahme von allen Seiten. Rührende Trostbriefe gehen ein, Ratschläge und Freundschaftsbekundungen. Noch hat Clara die Hoffnung nicht aufgegeben, den Schicksalsschlag abzuwenden. Sie leidet, aber bewahrt Selbstbeherrschung. Unmittelbar nach Eingehen der Nachricht ordnet sie für alle Häuser eine **30-tägige Andacht zu Ehren des hl. Josef** an, begleitet von besonderen Gebeten und Fasten, die sie ins Pfingstfest einmünden lässt. Auch Feste zu Jubiläen lässt sie festlich feiern und nimmt selbst daran teil. Nach außen hin wird Ruhe bewahrt.

Josef, Patron der Kongregation
Er wird sie bald auch über die Grenze begleiten.
Hier wacht er über die 1875 in Maastricht gegründete Niederlassung.

Im Kloster selbst aber bleibt es eher still. Zum Clara-Tag (damals noch am 12. August, heute um einen Tag vorverlegt), der üblicherweise immer groß gefeiert wird, zieht – geradezu symbolisch – ein fürchterliches Gewitter auf. Schwerer Hagelschlag zertrümmert im Mutterhaus hunderte Fensterscheiben. Der bischöfliche Freund Laurent kommentiert das mit den Worten: „Ein Angebinde für die gute Clara, was ihr die spirituales nequentiae [Geister der Bosheit] beschert haben."

Letzte Versuche, das unvermeidliche Schicksal abzuwenden

Der Oberbürgermeister persönlich sucht Kaiser Wilhelm in Bad Ems auf. Er bittet für die Schwestern. Doch eine gute Nachricht kann er nicht mitbringen. Die Aachener Behörden suchen die Schwestern zu beruhigen. Doch bereits im Herbst werden ihnen 17 Elementarklassen entzogen. Am Jahresende kommt dazu noch die Anweisung: Das Mutterhaus ist bis Oktober 1876 zu räumen! Das bedeutet, dass an die 500 Schwestern im Ausland untergebracht werden müssen. Dazu aber braucht es Zeit.

Deshalb richtet Clara umgehend ein Gesuch an den Kaiser (31.12.1875) und bittet um eine vierjährige Frist für Aachen und Burtscheid. Da sie selbst krank ist und nicht reisen kann, lässt sie durch Schwester Franziska Schervier den an die Kaiserin Augusta gerichteten Brief persönlich nach Berlin bringen.

Schreiben der ehrwürdigen Mutter Clara vom armen Kinde Jesus an die Kaiserin Augusta

„Allerdurchlauchtigste, Großmächtigste Königin! Allergnädigste Kaiserin und Herrin! Vor dreißig Jahren, wo ich als unerfahrenes schüchternes Mädchen im tiefen Winter in die Hauptstadt zog, um der hochseligen Königin Elisabeth meine und meiner Freundinnen Herzensangelegenheit anzuvertrauen, da gab mir der barmherzige Gott die Kühnheit, welche Kindern zu eigen sein pflegt, es war mir wirklich, als ginge ich zu einer Mutter und in der That, die hohe Frau stand vor uns wie eine Mutter.

Gestatten mir Kaiserliche Majestät, daß ich heute, wo ich in Folge allerhöchsten Schutzes in der Mitte von 500 Jungfrauen stehe, vor meiner erhabenen Fürstin muthig ausspreche, daß dieses kindliche Gefühl bis heute nur immer gewonnen hat, und daß Euer Majestät es waren, die dasselbe fort und fort gekräftigt haben.

Wie dankbar bin ich heute vor Gottes Angesicht für all den fürstlichen Schutz und die wahrhaft mütterliche Herablaßung womit allerhöchst dieselben der Sache vom armen Kinde Jesus seither aufgepflegt haben. Das ist es denn auch, was mich heute wieder kühn macht, ich bin krank, tief leidend und kann es mir nicht gestatten, den Versuch selbst zu wagen, mich Euer Majestät nahen zu dürfen, um eine für uns unendlich wichtige Bitte vorzutragen. Da hat denn die treue Freundin dieser Sache, die Mutter Franzisca, Vorsteherin der Armen-Schwestern sich angeboten an meiner Stelle, den Weg zum Throne zu wagen, was ich selbst nicht sagen kann, das hofft sie das Glück zu haben, in meinem Namen auszusprechen.

Kaiserliche Majestät, wir scheiden bald von unserm theuern Vaterland, wehmüthig zwar, aber voll von Dankbarkeit für Alles, was der liebe Gott uns seit langen Jahren durch die Hand unserer Fürsten gespendet hat. Eigentlich sind, was unserer Sache heute widerfährt, doch nur Consequenzen der Weihnachtskrippe unseres lieben Heilandes und Bräutigams, wer ihm die Hand gibt für ewig, den zieht er in seine Lebensweise hinein und so heißt es denn heute für uns: „Nehmt das Kind und ziehet hinaus nach Ägypten-Land!" Wir beugen uns und ziehen, da es aber wirklich unmöglich ist für 500 Jungfrauen in kurzer Frist im fremden Land eine Stelle zu finden, wo sie ihr Haupt niederlegen, so wird Mutter Franzisca eben in dieser Beziehung, eine große Bitte vorzutragen, die Ehre haben. Eine andere Bitte auszusprechen, das kann ich ihr nicht überlaßen, mein Herz drängt mich dieselbe mit eigenem Munde auszusprechen.

Wenn wir einstens in der Fremde umherziehen und wehmüthig auf unsere alte Heimath zurückschauen, dann gestatten Sie uns, erhabne Frau, fort und fort kühn zu sagen: Ein Vaterland haben wir nicht mehr, es hat uns ausgewiesen, aber wir haben noch eine Kaiserliche Mutter, die uns im Herzen trägt und für die wir beten.

Mit vollkommenster Untergebenheit
Euer Kaiserlichen Majestät unterthänigste Dienerin
Mutter Clara vom armen Kinde Jesus
Aachen, den 31. Dezember 1875 “

Im **Antwortschreiben der Kaiserin** (14. Januar) gibt es zumindest etwas Aussicht, doch keine Sicherheit.

Als die Kaiserin kurz darauf wieder in Koblenz weilt (3.5.1876), erscheint sie am folgenden Tag im dortigen Kloster und erklärt der Oberin Schwester Antonia: Sie, Augusta, habe unermüdlich für Clara gearbeitet. Eine Mutter könne für ihr eigenes Kind nicht mehr tun. Sie zweifele nicht, dass Clara bleiben könne.

„Ich habe mit der innigsten Teilnahme Ihr Schreiben in Empfang genommen und bin dankbar für das darin ausgesprochene Vertrauen, dass ich ihren Kummer verstehe und würdige. Ich habe das Einzige getan, was ich zu tun vermochte, indem ich Ihr Schreiben mit meiner Empfehlung an des Kaisers Majestät richte. Sie werden im Gottvertrauen stets den richtigen Trost finden.
Berlin, am 14. Januar 1876
Augusta“

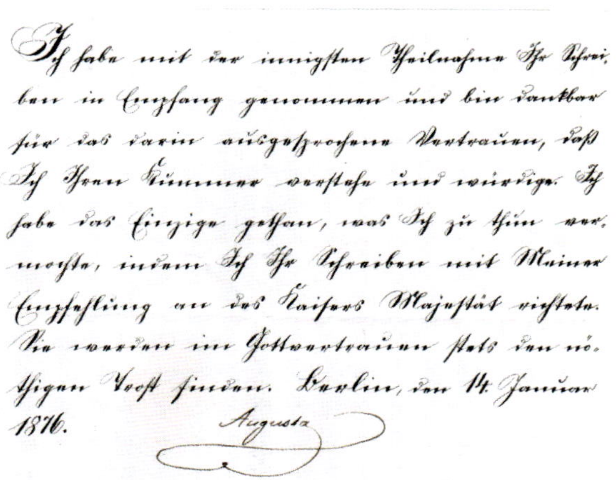
Ich habe mit der innigsten Theilnahme Ihr Schrei-
ben in Empfang genommen und bin dankbar
für das darin ausgesprochene Vertrauen, daß
Ich Ihren Kummer verstehe und würdige. Ich
habe das Einzige gethan, was Ich zu thun ver-
mochte, indem Ich Ihr Schreiben mit Meiner
Empfehlung an des Kaisers Majestät richtete.
Sie werden im Gottvertrauen stets den rich-
tigen Trost finden. Berlin, den 14 Januar
1876. Augusta

Schwere Zeiten für Clara

Leben mit Fristen

Bis zum Herbst sind die blühenden Niederlassungen in Bonn, Neuss und Köln-Ehrenfeld zur Auflösung bestimmt. Der Verkauf des Grundbesitzes gestaltet sich schwierig, die Vermögenslage bedrängend. Selbst Schwestern, die bisher noch andere ermutigten, drohen zusammenzubrechen.
Die Antwort aus Berlin – vom Kultusminister am 16. August unterzeichnet – ist eher ernüchternd: Die erbetene Frist zur Auflösung der Niederlassungen wird nicht gewährt. Lediglich das Mutterhaus und die Häuser in Burtscheid, Eschweiler und Lövenich erhalten noch eine letzte Gnadenfrist; ihre Auflösefrist wird „bis auf weiteres verlängert“. Doch das geschieht nicht aus Rücksichtnahme, sondern weil es für die Schwestern noch keinen genügenden Ersatz gibt.

Die Niederlassungen auf dem Weg in den Untergang

Im Jahre 1877 muss ein Haus nach dem anderen aufgeben werden: das Waisenhaus in Bonn (April), das in Peterswaldau/Schlesien (Mai), das in Köln-Ehrenfeld (Juni) und die Häuser in Neuss und Düsseldorf-Derendorf

(Sept.). Letzteres wird von der Regierung in Beschlag gelegt.
Dem Mutterhaus wird noch eine Frist gewährt bis zum 1.10.1878. Doch die Behörde verlangt, dass die Klassen sofort zu räumen und die Kinder zu entlassen sind. Nur 20 der größeren Hauskinder dürfen bleiben, weil sie als „Mägde" geführt werden.
Bischof Laurent, der alte Freund des Hauses, bringt seine tiefe Enttäuschung darüber, aber auch seine Bewunderung für Clara zum Ausdruck: „Mir insbesondere fällt immer tiefer der Mut, geht doch mit ihm mein letzter Lebenszweck unter. Nur die M. Clara stärkt Gott zu wunderbarer Geduld und Ergebung, die sich von ihrem klaren Angesicht auch ihren Töchtern mitteilt. Für die armen Kinder aber, die sie verlassen muss, gibt es keinen Trost." (10.10.1877)

Dann ist auch das Ende des Mutterhauses gekommen. Es wird vermietet. Am 1. September 1878 verlässt Clara ihre Vaterstadt und am Ende des Monats folgen ihr die letzten Schwestern.

In Koblenz behauptete sich die kranke Oberin mit zwei Pflegerinnen noch bis Juni 1882 (unter dem Schutz der Kaiserin).

AM ENDE BLEIBT NACH HARTNÄCKIGEM KAMPF NUR BURTSCHEID

Angesichts solchen Niedergangs erhält das Burtscheider Haus vor den Toren Aachens noch einen gewissen Sonderstatus. Im August 1876 kommt die Erlaubnis, hier entlassene Schulschwestern unterzubringen, doch nur solche, die krank sind.

Sogleich reichen die Schwestern ein weiteres Bittgesuch ein, dieses Haus doch wenigstens als Privathospital für kranke Schwestern und Kinder der Kongregation zu belassen. Und siehe da, die Genehmigung zum „Invalidenhaus" wird erteilt (12.3.1877), fürs erste zumindest. Doch der Unterricht der Kinder ist bis zum 1.November einzustellen.

Am 7.5.1878 ist der letzte Termin abgelaufen. Viele Schwestern verlassen das Haus, nur eine Anzahl Kranker verbleibt. Sogleich geht eine Bittschrift nach Berlin, das Haus doch wenigstens als Spital für kranke Kinder zu erhalten. Zur Antwort braucht es fast ein Jahr. Die Bitte wird abgelehnt (April 1879). Umgehend geht ein neues Gesuch nach

Berlin, dieses Mal mit der Bitte, das Haus zur Verpflegung kranker Schwestern zu belassen. Dieses Mal kommt die Antwort per Telegramm: Die Pflegestätte ist genehmigt. Erst fünf Monate später wird dann auch dem Verbleib der Pflegerinnen zugestimmt.

Das also ist übrig geblieben von der so verheißungsvoll aufblühenden Kongregation. Dank der besonderen Gunst zweier Königinnen war sie ins Leben getreten und hatte bei den Regierenden Anerkennung gefunden. Jetzt unter dem Kaiser, von Kanzler Bismarck beraten – scheint das Werk Claras am Boden zerstört zu liegen.

Doch auch inmitten dieser beklemmenden Drangsal bleibt Clara ruhig. Die Schwestern können nur staunen über die Gelassenheit und Heiterkeit, die von der Mutter ausgeht. Nie hören sie von ihr eine Klage, statt dessen Worte wie dieses: „Der liebe Herr gibt uns frohen, guten Mut. Möchten wir nur treu ihm dienen, dann lenkt er alles zum Besten."

Und von einer Schwester aus ihrer nächsten Umgebung hören wir: „Mein ganzes Klosterleben, ja von der Zeit an, dass ich unsere liebe Mutter kenne, habe ich mich nie so an der guten Mutter erbaut, wie jetzt. Das ist eine bewährte Tugend, und es muss uns allen zugutekommen. In dieser Zeit so schwerer Prüfungen ermuntert sie nur zum Vertrauen. Denn ich muss Ihnen gestehen, ich bin oft niedergedrückt und frage mich: Wo werden wir Ruhestätten finden? Die gute Mutter bleibt aber immer aufrecht und sagt: ‚Der hl. Joseph hat die Plätze schon in Bereitschaft, wo er uns haben will. Vielleicht will er ja auch noch einige Häuser hier halten, bis der Sturm vorüber ist.'"

Das Haus in Burtscheid

ABSCHIEDSBRIEF DER STADTVERWALTUNG, 1878

Aachen, den 31. August 1878

„Ehrwürdige Frau Oberin!
Vor Ihrem Scheiden hält es die Stadtverwaltung für eine ihr obliegende Ehrenpflicht Namens der Bürgerschaft von Aachen Ihnen sowie der ganzen hochverehrten Schwesternschaft vom armen Kinde Jesu warmen Dank und innige Anerkennung kundzugeben für alle Opfer, Arbeiten und Mühen, welche Sie und Ihre Schwestern zum Wohle der hiesigen weiblichen Jugend auf sich genommen, für die großmüthige Hingebung, welche sie bethätigt, für die unschätzbaren Dienste, welche sie dadurch unserem Gemeindewesen geleistet haben.

Nachdem Sie bereits in hiesiger Stadt 1838 Armenschulen übernommen, 1842 im Dominikanergebäude arme Kinder um sich gesammelt, dann 1848 das Mutterhaus in der Jakobstraße sowie Korporationsrechte erlangt hatten, wie viele zarte arme Kinder, wie viele heranwachsende Töchter dieser Stadt, wie viele verlaßene und hülfslose Geschöpfe haben Sie und Ihre Schwestern seitdem liebreich aufgenommen und angeleitet, ohne Belastung der Gemeinde mütterlich gepflegt und sorgsam unterrichtet, wie viele tausende in den übernommenen Schulen zur Erkenntniß Gottes und Seiner Gebote und dadurch auf den Weg der Tugend und das wahre Glück zu finden sich bemüht?

Gott der Herr möge es reichlich lohnen. – Es gereicht sowohl mir persönlich als den mich begleitenden Mitgliedern der Stadtverordnetenversammlung zu einer gewißen Befriedigung Ihnen, ehrwürdige Frau Oberin, als geringes Zeichen unserer Dankesgesin-

nungen heute diese Adresse zu überreichen. Muß die Stadt Aachen Sie und die Schwestern jetzt mit Wehmuth scheiden sehen und sich in das Unabänderliche fügen, so halten wir doch fest an der Hoffnung, die Trennung werde nicht lange dauern. Möchte es uns vergönnt sein, dass nach kurzer Frist die Genossenschaft vom Kinde Jesus in unsere Stadt zahlreicher zurückkehren und ihre frühere segensreiche Täthigkeit wieder übernehmen könnte.

Indem wir Ihnen und der ganzen verehrlichen Schwesternschaft ferneres Wohlergehen und gedeihliches Wirken von Herzen wünschen, fügen wir die Versicherung bei, dass wir stets Ihnen ein dankbares Andenken bewahren werden und zeichnen mit ausgezeichneter Hochachtung.“

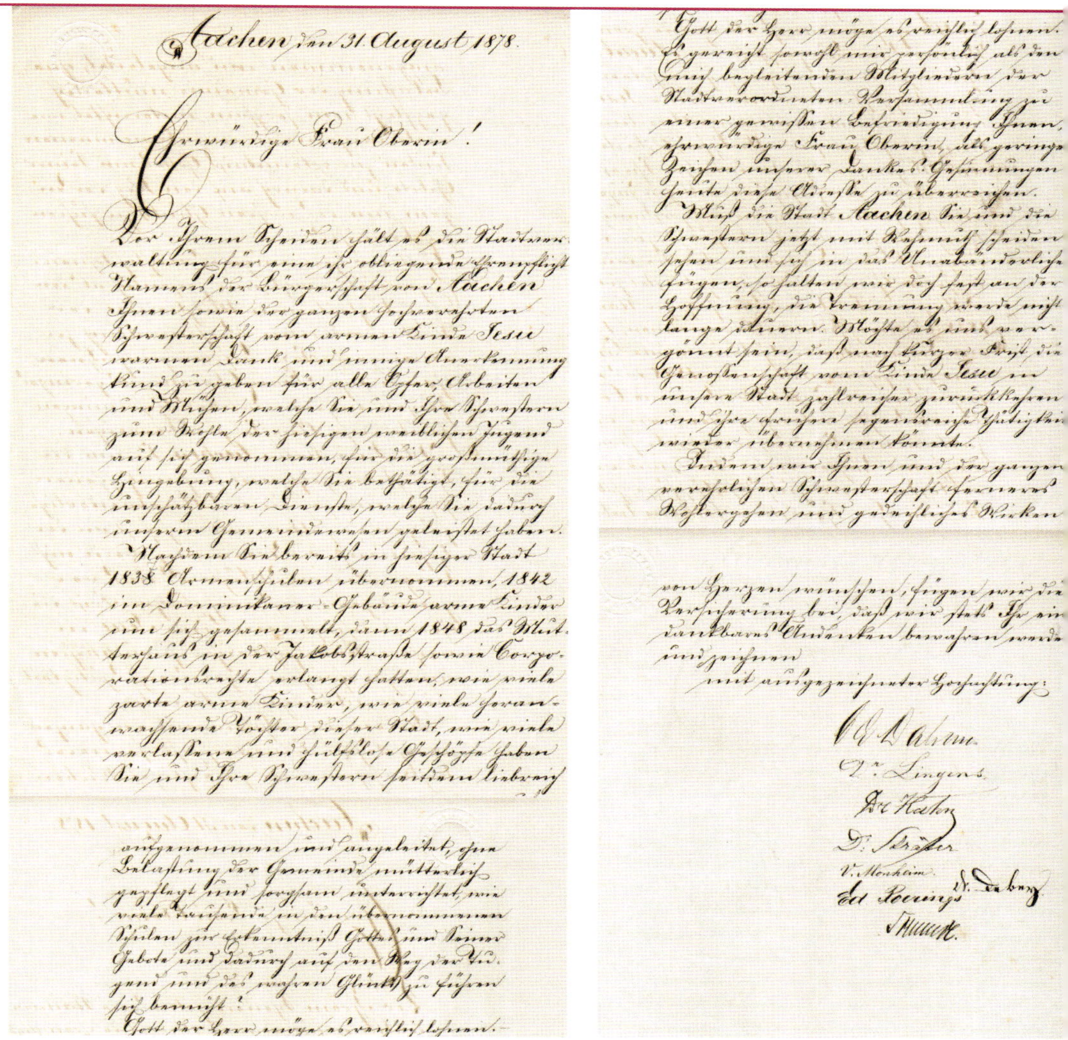
Aachen, den 31 August 1878.

Ehrwürdige Frau Oberin!

NEUANFANG IM UNTERGANG

Zeiten der Prüfung als Chance zur Stabilisierung

NEUES FUSSFASSEN IM AUSLAND

1. Österreich, Wien
2. Ungarn (1873)
3. Mähren (1874)
4. Österreich, Tirol (1876)
5. Luxemburg (1875/6),
6. Belgien, Brüssel (1874)
7. Niederlande, Maastricht (1877/6)
8. Niederlande, Roermond (1875/83)
9. Frankreich, Nancy (1876)
10. England (1875)

Nach dieser Verbannung aus Preußen liegt der Gedanke nahe, sich jenseits der Grenzen einen neuen Wirkungskreis zu suchen. Da spricht natürlich alles dafür, dies möglichst in deutschsprachigen Ländern zu tun.

Zufluchtsorte

Wien (1)

In Österreich gibt es bereits feste Wurzeln. Dort ist man auch bereit, eine Neugründung zu betreuen.

Erster Versuch im deutschsprachigen Ungarn (2) – ohne Erfolg

In Raab entsteht 1873 ein Waisenhaus, das die Schwestern alsbald übernehmen. Alles lässt sich auch gut an; der dortige Bischof ist voll des Lobes. Doch schon bald gibt es Schwierigkeiten mit den Behörden, man lässt die Schwestern nicht selbstständig genug arbeiten. Auch wenn das zwischenzeitlich wieder in Ordnung zu kommen scheint, muss die Niederlassung im Sommer 1875 wieder aufgegeben werden.

Erfolgreiche Mädchenschule an der mährischen Grenze (3)

In Retz gelingt es den Schwestern 1874, ein gut eingerichtetes herrschaftliches Schloss mit großem Garten zu erwerben. Hier soll eine Erziehungsanstalt für Mädchen aus besseren Familien entstehen. Sie entwickelt sich ausgezeichnet und das Haus ist die bis dahin schönste Besitzung der Kongregation.

Waisenhaus in Tirol (4)

Eine befreundete Baronin bietet Clara 1875 eine Niederlassung an. Nach Genehmigung durch die örtliche Behörde beginnen die Schwestern im Sommer 1876 mit einer Bewahr- und Handarbeitsschule. Dazu kommt noch ein Waisenhaus. Da in diesem zum großen Teil Kinder aus Westtirol aufgenommen werden, wird neben deutschem auch italienischer Unterricht erteilt.

Schuleinsatz in Luxemburg (5)

Dank einer schon länger bestehenden Niederlassung in Echternach haben die Schwestern in Luxemburg einen guten Ruf. 1875 dürfen sie dazu in Siebenbrunnen ein Haus für Arbeiterkinder eröffnen, dazu eine Bewahrschule und Nähschule und auch Klassen in deutschen Volksschulen übernehmen.

Landwirtschaftsschule in Bayern

In Landstuhl, wo die Schwestern schon lange ein Waisenhaus unterhalten, wird 1874 für die älteren Mädchen der weiterführende Unterricht neu organisiert. Dazu wird in einem nicht weit entfernten Landgut eine landwirtschaftliche Schule für Mädchen eingerichtet. Da es aber zum Leidwesen der Schwestern an gottesdienstlicher Betreuung fehlt, wird das Projekt nach fünf Jahren wieder aufgegeben.

Mehrsprachiger Unterricht in Belgien (6)

In Brüssel, wo viele Deutsche leben, ist die Anfrage nach deutschem Schulunterricht groß. 1874 finden die Schwestern ein passendes Haus, wo sie deutsche wie belgische Mädchen aufnehmen können. Die Nachfrage ist so groß, dass es im Jahre darauf schon erweitert werden muss. Dieser Erfolg gibt den Anstoß zu einem weiteren Projekt. 1875 wird den Schwestern von einer Gräfin, die selbst eine Tochter in der Kongregation hat, eine Burg bei Antwerpen angeboten. Bald ziehen hier Kinder ein; eine Bewahrschule, bald auch Elementarklassen werden eröffnet, wo teils flämisch, teils französisch unterrichtet wird. Auch hier sind bald bauliche Erweiterungen nötig.

Schulen und Lehrerinnenseminare in den Niederlanden

1875 kommt es bei **Maastricht (7)** zu einer ersten Niederlassung, die aber bald wegen der ungünstigen Lage wieder aufgegeben werden muss. Im Jahr darauf wird dann in Stadtnähe ein geräumiges Haus gekauft. Es soll das Neusser Lehramtsanwärterinnen-Seminar beherbergen.
Bald platzt es aus allen Nähten, so dass die Schwestern andere Häuser anmieten müssen.

Haus in Maastricht, Boschstraat.

Haus in Roermond (1876) Steenen Trappen,

mit Josef über dem Eingang.

Zu dieser Zeit leiten sie bereits in der Stadt zusätzlich ein Töchterpensionat und stark besuchte Bewahr- und Elementarschulen.

Auch in **Roermond (8)** wird 1875 ein Haus gekauft, das viele ausgewiesene Schwestern aufnehmen kann. 1876 kommen die Schwestern aus Düsseldorf-Derendorf dazu und bringen gleich etliche Hauskinder mit. Das Aachener Lehrerinnenseminar wird hierhin verlegt. 1883 werden den Schwestern auch Elementarschulen nahe der Stadt anvertraut, und es können eine Bewahr- und eine Sonntagsschule für Mädchen eröffnet werden.

Haus in Southam

Waisenhaus und Handarbeitsschule in Frankreich (9)

In Nancy kann 1876 ein kleines Gut erworben werden. Es soll das Waisenhaus der vertriebenen Düsseldorfer Schwestern aufnehmen, dazu natürlich auch französische Mädchen und Knaben. Die Geistlichen zeigen große Anteilnahme und Entgegenkommen. Neben das Waisenhaus tritt eine Handarbeitsschule. Der Unterricht wird auf Deutsch und Französisch erteilt. Weil auch Familien besserer Stände ihre Töchter hier erzogen haben wollen, entsteht bald ein kleines Töchterpensionat. Und weil es im Stickzimmer immer viel zu tun gibt, muss bald ein zweites Haus in der Stadt angemietet werden.

In England (10)

Bis nach England ist der Ruf der Schwestern gegangen. Jetzt als die Ausgewiesenen auf der Suche nach Asyl sind, wollen einflussreiche Katholiken ihnen helfen. Unter ihnen ist der Hausgeistliche eines Benediktinerinnenklosters. Schon länger möchte der ein Unternehmen für christliche Erziehung von Waisenkindern in England ins Leben rufen. So ersteht er für die Schwestern in Klosternähe – nahe dem Städtchen Southam (gut 100 km nordwestlich von London) ein von Wiesen und Gärten umgebenes Haus. 1876 können diese dort einziehen, vom Bischof aus Birmingham höchstpersönlich empfangen und von den Benediktinerinnen unterstützt. Zum Glück finden die Stickereien der Schwestern Beachtung und tragen ein wenig zum Unterhalt bei. Erst allmählich erreichen die Schwestern das Zutrauen der Bevölkerung. Die kleine Diasporagemeinde (kaum über 100) gewöhnt sich allmählich wieder an kirchliches Leben und Andersgläubige fühlen sich hingezogen. Die Räume füllen sich mit Waisenkindern, die katholischen Kinder des Städtchens sammeln sich in der Schule. Auch Jesuitenpatres aus Oxford (etwa 50 km südlich von Southam) rufen die Schwestern in ihre hoffnungsvoll wachsende Gemeinde. Sie ermutigen sie zur Errichtung einer **Privatschule** und möchten ihnen die bestehende Pfarrschule übergeben. 1878 bekommen die Schwestern bald auch Hilfskräfte aus Aachen. Mit dem Schulbesuch läuft es anfangs etwas

schleppend, und die Schwestern haben kaum genug zum Leben. Im Rate Claras wird schon beschlossen, das Haus aufzulösen. Da zeigt sich, wieviel Sympathien die Schwestern bereits gewonnen haben und es geht wieder aufwärts. Clara schreibt voll Freude: „Die Sache in Oxford tröstet mich; es ist sehr gut, dass die Leute sich rühren. Wir müssen das durchaus versuchen. Es ist ein großer Trost, eine Kapelle mit dem heiligsten Sakramente mehr in dieser Stadt! Und dann die armen Kinder!" (4.12.1878)
Schließlich ist das Haus 1883 dennoch nicht mehr zu halten. Die scheidenden Schwestern hinterlassen einen tiefen Eindruck.

Kontakte der in alle Winde Zerstreuten

Mutter Clara bemüht sich nach Kräften, die zerstreuten Niederlassungen zusammenzuhalten. Deshalb begibt sie sich öfter auf Visitationsreisen oder schickt bei Schwierigkeiten Vertrauenspersonen in entferntere Häuser. Persönlich besucht sie Brüssel (1875) und Österreich (1878). In Wien ist „die Freude namenlos", so schön und trostreich findet sie das Haus mit seinen 170 Kindern vor. Auf dieser Reise besucht sie auch die Niederlassungen in Mähren und Südtirol und verbringt am Ende noch ein paar schöne Tage in Landshut.
In den folgenden Jahren rät ihr der Hausarzt von jeder Reise ab. Deshalb bleibt es nur noch bei einem kleinen Ausflug nach Maastricht und Roermond (1878) und nochmals nur nach Maastricht (1880). Seit 1882 sind der 67-Jährigen dann aber alle Reisen untersagt. Fortan sendet Clara ihre Bevollmächtigten auf Visitationsreisen.

Weiterhin legt sie aber auch Wert darauf, ihre Oberinnen gelegentlich selbst zu sehen. Besuche im Mutterhaus fördern den innigen Zusammenhalt. Mit ihren dort gehaltenen Kapitel, Konferenzen, Betrachtungen und Rundschreiben gibt sie sich größte Mühe, dafür zu sorgen, dass sich alle wie ein Herz und eine Seele fühlen können.

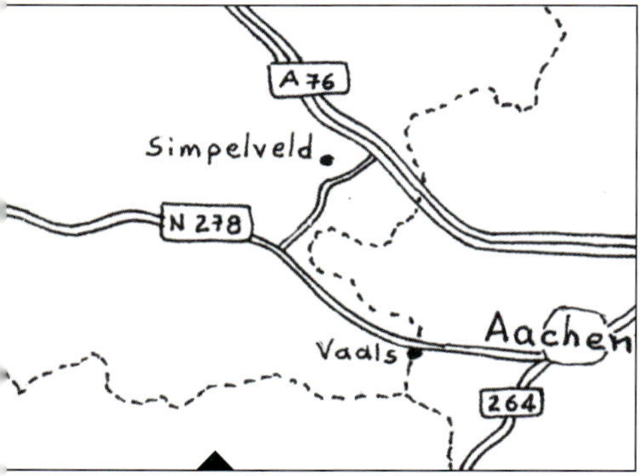

Simpelveld, gut 20 km von Aachen.

HAUS LORETO IN SIMPELVELD

Grundstein zu neuem Mutterhaus, 1875

Vorbereitungen unter Einsatz von allen Seiten

Mitten in dieses tränenreiche Abwandern, dieses Zurücklassenmüssen blühender und nunmehr zerstörter Heimstätten kommt die Nachricht (17.4.1875): Die gesamte Kongregation hat Preußen zu verlassen. Damit ist auch das Mutterhaus selbst betroffen. Da helfen alle Gesuche und auch Gebete nichts mehr. Sich jetzt noch trügerischer Hoffnung hinzugeben, wäre verantwortungslos. Deshalb macht Clara sich auf die Suche nach einem neuen Mutterhaus jenseits der Grenze.

In der Nähe von Aachen soll es liegen. Verkehrsmäßig leicht zu erreichen müsste es sein, um die 1.000 Fäden zu den Zweigniederlassungen nicht abreißen zu lassen. Gesund sollte die Lage des Grundstücks und geräumig genug für ein Mutterhaus.

Da bietet sich im nahen Holland ein Gut in Eijs an, vier Kilometer von Simpelveld, gleich die erste Eisenbahnstation jenseits der Grenze. Dies trägt auch noch – einer Einladung gleich – den Namen „Maria vom guten Rat". Es ist leider zu klein. So sucht man weiter. In Simpelveld freundlich empfangen vom Ortspfarrer und Bürgermeister, gelingt es bald, ein Grundstück (16 Morgen) zusammenzukaufen, das groß genug ist. Ein zuverlässiger Architekt aus Aachen steigt in die Planung ein.

So verheißt es Gott seinem Volk.
Diese Verheißung, den Schwestern in großer Bedrängnis zugesagt, wird bis heute von Menschen als trostvoll erfahren.
Dieses Schutzengelbild im Kinderhaus zu Simpelveld hat die Kleinen über lange Jahre hin begleitet.

Grundsteinlegung unter dem Schutz der Engel

Bereits am 2.10.1875 kann der Grundstein gesetzt werden. Dass dies ausgerechnet am Schutzengelfest geschieht, ist sicher kein Zufall. Ganz Simpelveld ist auf den Beinen, an der Spitze Pfarrer und Bürgermeister, um alles festlichst zu gestalten. Die Baustelle ist ringsum mit Fahnen und Fähnchen abgesteckt. Wo später der Altar stehen soll, erhebt sich ein großes Kreuz. Vier weiß gekleidete Mädchen bringen den Grundstein auf geschmückter Tragbahre. Ihnen folgt die Festprozession unter Beten, Singen und Glockengeläut. Bischof Laurent, Freund der Schwestern, vollzieht die Zeremonie. Segnend durchschreitet er Bauplatz und zugehöriges Gebiet.

„Ich werde einen Engel senden, der dir vorausgeht. Er soll dich beschützen auf deinen Wegen und dich an den Ort bringen, den ich bestimmt habe. Achte auf ihn!“

Exodus 23,20

Zeichnung von Sr. Beatriz Helena

„Haus Loreto" macht sich zum Einzug bereit, 1877

1875 sind die Grundmauern vollendet. Nach der Winterpause wird gleich weitergebaut. Im Februar 1877 sind die Flügel unter Dach und Fach.
Im Oktober 1877 ziehen dann die ersten Laienschwestern ein. Noch ist alles provisorisch. Der neuen Klostergemeinde steht nur ein Betzimmer zur Verfügung. Im Dezember kann Bischof Laurent eine provisorische Kapelle einweihen. Das geschieht in feierlichem Rahmen; Aachener Kinder sind zum Singen gekommen.
Als im Frühjahr 1878 die Auflösung des Aachener Mutterhauses naht, müssen die Schwestern nach Simpelveld umziehen. Wie es Clara in diesen Tagen zumute ist, verrät ein Brief von ihr:
„Hier gibt's nun viel Arbeit, und das Herz wird mitunter recht weich. Sonntagnachmittag zogen etwa 40 Kinder mit ihren Puppen auf dem Arm und ihre Körbchen mit Spielsachen tragend mit rot verweinten Augen zum Hause hinaus. Drei Schwestern brachten sie nach Simpelveld per Eisenbahn. Viele sind anderwärts versorgt. Die Polizei sieht nach; man hat uns nur gestattet, 20 von den größeren als Mägde zu behalten. Wir vermissen die Kleinen sehr. – Doch fiat! Der Herr hilft uns, das fühlen wir. Die Schwestern fliegen auch wie Tauben aus in die verschiedensten Häuser. Doch sie sind brav und willig, und das ist ein großer Trost." (2.4.1878)
Nach den Osterferien folgen 50 Schülerinnen der seit einigen Jahren im Mutterhaus untergebrachten Töchterschule.

Zum 1. September 1878 zieht dann auch Clara endgültig nach Simpelveld. Zur Abwicklung der letzten Umzugsarbeiten bleiben noch gut 50 Schwestern zurück. Ihnen wird das Leben immer schwerer gemacht. Alsbald sucht der Staat seine Hand auch auf das Vermögen des Mutterhauses zu legen. Das Mobiliar zu Aachen soll inventarisiert und beschlagnahmt werden. Der beauftragte Vollstreckungsbeamte erscheint in Begleitung von Polizeipräsident, Advokat und zwei Zeugen. Die Schwestern verweigern ihnen den Zutritt zur Klausur, weigern sich, in Abwesenheit Claras Dokumente vorzulegen. Bischof Laurent reicht Protest ein. Zunächst hat man für Wochen Ruhe. Dann im August 1879 steht die Behörde wieder vor der Tür, findet aber nur ein nahezu leeres Haus vor. Alles ist bereits über die Grenze in Sicherheit gebracht.

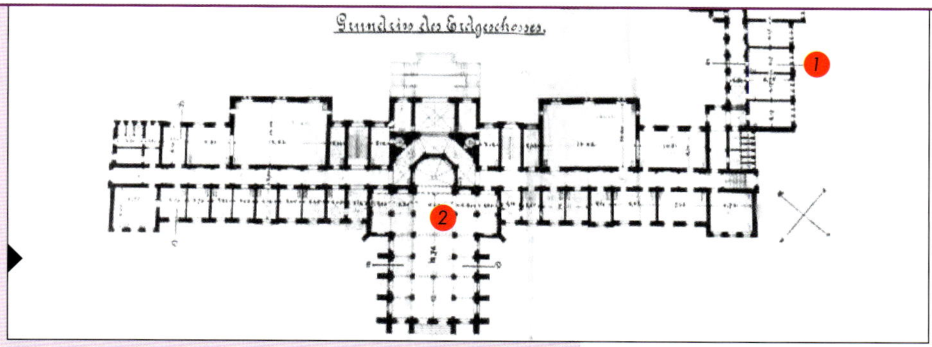

Das Bauwerk wächst, 1878-1887

Baugeschichte

2.10.1875
Grundsteinlegung von Haus Loreto und dem Kinderhaus (Kloosterstraat 68)

10.8.1878
Grundsteinlegung des Hauses für das Pensionat (Kloosterstraat 70)

1.9.1878
Ankunft Mutter Claras und der Schwestern

28.9.1878 (1)
Das Kinderhaus (Seitenflügel) wird bezogen.

10.10.1878
Kinderhaus völlig eingerichtet

18.10.1878 (2)
Weihe der Klosterkirche durch den Bischof von Luxemburg

Herbst 1878
Schulhaus im Souterrain des Klosters

13.4.1879
Klausur eingerichtet

21.8.1879
Kirche fertig und gesegnet (Seit Mai besitzt die Kirche zwei Glocken und eine Orgel.)

20.4.1880
Friedhofweihe durch Bischof Laurent

1880
Schule im Erdgeschoss des Pensionatsgebäudes

10.6.1880
Pensionatsgebäude fertig

6.3.1882
Grundsteinlegung zum Versorgungsgebäude St. Michael im Park

1887
Priesterhaus

5.8.1891
Dorfschule kann bezogen werden (Kloosterstraat 72)

Das Haus füllt sich mit Leben

Erste Feiern im neuen Haus

Wenn auch der Sitz des Mutterhauses noch in Aachen ist, beginnt man doch bereits 1878 besondere Ordensfeste in Simpelveld zu feiern: die Einkleidung von 24 Schwestern am Fest des hl. Antonius (Patron der Armen), Ablegung von Ordensgelübden, Erstkommunion und Firmung der nach Simpelveld umquartierten Hauskinder. Clara und Laurent sind immer dabei.

Während in mehreren neuen Häusern in Belgien, England und Österreich bitterer Mangel herrscht, entstehen auf dem großen Terrain von Simpelveld sogleich beträchtliche Bauten. Wenngleich die klösterliche Einfachheit gewahrt ist, reizt der stattliche Umfang die Scheelsucht der kurzsichtigen Menge. In Aachen gibt es beißende Scherzereien über die „reichen Schwestern vom armen Kinde Jesus". Das wird gewiss von Clara als Stachel empfunden, doch sie lässt sich nicht irre machen.

Der bischöfliche Besuch aus Roermond (1885) empfindet all diese Gerüchte als völlig grundlos.

Internatsschülerinnen aus Aachen, die im Kulturkampf in die Niederlande umgesiedelt wurden. Diese Aufnahme aus dem Haus in Maastricht ist auch exemplarisch für Loreto.

Offenes Haus für Kinder

Im Herbst 1878 wird ein Kinderhaus eröffnet.

Hier werden die Kleinsten von den Schwestern betreut. Aufnahme aus Simpelveld, spätere Zeit.

Eine Schule für die Mädchen des Ortes

Auf Wunsch des Ortspfarrers wird eine Schule für die Mädchen des Ortes gegründet. Der Andrang ist so groß, dass alle unter neun Jahren zurückgewiesen werden müssen. Zur Eröffnungsfeier erscheint Clara selbst und kann 70 Kinder begrüßen. Die Schulräume befinden sich anfangs noch im Untergeschoss des Klosters, bald schon im Erdgeschoss des neuen Internatsgebäudes.

Die Schülerinnen werden im Nähen unterrichtet.

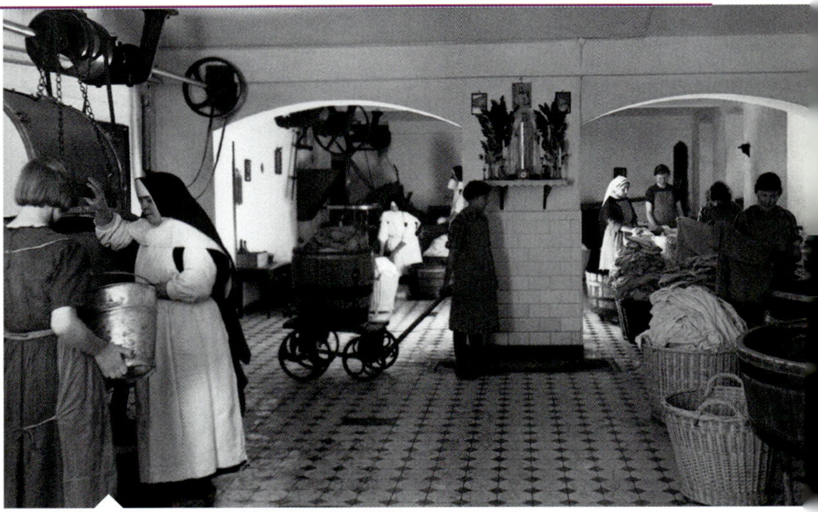

Unterricht in der Küche.

Unterricht in der Wäscherei.

Ein Kind aus Kolumbien hat dieses Bild gemalt. Es ist wie ein Symbol für den täglichen Weg zur Schule. Denn um dorthin zu kommen, müssen Kinder in diesem Land oft Schluchten überwinden, immer mit dem Gedanken: Hoffentlich kommen wir gut an. Die Annahme des Kreuzes (Ausweisung aus Preußen) bildet die Brücke zum Neuanfang.

Die große Hürde zum Lehrerinnen-Examen

Voraussetzung für die Schulschwestern zum Unterricht in ihren Erziehungsanstalten Simpelveld, Maastricht und Roermond ist das holländische Staatsexamen. Dies bereitet den Kandidatinnen anfangs große Schwierigkeiten. Denn es stellt weitaus höhere Anforderungen als es die Schwestern in ihren Heimatländern gewohnt sind. Vor allem die Prüfungen zur Anstellung an Elementarschulen haben es in sich. Da braucht es Durchhaltewillen und oft auch eine gehörige Portion Trost. Entsprechend schwierig ist es in den Anfangsjahren, die anstehenden Stellen zu besetzen.

Einen Kreuzgang, wie er für viele Klöster typisch ist, gibt es nicht. Das Haus Loreto ist der Straße entlang gebaut, auf der anderen Seite liegt ein Garten. Da es keinen Binnenhof gibt, werden die schönen langen Gänge als Kreuzgang empfunden.

Speiseisaal, auch Ort der Versammlung.

Apostelsaal – für Feste und Generalkapitel.

Das Kloster erhält spirituelle Inseln

Eröffnung einer Klausur

Ab Karfreitag 1879 steht den Schwestern – wie in einem Kloster üblich – ein abgegrenzter Bezirk, eine Klausur, zur Verfügung. Dazu gehören Zellengänge und Zellen, Speisesaal und Versammlungssaal.

Das heißt, die Schwestern haben einen Ort, der nur ihnen vorbehalten ist. Dorthin können sie sich zurückziehen, ohne gestört zu werden, einen Bereich, wo sie zu sich selbst kommen können. Er symbolisiert etwas von dem Lebensraum, den früher Einsiedler in der Wüste erfahren durften: ein Ort der Einsamkeit, der Raum der Besinnung auf sich selbst, auf das Wesentliche, auch eine Stätte „Wüstenerfahrung“ für die Schwestern – kein Rückzug aus der Welt, sondern Kraftstation für ihr Apostolat.

Gleichsam über der dunklen Welt erstrahlt das Geheimnis des Kreuzes, gemalt von Schwester Amabilis (1864 – 1945).

Zielpunkt auf dem Wege

Wie ein Fluchtpunkt am Ende des langen Weges durch den „Kreuzgang":
Der **Gekreuzigte**, der sein Leben gibt für andere, umfangen von einer Aureole, einem spannungsgeladenen Kranz aus Licht.

„Die äußere Klausur ist zwar für uns ein gutes Mittel, uns vor manchen Zerstreuungen zu bewahren, doch ohne die innere würde sie uns wenig nützen. Unser Herz soll unter strengster Klausur stehen. Wir sollen da eine Zelle errichten und bewahren, worin wir mit dem Geliebten allein sind und alles andere draußen lassen.
Von der heiligen Mutter Gottes heißt es vorzugsweise: „Ein verschlossener Garten bist du, meine Schwester, meine Braut!" Doch sie bewahrte auch diesen Garten, sie ließ nie auch nur einen unnützen Gedanken zu. Um nun das dürre Feld des Herzens dem Herrn ganz zu übergeben, damit er nach seinem Wohlgefallen es zu einem Garten umschaffe, müssen wir alle Zugänge, die etwas außer ihm einlassen könnten, versperren, und dies sind hauptsächlich unsere äußeren Sinne.
Wir sollen sie ... in die fünf Wunden unseres gekreuzigten Heilandes verbergen, damit sein heiliges, bitteres Leiden in uns geschrieben werde.
Suchen wir auf solche Weise die Klausur unseres Herzens zu bewahren. Bemühen wir uns darum mit großer Treue. Und wenn es auch Jahre der angestrengtesten Arbeit kostet, so wird der Herr unsere Treue lohnen. Er wird zu uns kommen und Wohnung bei uns nehmen und Abendmahl mit uns halten, wie er verheißen hat.
Wer weiß, ob wir es nicht endlich durch seine Gnade erringen, dass keine Zerstreuung mehr uns von unserm Herrn, der in uns wohnt, abwenden kann, und dass wir diese innere Zelle, in der er uns heimsucht, nie mehr verlieren."

(Konferenz 3.2.1850)

Kontemplation und Aktion
Bleibt in mir, dann bleibe ich in euch.
Wie die Rebe aus sich keine Frucht bringen kann, sondern nur, wenn sie am Weinstock bleibt, so könnt auch ihr keine Frucht bringen, wenn ihr nicht in mir bleibt.
Ich bin der Weinstock, ihr seid die Reben. Wer in mir bleibt und in wem ich bleibe, der bringt reiche Frucht; denn getrennt von mir könnt ihr nichts vollbringen.

Joh 15,4 f

Mahnende Erinnerung am Ort des Zusammenkommens

– im Refektorium (Speisesaal)

Die Küche von Bethanien, wo Christus zwei Schwestern begegnet, sie beide ernst nimmt und beiden seinen Segen gibt:

Maria, die bei Jesus verweilend ihm zuhört, Martha, die ihm ferne zu stehen scheint und sich den weltlichen Dingen zuwendet.

„Ora et labora" – „Bete und arbeite"
Beides gehört zusammen.

Aus der Lebensregel der Schwestern

Artikel 50

Für Jesus gab es keinen Zwiespalt zwischen dem Verweilen beim Vater und dem Dienst an den Menschen. Beides war Ausdruck derselben Liebe und Hingabe.

Auch in unserem Leben sollen Aktion und Kontemplation nur zwei verschiedene Ausdrucksformen der liebenden Hingabe an Gott und die Menschen sein. Sie setzen gleichermaßen voraus, dass wir bereit sind, uns selbst preiszugeben.

Artikel 51
Weil wir Apostel sein wollen, suchen wir der Bitte des Herrn „Bleibt in mir" zu entsprechen. Nur mit ihm verbunden können wir seine Boten sein und an seiner Sendung teilhaben. Wir schauen von uns weg auf Jesus Christus, um ihm in unserem Handeln, Denken und Lieben gleichförmig zu werden. Wir versuchen, mit seinen Augen zu sehen, mit seinem Herzen zu lieben. So begleitet er uns durch den Alltag, und unser Leben wird zu einer ständigen Kontemplation.

Artikel 52
Aktion und Kontemplation gründen beide im Wirken des Heiligen Geistes und befruchten sich gegenseitig. Die Betrachtung der Heilswahrheiten und der Worte des Herrn lehrt uns, im Nächsten Jesus Christus selbst zu sehen (vgl. Mt 25,40); sie drängt uns, allen zu dienen. Liebendes Dienen aber bewirkt, dass wir Gott tiefer erkennen, seine Wahrheit besser verstehen und in der Liebe wachsen (vgl. 1 Joh 4,7 f).

Für die Schwestern heißt das konkret die Verbindung von beschaulichem Leben mit tätigem selbstlosen Einsatz für Kinder – eine für diese Zeit eher unübliche Verbindung.

Vollendung der Klosterkirche
Endlich ist auch die Kapelle fertig. Am 21. August 1879 kann sie eingesegnet werden. Am 18. Oktober kommt der Bischof von Luxemburg zur feierlichen Einweihung.

Es ist sicher kein Zufall, dass dieser Tag zusammenfällt mit dem für die Schwestern so denkwürdigen Lukastag.

Warum sind die Schwestern Lukas so zugeneigt?

Die Klosterkirche wird Maria Verkündigung geweiht.
Gleich innen am Pfeiler zwischen den beiden Eingangstüren hängt dieses Bild:
Der Engel kündet Maria die frohe Botschaft:
„Siehe du wirst einen Sohn empfangen."

Zum einen hat **Lukas**, Schreiber des dritten Evangeliums, darin ein so lebendiges Bild von Maria gezeichnet, dass man meint, er sei Maler gewesen. **Maria** ist Patronin der Kongregation.

Zum anderen hat er ein so großes Interesse an Heilungen von Kranken, dass man meint, er müsse Arzt gewesen sein. Um arme und wie auch immer kranke Menschen möchten sich auch die Schwestern kümmern.

So gilt Lukas als Patron der Kranken, der Ärzte und – vielleicht wegen seiner „Malkunst" – auch der Stickerinnen. Das haben Lukas wie die Schwestern gemein: Gottesbegegnung und soziales Engagement, man könnte auch sagen „Bete und arbeite".

Schließlich könnten auch im Volksmund bekannte alte Bauernregeln zum Lukastag voll symbolischer Bedeutung sein im Blick auf das Neuanfangenwollen der Schwestern, zugleich hoffnungsvoll wegweisend für ihre Zukunft: „An Lukas soll das Korn gesät sein!" und : „Wer um St. Lukas Roggen streut, es nicht in nächster Ernt' bereut."

Zum Schmuck des Hochaltares zur Weihnachtszeit haben die Schwestern dieses **Antependium** (lateinisch ante „vor“ und pendere „hängen) gestickt (1862). Als Vorlage hat das berühmte Bild von Stephan Lochner im Kölner Dom gedient (1445). Im Zentrum, also auf der Schauseite des Altares, ist die Anbetung der Drei Könige dargestellt. Zur Seite wie Weggefährten zu Christus, dem Licht, die beiden, den Schwestern tief verbundenen: **Augustinus** und **Franz von Sales**.

Alles weist hin auf das Kind in der Mitte, den Mensch gewordenen Gottessohn. Selbst Könige kommen und verneigen sich vor dem Kind im Futtertrog des Viehs.
So war es Brauch im Mittelalter. Die in Aachen frisch geweihten Könige zogen als erstes nach Köln, um dort wie die Heiligen Drei Könige vor dem König der Könige auf die Knie zu fallen.

So blickt auch Clara auf die Kinder, „oft so hässlich, so voll Schmutz, so voll Elend“. Aber gerade solche Kinder erinnern sie umso mehr an „den Heiland, der diesem Kind zuliebe den Himmel verließ, diesem Kind zuliebe einem Aussätzigen gleich geworden ist“. „Wie der Herr Knechtsgestalt hat angenommen, so hat er auch die Gestalt des Kindes angenommen. Er selbst ist ein Kind geworden, und damit er jedem Kinde ähnlich ist, bis zur Verwechslung ähnlich, ist er arm und gering geworden, ärmer als das ärmste Kind.“

Augustinus (354-430)

An Gott mich klammern, das ist meine Kraft.

Bedenke: Ein Stück des Weges liegt hinter dir, ein anderes Stück hast du noch vor dir. Wenn du verweilst, dann nur, um dich zu stärken, aber nicht um aufzugeben.

Das Gebet ist eine Himmelsleiter. Auf steigt das Gebet und herab steigt Gottes Erbarmen.

Das Leben der Eltern ist das Buch, in dem die Kinder lesen.

Der dich gemacht hat, weiß auch, was er mit dir machen will.

Der Mensch ist nicht nach dem zu beurteilen, was er weiß, sondern nach dem, was er liebt.

Der, der dich schuf, fordert dich ganz.

Die Sehnsucht Gottes ist der Mensch.

In dir muss brennen, was du in anderen entzünden willst.

Die Menschen klagen darüber, dass die Zeiten böse sind. Hört auf mit dem Klagen. Bessert euch selber. Denn nicht die Zeiten sind böse, sondern unser Tun.

Dir sei Gott ein Haus, und du sei ein Haus Gottes! Bleib in Gott, und Gott möge in dir bleiben! Gott bleibt in dir, um dich festzuhalten, du bleibst in Gott, um nicht zu fallen.

Franz von Sales (1567-1622)

Besiegt ist nur, wer den Mut verliert. Sieger ist jeder, der weiter kämpfen will.

Das Maß der Liebe ist die Liebe ohne Maß.

Der Mensch erfährt sich selbst in der Zerrissenheit seines Daseins auf unterschiedlichste Art. Aber er darf sich selbst so annehmen, wie er ist, weil er sich von Gott geliebt weiß.

Die Liebe zerstört nicht, sie vollendet alles.

Gottes Liebe ist immer grösser, als unser Leid sein kann.

In seiner unendlichen Güte wird Gott niemals jene verlassen, die ihn nicht verlassen wollen.

Wie groß auch immer die Finsternis sei – wir sind dem Licht nahe. Wie groß auch immer unser Unvermögen sei – wir sind zu Füßen des Allmächtigen.

Kinder und Internatsschülerinnen zu Füßen des Franz von Sales im Park von Simpelveld.

Die Pflege des inneren Geistes im Sturm der Zeit

Gefährdung des religiösen Eifers, 1871-1875

Schon 1871 hatte es Clara so formuliert: „Wir sind in einer Zeit der Drangsal, wo die heilige Kirche viel leidet, wo der böse Feind vielfach versucht, auch in den Klöstern die Seelen unruhig zu machen. Es ist draußen eine Zeit der Ungebundenheit, und dieser Geist sucht auch Eingang in die Klöster. Ich warne so gut ich kann. Wenn Einzelne nachlässig werden, dann geht alles zurück."

Bei mancher Schwester hat sich nach jahrelanger äußerer Geschäftigkeit innerer Geist verflüchtigt. Auf der anderen Seite waren viele gerade wegen der Schultätigkeit eingetreten. Jetzt – der Heimat entrissen – müssen sie unter völlig neuen Bedingungen antreten, fremde Sprachen lernen, schwere Prüfungen ablegen. Das ist für manche treue Schwester unerträglich und sie wird wankend. Die eine oder andere möchte von den Gelübden entbunden werden. Auch wenn es nicht viele sind, es kann die Gemüter verwirren. Manche denken schon, das Ende der Kongregation sei gekommen.

Beginn der Augustinusregel

Wie sie Clara ihren Schwestern mit auf den Weg gibt:
„Euch, die ihr eine Klostergemeinschaft bildet, tragen wir auf, folgendes in eurem Leben zu verwirklichen:
Zu allererst sollt ihr einmütig zusammenwohnen, wie ein Herz und eine Seele auf dem Weg zu Gott sein. Denn war das nicht der entscheidende Grund, weshalb ihr euch zum gemeinsamen Leben entschlossen habt?...."

Mutter Clara bewahrt Geistesruhe

Clara betrachtet den Sturm, der über die Schwestern hinwegfegt, in höherem Licht. Sie ermahnt und weist Wege:

„Diese schwere Prüfung müssen wir uns zunutze machen... Wir müssen in allem Ernste suchen, die Gnade und Gunst des Herrn der Heerscharen zu gewinnen. Es ist an der Zeit, dass wir aneinanderhalten in großem klösterlichen Gehorsam wie ein Mann. Ermannen wir uns zu größerer kernhafter Tugend uns anzuspornen! Der Heiland hat uns bisheran nicht verlassen, er wird es auch ferner nicht tun, wenn wir treu sind." (1872)

„Alle äußere Bedrängnis ist nichts, wenn es nur innerlich in einer Genossenschaft gut bestellt ist, wenn Haupt und Glieder eng vereint sind, keines einen schiefen Weg geht, keines sich absondert." (1874)

„Man lernt Opfer zu bringen. Man kommt über kleine Dinge weg. Ich muss sagen, in vielen Schwestern sehe ich ein Streben, was mir großen Trost bereitet." (Jan. 1876)

„Ich fühle es auch hier: Die Schwestern sind im Allgemeinen so gut und treu gestimmt, und es ist ein Trost, der nicht zu beschreiben ist. Die Schwestern meinen wohl, ich sei krank vor Leid. Nun, die jetzigen Drangsale fühlt man schon, aber der Trost ist doch größer. Gott sei Dank, im Allgemeinen finde ich, dass der gute Geist zunimmt." (Febr. 1876)

Sie gibt Stütze und Weisung

Dann muss Clara selbst ihre Heimatstadt verlassen und zieht ins neue Mutterhaus um (1.9.1878). Rasch hat sie sich eingelebt und schon nach wenigen Wochen ist sie heimisch in der Klostergemeinde. Sie sucht die Unterweisung der Schwestern selbst in die Hand zu nehmen, möchte ihnen Wege aufzeigen und Mut machen.

Bei den allwöchentlichen Kapitelermahnungen werden Fragen der Frömmigkeit, der Hausdisziplin und der anstehenden Arbeiten besprochen, klar und herzlich, aber auch mit großem Ernst. Dabei kommt die ganze Weisheit und Erfahrung der Ordensstifterin zum Ausdruck, aber auch die ganze Liebe und Sorge der Mutter. Zugleich müht sie sich um Unterricht in geistlichen Dingen. Sie legt den Schwestern die Ordensregel des heiligen Augustinus aus, Grundlage für klösterliches Zusammenleben. Sie erteilt Unterricht in Glaubenslehre und hält tägliche Morgenbetrachtungen, in denen sie geistliche, theologische wie spirituelle Impulse gibt. Um auch Schwestern außerhalb des Mutterhauses zu erreichen, werden diese sorgsam abgeschrieben und an die Tochterhäuser verschickt.

Die große Sorge Claras gilt der Einheit der Schwesternschaft. Es gehört zu ihrem Grundbedürfnis, mit ihren Schwestern im persönlichen Gespräch zu bleiben. Doch mit dem Wachsen der Gemeinschaft gestaltet sich dieses Anliegen immer schwieriger. Assistentinnen müssen ihr helfen. Das gleiche Problem auf höherer Ebene ergibt sich bei den Kontakten mit den Tochterhäusern.

Clara sucht den Ausweg über den Briefverkehr. Im Haus kommen bei ihr manchmal 400-500 meist kleine Zettelchen zusammen, womit sie Antworten auf Fragen zu geben versucht. An die Tochterhäuser und vermehrt an die ganze Kongregation schreibt sie Briefe. Oft sind es Trostbriefe, warmherzig und mütterlich, mit denen sie auf die herrschende Stimmung von Heimatlosigkeit einzuwirken sucht.

„Der Herr will nicht meine Gabe, er will mich selbst; nie gebe ich genug, gebe ich nicht mich! Was sollen dem Herrn unsere Gaben, sie sind ja ohnehin sein. Uns selbst will er haben, unser ganzes Herz verlangt er.“

Clara

Geistlich begleitet von Priestern und Bischof

Auch im neuen Mutterhaus werden die Schwestern von Geistlichen begleitet. Da stehen ihnen auf der einen Seite Redemptoristenpatres zur Seite: als Beichtväter, als Prediger oder sie halten jährlich Exerzitien. Sie dürften wohl aus dem Umfeld von Claras Bruder Josef kommen, der selbst Redemptorist ist.

Zu den vergleichsweise jüngeren Patres kommen dann aber noch zwei erfahrene Geistesmänner wie **Bischof Laurent** und **André Fey**, Claras Bruder. Hand in Hand haben die beiden die Schwestern seit Jahrzehnten umsichtig und mit großem Einsatz betreut, sind mit ihnen durch dick und dünn gegangen. Jetzt sind sie alt, doch voller Lebenserfahrung. Beide dürfen im Haus Loreto mit den Schwestern ihr goldenes Priesterjubiläum feiern (1879 und 1880).

Bischof Johannes Laurent (1804-1884)

Wenngleich Laurent zunächst noch in Aachen bleibt, kommt er an den Vorabenden von Sonn- und Festtagen mit der Bahn nach Simpelveld und hält Gottesdienst im Kloster. Am 16.3.1879 feiert er hier mit großer Freude sein goldenes Priesterjubiläum. Bereits Wochen später erkrankt er. Seine zukünftigen Ausflüge nach Simpelveld stehen in Frage. Am 9. September 1879 siedelt er dann vollständig nach Simpelveld über.

Wort vom hoch geschätzten Bischof Laurent.

Ortsgeistlicher André Fey (1806-1887)
Claras Bruder, seit dem 10.8.1850 „ Direktor" der Kongregation bis 1867, das Jahr, in dem Bischof Laurent diese Funktion übernimmt. Kinder und Schwestern nennen gleichwohl ihren André bis zu seinem Tode „Herr Direktor". Ein genialer Mann mit großem vielseitigem geistlichem Wissen, zugleich humorvoll und sozial gesinnt. 50 Jahre lang ist er geistlicher Freund der Schwestern und Liebling der Kinder geblieben. Als er am 30.9.1880 in Loreto sein Goldenes Priesterjubiläum begehen darf, wird dieser Jubeltag zur unvergleichlichen Feier.

Vor allem für die **Hauskinder** ist es ein Festtag; selbst die ehemaligen strömen herbei und überreichen ihrem zu Tränen gerührten Wohltäter als Festgeschenk die Urkunde zu einer Stiftungsmesse, auf dass auf ewige Zeiten an ihn gedacht wird.

Der Kölner Erzbischof, der aus politischen Gründen nur ‚incognito' dabei sein kann, wird offiziell durch seinen **Weihbischof Baudri** vertreten (Bild unten).

Die Schwestern schenken ihrem geistlichen Direktor ein **Messgewand**. Jahrelang haben sie daran gearbeitet. Jetzt soll es der Jubilar tragen.

Zeichnung von Sr. Beatriz Helena

In Zeiten der Not und Bedrängnis erscheint auf dem Gewand der beim Gottesdienst versammelten Gemeinde eine – wie in ein Kreuz eingefügte – **geistliche Botschaft**:

Vorderseite: Taufe Jesu
Von oben kommt Gottes Zusage:
„Du bist mein geliebter Sohn,
auf ihn hört in allem."

Rückseite: Verklärung Jesu
oben: Gott spricht noch einmal:
„Dies ist mein geliebter Sohn,
in dem sich alles erfüllt.
Hört auf ihn."
darunter: Jesus spricht die tröstlichen Worte:
„Erhebt euch
und fürchtet euch nicht!"
Unten: die Freunde Jesu:
„Gut ist es hier zu sein.
Wenn du willst, lasst uns drei Hütten
bauen, dir eine, Moses eine und
dem Elias eine."

Trotz aller Drangsal – eine Zeit des Segens

Im Lichte dieses Evangeliums mögen die Schwestern ihre Zeit empfinden. Vom Geist Jesu ergriffen, bauen sie an ihren neuen „Hütten". Im Haus Loreto leben schon bald 200 Schwestern (darunter 30 Pflegebedürftige), 50-60 Pensionärinnen, ständig wenigstens zwei Priester sowie eine Anzahl weiblicher und männlicher Hilfskräfte. Diesen guten Geist darf Clara auch in den Tochterhäusern erleben.

„Die Bedrängnisse der Zeit haben einen sehr großen Nutzen, der sich wirklich fühlbar macht. Ich kann gar nicht sagen, welch gute Briefe ich von den meisten Schwestern aus den Tochterhäusern bekomme, so voll Aufopferung, dass es wirklich ein großer Trost ist. Der Trost ist größer als die Bedrängnisse, die von außen traurig sind."

Etwas später schreibt Clara: „Es ist rührend, wie sie bemüht sind, noch dem Mutterhaus zu helfen, obwohl sie selbst aus den Häusern vertrieben wurden. Diese Drangsale haben bis jetzt der Genossenschaft nicht geschadet, im Gegenteil, ich muss sagen, sie haben ihr nur genutzt, die Schwestern sind viel ernster, eifriger und opferwilliger geworden."

Auch die Zahl der Aufnahmewilligen steigt. Erstaunt stellt Bischof Laurent fest: „Sonderbar, dass in dieser klosterstürmenden Zeit die Berufe zum Klosterleben beim weiblichen Geschlecht häufiger und entschiedener sind als vorher."

Im Jahre 1879 zählt die Kongregation über 600 Schwestern. Welch ein Glück ist es für sie, dass sie so geistig verjüngt und innerlich völlig geeint aus der Prüfung hervorgegangen sind.

Gastlichkeit und Anziehungskraft

Gastliche Aufnahme der Schwestern

Die holländische Gastlichkeit ist rühmenswert. Mit der Pfarrgeistlichkeit herrscht bestes Einvernehmen. Der zuständige Ortsbischof in Roermond erweist sich als ausgesprochener Gönner der Kongregation. Er erteilt Direktor Fey alle Vollmachten fürs Kloster. Er lässt Laurent in seinem Bistum alle bischöflichen Funktionen ausüben. Sogar der Gouverneur der Provinz kommt zu Besuch.

Haus Loreto – für viele Gläubige attraktiv

Das aufblühende Haus, der gute Geist, der dort weht und auch dass dort ein – wenngleich hochbetagter – so doch mit Funktionen ausgestatteter Bischof weilt, macht Loreto für viele Gläubige, zumal aus den Nachbarge-

Pilgern zu Jesus (IHS = JESus), Stickerei der Schwestern aus Wien.

meinden, anziehend. Nachdem die schöne Kapelle fertig geworden ist, zieht es zunächst die Firmlinge hierher. Allein in Aachen und Burtscheid warten noch 12.000 Jugendliche auf die Firmung. Das liegt einfach daran, dass im Erzbistum Köln wie auch in vielen anderen Diözesen die Bischöfe von der Regierung abgesetzt worden sind und deshalb Firmungen und Priesterweihen unmöglich gemacht werden. Da kann Simpelveld entlastend einspringen. Ab 1882 werden Erstkommunikanten wohlorganisiert zur Firmung nach Simpelveld gebracht, jeweils in nicht allzu großen Abteilungen, damit der betagte Bischof Laurent nicht durch eine zu große Zahl ermüdet werde. Es blieb jedoch nicht bei Kindern aus Aachen, sie kommen auch aus der näheren und weiterer Umgebung, zuweilen bringen Züge 300-400 Kinder. Allein im Oktober machten 270 Firmlinge aus Haaren und Verlautenheide den Schluss. Es war der fünfundzwanzigste Zug dieser Art.

Durch **Pilgerfahrten** und Ausflüge schwillt der Menschenstrom stets noch mehr an. Die große Zahl der Schwestern und Pensionärinnen, die Feierlichkeiten, lassen Besucher strömen. Es kommen Besuche aus allen Gesellschaftsklassen: Prälaten und Priester aus Deutschland und der Ferne. Viele kommen allein schon der Paramente wegen; das Stickzimmer ist berühmt.

Das Haus Loreto hat eine faszinierende Ausstrahlung: die treffliche Anordnung der vielfältigen und ausgedehnten Klosteranlage, die Kirche mit herrlichem Gottesdienst, Stickzimmer, musterhafte Bewirtschaftung, die Milde und der herzgewinnende Geist der Stifterin, der das Haus beseelt. Was einst die Bendelstraße fürs katholische Aachen war, ist das neue Mutterhaus für viele katholische Kreise im nördlichen Deutschland und darüber hinaus. Die Besuche bringen reges Leben in die klösterliche Stille. Die Feste und Kirchenjahr-Zeiten können nicht andächtiger und sinnenreicher begangen werden als in Loreto. Es sind Familienfeste mit Frohsinn echter Gotteskinder: der Claratag in harmlosester Fröhlichkeit, Namenstage wie der von Schwester Theresia und Nikolaus, Gelegenheit, sich kindlich und herzlich vor Gott

Gemalt von Lilly Völkel, Kl. 6, Marienberg-Gymnasium Neuss.

Bischof Brinkmann, (1813-1889), Ende 1884 wird der „Bekennerbischof" schließlich begnadigt und triumphal in Münster empfangen.

zu freuen.1887 kann das Schülchen für arme Kinder 50-jg. Bestehen feiern, das Samenkorn, aus dem Loreto hervorgegangen ist.

Hochrangige Leidensgefährten zu Besuch: Bischöfe aus Münster und Köln

In den ersten zehn Jahren seit Bestehen sind 20 Bischöfe in Loreto zu Gast. Viele führt auch die Anwesenheit von Bischof Laurent hierher. Unter den Besuchern sind sogar Missionsbischöfe aus Ceylon und Neufundland und nicht zu vergessen der päpstliche Nuntius Spolverini. Der verweilt gar länger im Haus und empfängt hier Bischöfe und einflussreiche Laien. Besonders erwähnt seien hier vor allem zwei, die mit den Schwestern ein gemeinsames Schicksal teilen müssen. Sie sind aus ihren Wirkungsstätten vertrieben und leben in der Verbannung.

Bischof zu Münster – Johannes Bernhard Brinkmann

Eines der vielen Opfer, die der Kulturkampf fordert, ist auch Johannes Bernhard Brinkmann. Im Jahre 1870 wird er vom Kölner Erzbischof Melchers zum Bischof geweiht. Fünf Jahre später wird er ins Gefängnis nach Warendorf gebracht, weil er sich staatlichen Anordnungen verweigert hatte. Als der „Gerichtshof für kirchliche Angelegenheiten" seine Absetzung vorbereitet, flieht er nach Holland, um dort fast acht Jahre im Exil zu verbringen.
Im August 1878 besucht der hohe Verbannte die Schwestern vom armen Kinde Jesus. Er lässt sich den vielen westfälischen Schwestern aus seinem Bistum vorstellen und spricht zu ihnen. Sicher ist es das gemeinsame Schicksal, das den „Bekennerbischof" in der Folgezeit noch öfter im Kloster auftauchen lässt.

Ein Verteidiger der Rechte der Kirche

„Sie mögen mein Hab und Gut nehmen, ich gebe es gerne, ich achte es wie Kot. Sie mögen mir das Haupt abschlagen: dahin werden sie es nicht bringen, dass ich ein Pünktlein preisgebe von der mir überkommenen Pflicht."

(Bischof Brinkmann, 1873)

Kardinal Paulus Melchers (1813-1895)

Karikatur von 1874, dazu der folgende Text: Bischof Melchers wegen Episcopatzigkeit gegen seinen Hausherrn exmittiert, bedient sich bei seiner Wohnungssuche der jetzt so beliebten militärischen Hilfe.

Erzbischof von Köln – Paulus Melchers

Diesem Oberhirten ist es noch schlimmer ergangen. Dabei war er doch 1866 – damals noch Bischof von Osnabrück – auf Antrag der preußischen Regierung zum Erzbischof von Köln ernannt worden. Aber papsttreu und ganz auf der Linie des I. Vatikanischen Konzils (1869/70) hat er maßgeblichen Anteil am Widerstand gegen die antikatholischen preußischen Gesetze. Dementsprechend wird er 1874 verurteilt und monatelang ins Kölner Stadtgefängnis (Klingelpütz) gesperrt und zwei Jahre später vom Gerichtshof für kirchliche Angelegenheiten abgesetzt.
Er geht ins Exil in die holländische Provinz Limburg, von wo er seine Amtstätigkeit durch einen Geheimdelegierten fortzusetzen versucht.

Als Exilbischof Melchers im November 1878 in Simpelveld zu Besuch kommt, empfangen ihn die Schwestern voller Erwartung. In Doppelreihen haben sie sich – wie Engel Gottes in Heeresordnung – im großen Saal aufgestellt. Der Erzbischof hält eine lange begeisternde Ansprache. Er spricht über die Lage der Kirche, voll Schmerz und Wehmut, aber auch voll Kampfesfreudigkeit. Die Schwestern sind tief ergriffen.
Noch häufig wird Melchers ins Kloster kommen. Hier findet er den geeigneten Ort, um sich mit Amtsbrüdern oder anderen hohen Persönlichkeiten zu beraten. Schließlich nach Beendigung des Kulturkampfes wird er vom Heiligen Vater nach Rom berufen und mit der Kardinalswürde ausgezeichnet. Da er gleichzeitig auf den Kölner Erzbischofstuhl verzichtet, heißt es von der Klostergemeinde Abschied zu nehmen (1.7.1885).
Noch einmal spricht er zu den Schwestern im Versammlungssaal. Sie sind ihm dankbar für den reichen Trost, den er ihnen während seiner fast 10-jährigen Verbannung hat geben können.

BILANZ NACH DER WIEDERZULASSUNG

Tochterhäuser leben weiter

Das Ende des Kulturkampfes aus Sicht der Satirezeitschrift „Kladderadatsch“:

Bismarck weist seinen neuen Kultusminister in sein Amt ein und bemerkt: ***„Sohn, geh nach Canossa, ich bin schon zu alt dazu!“***

Canossa ist der legendäre Ort, wo ein deutscher Kaiser des Mittelalters, der die Kirche hart bedrängt hatte, den Papst kniefällig um Vergebung bat. Seitdem wird ein als erniedrigend empfundener Bittgang im übertragenen Sinne als „Gang nach Canossa“ bezeichnet.

ANFANG VOM ENDE DES KULTURKAMPFES, 1880

Mit einer Wandlung in der politischen Landschaft und einem neuen Papst kommt die Wende. Zum einen hat die katholische Zentrumspartei stark zugenommen, zum anderen ist Papst Leo XIII. diplomatischer als sein Vorgänger. Es kommt zu Gesprächen und mit ihnen zu einer schrittweisen Zurücknahme der antikatholischen Staatsgesetze, beginnend mit dem ersten „Milderungsgesetz“ im Juli 1880.

Doch bis Normalität eintritt, braucht es noch Zeit.

NEUANFANG AUF DEM GRUND EINER APPROBIERTEN REGEL, 1888

Nach langem Ringen am Ziel

Um eine Gemeinschaft zusammenzuhalten, braucht es eine Regel. Doch bevor diese endgültig festgeschrieben werden kann, will sie erst einmal erprobt sein, wollen die Erfahrungen diskutiert und berücksichtigt werden. Dazu kommen noch in dem Maße, wie die Gemeinschaft wächst, die Vorgaben von höheren Stellen, die bedacht sein wollen, um deren Genehmigung zu erhalten. Und wenn sie dann, wie die Kongregation der Schwestern vom armen Kinde Jesus, auch noch die Landesgrenzen überschreiten, ist eine Absegnung von allerhöchster Stelle notwendig; das ist im katholischen Bereich der Papst in Rom.

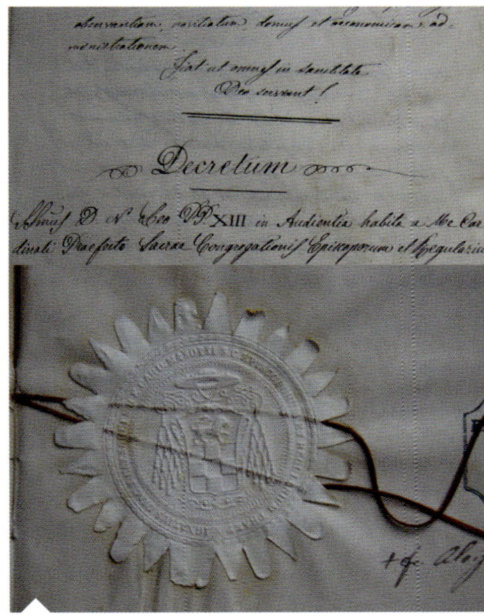
Decretum
SSmus D. N. Leo PP. XIII in Audientia habita a Rmo Cardinali Praefecto Sacrae Congregationis Episcoporum et Regularium

Vier Wochen später kommt der für das Kloster zuständige Bischof von Roermond ins Kloster und übergibt im großen Saal den versammelten Schwestern das Dekret der Approbation der Regel durch Rom.

Maria begegnet Elisabeth;
Lobgesang der beiden Frauen.
Gemalt von Agnès de Peufeilhoux, Kl. 9,
Clara-Fey-Gymnasium, Bonn.

Der Gang der Dinge lässt sich wie folgt kurz zusammenfassen: Zunächst hatte der Erzbischof zur weiteren Erprobung der Regel eine Frist gesetzt. Diese ist aber infolge der Kulturkampfverluste nicht einzuhalten. Mit den neuen Auslandsniederlassungen kommt es jetzt auch noch zu Anfragen dortiger geistlicher Behörden. Um von Rom eine Genehmigung zu bekommen, bedarf es einer Vorlage. Dazu den Wortlaut und den dazu gewünschten Kommentar zu erstellen, ist ein hartes Stück Arbeit.

Nach langen Beratungen ist es endlich soweit; der Text steht (Nov. 1879). Clara lässt ihn an alle Tochterhäuser senden, mit der Bitte um Rückmeldung, auch an die jeweils zuständigen Bischöfe (Mai 1880). Die Regel geht in Druck, wird auf Konferenzen besprochen und dann in Gebrauch genommen (Sept. 1881). 1887 ist sie schließlich nach Rom gegangen, allenthalben begleitet von gemeinsamen Gebeten um gutes Gelingen. Obwohl sich nicht alle Schwestern mit der neuen Regel anfreunden können, durchläuft sie in Rom alle Stadien.

Am 1.6.1888 wird sie von Papst Leo XIII. genehmigt.

Dank und Jubel über das Erreichte

Mutter Clara schickt die genehmigte Regel sogleich an die Tochterhäuser mit den Worten:
„Wir wollen dem Herrn recht dankbar sein, nicht wahr! Ich danke dem lieben Gott, dass ich es noch erlebe… diese Bestätigung vom Oberhaupte der Kirche unterschrieben… Der liebe Gott hat es gefügt, dass wir diese große Freude noch erleben, denn die den ersten Anfang zur Genossenschaft gemacht, sind noch alle da; der Herr erzeigt uns diese Barmherzigkeit."

Dann schließt sie die Bitte an: „Wenn euch die neue Regel vorgelesen worden ist, stimmt zum Dank das Magnificat an, den großen Lobgesang unserer Patronin Maria. Sie sang ihn, als sie ihrer Cousine Elisabeth mitteilte, was ihr der Engel Gabriel verkündet hatte: Du wirst einen Sohn gebären." Und überall singen die Schwestern mit Maria:

Allein das äußere Erscheinungsbild von Haus Loreto ist beeindruckend, ein würdiges Mutterhaus. Im Zentrum die Kapelle mit Kloster; nach rechts anschließend Kinderheim und Schule. Im Hintergrund Ökonomiegebäude und Priesterhaus. 1920 kommt dann noch ganz links (hier noch nicht gebaut) eine bis heute existierende Schule dazu.

Das Mutterhaus ist voller Leben. Die Zahl der zu betreuenden Kinder wächst. (Aufnahme von 1910)

„Meine Seele preist die Größe des Herrn, und mein Geist jubelt über Gott, meinen Retter. Denn auf die Niedrigkeit seiner Magd hat er geschaut…
Er erbarmt sich von Geschlecht zu Geschlecht über alle, die ihn fürchten…
Er zerstreut, die im Herzen voll Hochmut sind.
Er stürzt die Mächtigen vom Thron und erhöht die Niedrigen.
Die Hungernden beschenkt er mit seinen Gaben und lässt die Reichen leer ausgehen…
Ehre sei dem Vater und dem Sohn und dem Heiligen Geist…“

(Lk 1,46-55)

Der Jubel in allen Häusern ist unbeschreiblich. Unter Freudentränen fällt man sich um den Hals.

Es ist wie ein Wunder

Allen Angriffen zum Trotz hat die Kongregation überlebt, ja sogar Fundamente zu neuen Ufern legen können. Es gleicht einem Wunder, wie die Schwestern vom armen Kinde Jesus in diesen Jahren der Bedrängnis sogar noch an Zahl gewachsen und aus all den Wirren innerlich gefestigter hervorgegangen sind. Am Haus Loreto in Simpelveld wird uns dieses Wunder exemplarisch vor Augen geführt.

Darin besteht Claras ganzes Bestreben: Die als Straßenkinder abgestempelten und zur Kinderarbeit verurteilten Kinder aus dem Teufelskreis ihres Lebens herausholen! (Zeichnung von Sr. Beatriz Helena)

VON ARMEN KINDERN ZU HÖHEREN TÖCHTERN 1846-1889

Dynamisches Eingehen auf die Forderungen der Zeit

Von Beginn an gab es bei Clara den festen Entschluss, sich ganz, ja ausschließlich den armen Kindern zuzuwenden. Dabei blieb sie auch, als manche ihrer Gefährtinnen 1846 andere Wege einschlugen.
Angesichts des Einsatzes der Schwestern und ihrer Talente mit Kindern umzugehen, kommt dann aber, was kommen muss. Eltern des Mittelstandes, ja sogar höherer Schichten bitten darum, sich doch auch ihrer Kinder anzunehmen. So übernehmen sie auf Drängen der Bürger die „Höhere Töchterschule" in Neuss und in Echternach (1857). Auch in Bonn öffnen sie sich den Wünschen der Eltern (1859).
Schon länger hatten auch in Aachen befreundete Familien um die Aufnahme ihrer Töchter gebeten und diese im Kloster Privatunterricht erhalten. Schließlich wird auch hier im Kloster eine Töchterschule eröffnet (1865). Die hat alsbald einen solchen Zulauf, dass einige Klassen in Claras Elternhaus in die Bendelstraße ausweichen müssen.
Es folgen bald Töchterschulen in Köln-Ehrenfeld (1867), im nahen Burtscheid (1871) und in Eschweiler (1873). Am Ende sind es acht wohlgeleitete Töchterschulen und dazu sogar zwei Seminare für Lehramtsanwärterinnen, eins in Bonn (1859), eins in Neuss (1864).

Mancherlei Bedenken

Natürlich gibt es auch Bedenken aus den eigenen Reihen. So gibt der Erzbischof anlässlich einer Visitation, vorher entsprechend ‚geimpft', zu bedenken:
„Die Genossenschaft muss sich ausschließlich auf ihre ursprüngliche Aufgabe beschränken und namentlich auf Leitung höherer Töchterschulen sich nicht einlassen." (1869)

Höhere Töchter beim Musikunterricht im Haus Loreto, um 1910.

Als zur gleichen Zeit eine in diese Richtung gehende päpstliche Verlautbarung herauskommt, erklärt sich Bischof Laurent mit ihr einverstanden: „Ich meine, dass nur ganz ausnahmsweise eine Töchterschule, d. h. eine Schule für Kinder besserer Stände, von einigen eurer Häuser könne gehalten werden – damit ihr auch in Berührung kommt und in Verkehr bleibt mit den besseren Ständen, aus welchen ihr euch durchaus vornehmlich rekrutieren müsst. Es ist also viel mehr ein Mittel zum Zweck und keine Abweichung vom Beruf. Freilich Ihr seid hauptsächlich für die Armen, aber einige solcher Anstalten sind nicht nur zulässig, sondern sogar nötig für euch."

Claras Sorge um die Gleichheit der Schülerinnen

Vor allem hat Clara – und mit ihr der geistliche Direktor Laurent – entschiedene Bedenken gegen Pensionate. Mit großer Bestimmtheit sind sie gegen „abgesonderte, für sich gebildete und bestehende Verpflegungshäuser" für höhere Stände. Allerdings hat es sich in Bonn und Neuss, bald auch in Köln, als unumgänglich herausgestellt, zumindest einige Kinder besserer Familien aufzunehmen – gegen entsprechende Vergütung natürlich, zugleich eine willkommene Einnahme. In Neuss werden sie, so sie denn Dauergäste sind, abseits der Hauskinder auf kleinen Zimmern einquartiert, deshalb auch „Zimmerchenskinder" genannt. In Düsseldorf weist man den „Kostkindern" im Speisesaal eigene Tische zu. Im Aachener Mutterhaus sammelt man sie in einer eigenen Abteilung und unterrichtet sie in der Bendelstraße. Da Clara die Bezeichnung ‚Pensionärinnen' vermeiden will, nennt man sie hier „Studentchen". Für Deutschland hat dann der Kulturkampf Clara weitgehend die Entscheidung zur Errichtung regelrechter Pensionate abgenommen. Im Ausland aber sind sie umso notwendiger geworden, weil mit den Schwes-

tern auch viele ihrer Schülerinnen vertrieben wurden. Selbst im Mutterhaus entsteht ein Pensionat für deutsche Mädchen (1878). Wenn Clara auch nicht begeistert davon ist, nimmt sie doch am Schulleben der „Pensionärinnen" regen Anteil und sorgt sich um deren religiöse Erziehung.
So bleibt Clara in der Sorge um die Entwicklung der Pensionatskinder sich selber treu. Dabei kümmert sie sich vor allem um die Ärmsten unter ihnen, die nur mühsam Vorankommenden, die Schwierigkeiten mit ihrem Charakter haben. Nichts Entmutigendes oder gar Kränkendes soll in die Zeugnisse kommen. Die tiefste Note lautet noch „ziemlich gut". Entsprechend geachtet ist Clara bei den Schülerinnen. Einmal weigert sich ein zwölfjähriges Mädchen strikt zur Abschlussfeier zu gehen und setzt ihr Köpfchen auch durch, weil ihre Mutter schon bereitstand, sie abzuholen. Zur Rede gestellt nach dem Grund, antwortete das Mädchen:
„Ich gehe nicht, wenn die würdige Mutter nicht da ist, die ist die Krone von allem. Wenn die nicht da ist, ist nichts da!"

Claras Anliegen ist neben der Erziehung zu Frömmigkeit die Einfachheit in Benehmen und Kleidung. Sich nicht mit Kleidung hervorzuheben, predigt sie allen ohne Unterschied, den eher aus der Unterschicht kommenden Hauskindern wie den höheren Töchtern im Pensionat. Eine Schuluniform soll dazu beitragen.
Immer wieder sucht sie ihr Anliegen kundzutun (1885):
„Suchen wir dem jetzigen betrübenden Zeitgeist entgegenzuwirken, was die Kleidung angeht. Ich gebe hier noch nicht zu, dass die Pensionäre einen kleinen Besatz auf dem Kleide tragen. Äußere Einfachheit ist notwendig. Tun wir, was wir können. Zeigen wir auch hier den Kindern, dass es uns gefällt, wenn wir sie einfach kleiden. Ich muss gestehen, wenn ich unsere Kinder in ihrem Staate sehe mit ihren rosa Tüchern und schwarzen Schürzen, so erfreut mich das immer; sie sind wie eine Wolke fröhlicher Kinder und denken nicht an den elenden Flitter."

„Vergessen wir es nicht, wir sind Schwestern vom armen Kinde Jesus, die armen Kinder sind für uns die Hauptsache. Alles andere ist ein durch die Zeit vom lieben Gott gefügtes Anhängsel. Achten wir darauf, dass uns der Titel ‚vom armen Kinde Jesus' nicht gestrichen wird."

Auch in der Kleidung soll die Gleichheit der Schüler zum Ausdruck kommen. Der Unterschied zwischen Arm und Reich soll nicht zur Schau gestellt werden. Eine sogenannte Schuluniform wird, wie auf diesen Bildern dargestellt, schon von Klein an getragen.
Rechts: Höhere Töchter beim Musikunterricht in Loreto.

Eine Geschichte aus dem Leben

Einmal machen sich Simpelvelder Pensionärinnen neue Uniformkleider. Da viel Stoff übrig geblieben ist, nähen sie sich davon Schärpen, welche zu ihren Kleidern passen und allen Kindern gefallen. Als sie dann in ihrem neuen Staat erstmals in der Kirche erscheinen, erwartet sie Clara bereits am Ausgang.
„Kind", fragt sie, „was haben die Kinder denn da an?" „Schärpen wie an den Kommunionkleidern, Mutter; nicht wahr, es ist nett?" „Ja, es ist nett", antwortet die Mutter, „aber nicht wahr, sie machen sie wieder ab."
Und so muss es alsbald geschehen.

Töchterbildung – in der Ordensregel festgeschrieben

Jahrzehnte dauerte der Entwicklungsprozess hinsichtlich der Töchterbildung: auf der einen Seite das Bedürfnis der Gesellschaft, auf der anderen der Konflikt mit dem Ursprungsgedanken der Kongregation, die vorrangige Sorge um die armen Kinder.
Jetzt 1888 endlich, nach 45 Jahren mit langen Diskussionen und zähem äußerem wie innerem Ringen, wird die Antwort in der **vom Papst 1888 genehmigten Regel (Artikel 9)** festgeschrieben.
Der Ortsbischof von Roermond erklärt seine Zustimmung zum Artikel mit den Worten:
„Wenn in der Genossenschaft immer mehr arme Kinder verpflegt und erzogen werden müssen, so sei in Erinnerung gebracht, dass bei Gründung der Genossenschaft nur die Absicht vorlag, neben der Selbstheiligung sich armer, verlassener und verwahrloster Kinder anzunehmen. Die Erziehungsanstalten für nicht arme Kinder wurden den Schwestern durch die Zeitverhältnisse und andere Umstände aufgedrängt. Sie sollen jedoch darin eine Fügung Gottes erkennen und deshalb auch die christliche Ausbildung dieser Kinder mit allem Ernst und Eifer sich angele-

Artikel 9.

Die Schwestern halten ferner Externen-Mädchenschulen, vorzüglich für Arme. Diese Schulen dürfen aber nicht errichtet werden ohne besondere schriftliche Genehmigung des Ortsbischofs.
Sie nehmen ebenfalls Mädchen besseren Standes auf, welche eine sorgfältigere Ausbildung und Erziehung erhalten sollen, tragen aber Sorge, daß sie getrennt von denen ärmeren Standes erzogen werden, jedoch immer in geringerer Zahl als diese. In einzelnen ihrer Häuser bilden sie auch erwachsene Mädchen zu Lehrerinnen aus.

gen sein lassen, umso mehr als deren häusliche Erziehung oft so wenig den christlichen Anforderungen entspricht." (1889)
Auch Clara zeigt sich einverstanden: „Auch die Kinder besserer Stände sind in unseren Tagen sehr in Gefahr, und eine gute Erziehung wird vielleicht später auf eine ganze Familie wirken… und die Kinder zu einer gründlichen Religionskenntnis bringen. Das ist die notwendige Grundlage… Suchen wir sie vor der Welt zu schützen, sie zu einfacher Kleidung anzuhalten. Man neckt mich damit, dass ich so oft auf das Einfache dringe, und wenn die Kinder mich von weitem kommen sehen, stecken sie wohl schnell etwas weg, was sie um- und anhatten, weil sie wissen, dass ich es nicht gerne sehe. Ich bleibe dabei, je einfacher ein Kind gekleidet ist, desto mehr müssen wir unsere Freude darüber äußern, und nie darf eine Schwester sagen: ‚Wie bist du nett!' Hüten wir uns, dass nicht Spuren von Weltsinn in uns aufkommen!" (1889)

NEUGRÜNDUNGEN DER TOCHTERHÄUSER IM RHEINLAND

Die schlimmsten Kulturkampfgesetze sind beseitigt. Die meisten Ordensgenossenschaften dürfen wieder zurück gehen (29.4.1887), auch die Schwestern vom armen Kinde Jesus.

Erster Rückruf – aus Neuss, 1887

Am 7. Mai 1887 erreicht die Schwestern die Bitte, sie sollen baldmöglichst wieder das alte Waisenhaus übernehmen, wo immer noch an die 120 Kinder leben. Clara verspricht umgehend die erforderlichen Kräfte zu schicken. Den Bürgern jedoch ist die Wiederübernahme der Höheren Töchterschule wichtiger. Clara hat zunächst Bedenken, da sie sich vorrangig

um arme Kinder sorgen möchte. Andererseits lässt sich mit der Töchterschule das Waisenhaus finanzieren. Der Erzbischof erteilt seine Zustimmung, die geistlichen und weltlichen Behörden drängen auf sofortige Übernahme. „Gestern sind acht Schwestern nach Neuss gezogen; es ist dies ein Anfang für Deutschland." So schreibt Clara am 25.10.1887. Dieser Tag ist ein Fest für die ganze Stadt, die Begrüßung gleicht einem Triumph.
Der Töchterschule folgt auf dem Fuß die Eröffnung einer Bewahrschule für nicht Schulpflichtige.
Die private Töchterschule hat regen Zuspruch, nach 10 Jahren sind es bereits 200 Schülerinnen, zum100-Jährigen (1950) werden es schon knapp 1.000 sein. 1978 muss sie um einen Neubau erweitert werden. Seit 1991 befindet sich das katholische Mädchengymnasium in der Trägerschaft des Erzbistums Köln und hat mehr als 110 Lehrer/innen und etwa1.500 Schülerinnen.

Blick vom Münsterturm auf die heutige Schule. Tradition und Moderne sind harmonisch verbunden. Kloster und Kapelle aus dem 15. Jh. und historischer Altbauflügel, 1978 um einen Neubauflügel erweitert.

In der Marienbergkapelle finden die wöchentlichen Gottesdienste der einzelnen Jahrgangsstufen statt. Für die Oberstufe gibt es dort einmal in der Woche einen gemeinsamen Gottesdienst.

In der Nachfolge von Claras Vorstellungen

Die Schule **Marienberg** steht auch seit dem Zeitpunkt, als sich die Schwestern vom armen Kinde Jesus aus der Trägerschaft zurückgezogen haben (1991), in der Nachfolge der Vorstellungen Mutter Claras: „Im Nächsten, der meiner/unserer Hilfe bedarf, das arme und bloße Kinde Jesus in der Krippe sehen." Doch es darf nicht bei der weihnachtlichen Krippennostalgie bleiben, sondern konkretes Handeln wird gefordert, wie Jesu Wort verlautet: Was du dem Geringsten meiner Brüder getan (oder nicht getan) hast, das hast du mir getan (bzw. nicht getan).

Den Blick für Not und Probleme in der Welt, aber auch in der fassbaren Umgebung zu schärfen, ist deshalb stetes Anliegen... Durch persönliche Kontakte sind uns die Schulen, Kindergärten, Horte und Sozialstationen in Kolumbien besonders vertraut. Alle Aktivitäten an der Schule, die Geld einbringen (Basar, Sponsored Walk, Kollekte in der Kirche, Waffel- und Kuchenverkauf, Hefte und Klausurbögen, Schulfest mit Essenständen etc.), wirken auf die Unterstützung dieser Einrichtungen hin. In jüngerer Zeit klappt dank Internet auch die Korrespondenz mit Kolumbien recht gut, so dass die Mädchen über die neuesten Entwicklungen vor Ort informiert sind. Jährlich werden im Durchschnitt etwa 40.000 € transferiert, alle drei Jahre, wenn ein aufwändiger Sponsored Walk durchgeführt wird, sind es auch schon einmal 80.000 €.

Der Gedanke Clara Feys wird aber besonders durch das dreiwöchige verpflichtende Sozialpraktikum am Ende des ersten Jahres der dreijährigen Einführungsphase in die gymnasiale Oberstufe wach gehalten. Die jungen Frauen sollen durch die Arbeit und das Zusammensein mit Menschen, die auf der Schattenseite des Lebens stehen, mit den zum Leben gehörenden Aspekten von Behinderung, Krankheit, Siechtum und Tod Erfahrungen sammeln; während unsere Welt diese tabuisiert bzw. sie ausgrenzt, lernen unsere Mädchen Betätigungsfelder sozialer Verantwortung kennen, verlieren Hemmschwellen und kehren zumeist (95%) bereichert an die Schule zurück. Keiner soll überfordert werden, weshalb Wünsche bzgl. der Einrichtungen geäußert werden dürfen. 20 Kolleginnen und Kollegen kümmern sich um die Kontaktierung der Einrichtungen (integrative Kindergärten, Förderschulen, Behinderteneinrichtungen, Krankenhäuser, Altenheime und auf besonderen Wunsch auch Hospiz) und betreuen die Mädchen während des Praktikums. Die langjährige Erfahrung hat uns über 200 Praktikumsplätze in der näheren Umgebung beschert. Die gedankliche Vorbereitung des Sozialpraktikums geschieht durch einen eigenen Studientag mit Hl. Messe. Auf den Besinnungstagen am Ende der Klasse 10 (Einführungsphase) haben die Schülerinnen direkt im Anschluss an das Sozialpraktikum die Möglichkeit, ihre Erfahrungen zu reflektieren und in einen theologischen Zusammenhang zu stellen.

Josef Burdich, Schulleiter

Etwas mühevoller
– die Rückkehr nach Aachen, 1888

Der Erzbischof hat laut nachgedacht über Niederlassungen für arme Kinder in seinem Amtsbereich. Umgehend und gern greift Clara sein Anliegen auf, denkt gleich an Aachen und richtet ein Gesuch ans Ministerium (4.7.1887). Darin formuliert sie als Hauptanliegen, „solche, die arm, verlassen und verwahrlost, und daher sonst dem Elend und Verderben anheimfallen würden, ins Haus aufzunehmen und zu pflegen. Die Zahl dieser armen Kinder wird in einer Fabrikstadt wie Aachen nur zu groß sein."

Eine Niederlassung wird zwar gestattet, aber damit ist noch längst keine Schule bewilligt. Deshalb beginnen die ersten vier Schwestern, die im August 1888 ins alte Kloster einziehen, erst einmal nur mit einer Verwahrschule und Arbeitsschule für Nichtschulpflichtige. Ein Zimmer wird eingerichtet, wo sie Kindern Nähen und Sticken beibringen können. Da ein Teil des alten Klosters noch immer vermietet ist, sucht man nach einer Bleibe im alten Familienhaus in der Bendelstraße zwischen Wäscherei und Schreinerei. Als dann aber zu allem Unglück das Haus auch noch wegen eines völlig überlasteten Speichers zusammenstürzt, fasst man einen Neubau ins Auge.

Das alte Mutterhaus wird abgerissen (Mai 1892). Gedacht ist an einen einfachen und schlichten Neubau. Der Architekt jedoch beginnt die Front modern und elegant zu gestalten, stattlich, mit schönen großen Fensterbögen. Clara nimmt Anstoß an diesem Aufwand und möchte den Weiterbau bis auf weiteres unterbrechen. Der Oberpfarrer sucht sie zu beruhigen. Im Oktober 1893 kommt der Bischof zur Einweihung.

Derweil möchte die Stadt den Schulunterricht für verwahrloste Mädchen wieder in die Hände der Schwestern geben. Nach harten Kämpfen gibt das Ministerium endlich seine Einwilligung (23.9.1893), doch nur unter der Bedingung, dass die verwahrlosten Kinder die eigens dafür errichtete Städtische Volksschule außerhalb des Klosters besuchen. In der Chronik lesen wir: „Dieselben sollten in allem den Simpelveldern gleichgehalten sein und ihre Kleidung mit der für die Kinder in Loreto beschafft werden."

Der stattliche Bau in der Jakobstraße, früher (linkes Gebäude heute Generalat)

und im Jahr 2013 (heute nicht mehr im Besitz der Kongregation).

Haus in Burtscheid vom Garten aus; in den letzten Jahren sind Teile des Gartens verkauft und mit Eigentumswohnungen bebaut worden.

Burtscheid, 1887

Das Haus war im Kulturkampf auf ein bloßes Schwesternhospital reduziert worden. Jetzt erhält es zunächst einen Erweiterungsbau (1887) für kranke Priester und Ordensleute, die im Badeort Aachen zur Kur weilen. Ende 1889 erhält man die Erlaubnis, im Kloster ein Internat für Haushaltsschülerinnen zu errichten. Als im folgenden Herbst der Weihbischof zur Visitation erscheint, findet er ein prächtig eingerichtetes Kloster mit einer blühenden Schule vor und ist überrascht, dass hier im Internat über 70 junge Mädchen untergebracht sind.

Düsseldorf-Derendorf, 1889

Hier hatte die Kongregation die größten Verluste und Sorgen zu erdulden gehabt. Der Erzbischof persönlich interessiert sich für die Rückkehr der Schwestern und lässt den Mietern kündigen (1887). Doch erst 1889 erhalten die Schwestern die Erlaubnis, sich hier neu niederlassen zu dürfen, sich aber vorerst nur um nichtschulpflichtige Kinder zu kümmern. Das 13 Jahre lang vermietete Haus ist in unbeschreiblich heruntergekommenem Zustand.

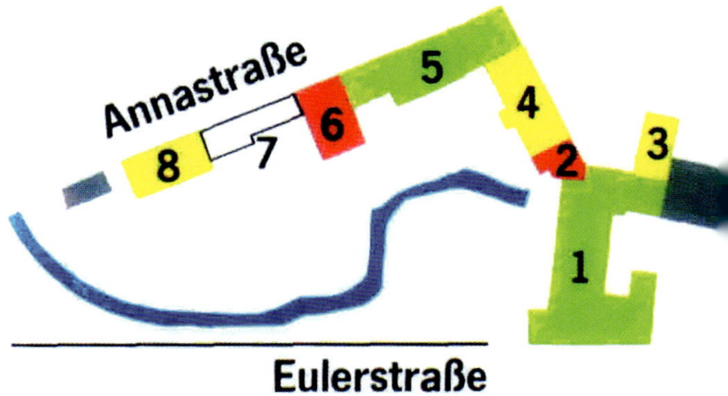

Die alte Klosterkirche in der Düsseldorfer Annastraße hat im 2. Weltkrieg einen Volltreffer erhalten, von ihr sind heute nur noch die Fundamente vorhanden. Die alte Schule (vormals Lyzeum) gibt es auch nicht mehr. Die Schwestern mussten es 1971 wegen Personalmangel aufgeben.

Man wollte es erst der Caritas übergeben, um hier im Rahmen der Kirche weiterhin Kinder zu betreuen. Dann wurde es an die Stadt verkauft, allerdings mit der Option, es weiterhin für soziale Zwecke zu nutzen.

Heute befindet sich hier ein „Städtisches Kinderhilfezentrum" für Kinder und Jugendliche.

1. *Kleinkinderschutzgruppe*
2. *Bereitschaftsstellen, Besprechungsräume*
3. *Werkhaus*
4. *Turnhalle*
5. *Inobhutnahme, Jugendberufshilfe, Schule, Werkgruppen*
6. *Betreutes Wohnen für Familien*
7. *Ambulante Jugend- und Familienhilfe*
8. *Wohngruppen*

Anna-Kloster, so geplant um 1929, wenngleich so nicht vollendet.

Das dazugehörige Internat, erhalten ist noch über dem Eingang das Kind Jesus.

„Ist es nicht die Erinnerung an den Stall von Bethlehem, was uns begeistern muss?“, schreibt eine Schwester. Und sie begeistern sich für einen Neuanfang. Zuerst wird die Kirche wieder instandgesetzt. Dann werden die Räume des Hauses bewohnbar gemacht, dass arme Kinder der Stadt aufgenommen werden können. Ihre Zahl wächst von Monat zu Monat. 1893 kommt dann die Genehmigung zu Errichtung einer Haushaltungsschule für Mädchen, die nicht mehr schulpflichtig sind. Endlich gestattet man den Schwestern die Errichtung einer höheren Mädchenschule, die Ostern 1900 eröffnet werden kann – als **„St. Anna-Schule“**.

Wie diese Arbeit wächst, zeigen die Bauten der von den Schwestern geführten Anna-Schule in Derendorf, einem Mädchengymnasium, das den Schülerinnen eine Schullaufbahn bis zum Abitur ermöglicht.

Köln-Ehrenfeld, 1893

Von verschiedenen Seiten kommt die Aufforderung, das vor knapp 25 Jahren in damals noch ländlicher Gegend errichtete Haus wieder zu eröffnen. Clara zögert noch, da die Kräfte der Schwestern stark in Anspruch genommen sind. Auf Drängen des Bischofs macht sie dann 1892 eine Eingabe beim Ministerium. Erst nach einem Jahr kommt die Genehmigung zur Eröffnung einer Höheren Töchterschule mit Internat, und das auch nur unter der Bedingung, dass Zeugnisse zur Lehrbefähigung der Schwestern und die Lehrpläne vorgelegt werden. Im September 1893 kann die Schule eröffnet werden. Im Jahr darauf kommt noch eine Bewahrschule für nichtschulpflichtige Kinder dazu.

Das Marien-Lyzeum mit Mädchenpensionat an der Kölner Geisselstraße ging in seinem Ursprung bis 1867 zurück.

Altes Schulgebäude

Bonn, 1893

Seeleneifrige Priester öffnen den Schwestern den Weg zu einem Heim für Ladenmädchen, wo sie die Sonntagnachmittage mit angemessener Erholung verbringen können. Dazu wird 1893 eine Bewahrschule für nichtschulpflichtige Kinder genehmigt, bald darauf auch ein neues Internat, das „Clara-Haus".

1896 gründen die Schwestern in der Godesberger Rheinallee dann eine höhere Mädchenschule (zu dieser Zeit bis zur Klasse 10 üblich) und führen diese darüber hinaus als Frauenschule für Pädagogik fort. 1932 können die ersten Mädchen das Abitur ablegen. Nach vorübergehender Übernahme durch die Nationalsozialisten (1938), können die Schwestern dann 1950 wieder in ihr altes Haus zurückkehren. Die Schule wächst, erhält 1957 den Namen „Clara-Fey-Schule". Ein neues Haus muss gebaut (1961) und bald aufgestockt werden (1974/75). 1979 wird das Internat geschlossen. 1991 wird das Gymnasium vom Erzbistum übernommen; dennoch bleiben etliche Schwestern weiterhin tätig, bis dann 2007 die letzten von ihnen endgültig das Haus verlassen.

Aber der Geist Clara Feys bleibt auch in Zeiten des Umbruchs bis heute erhalten. Nicht nur, dass die Schule bis heute eine Kapelle hat, in der jahrgangsweise Gottesdienst stattfindet. Auch einige andere Beispiele mögen das Schulprofil belegen:

Da ist zunächst die Bi-Edukation. Er folgt den Spuren Claras, sich um benachteiligte Kinder zu kümmern. Waren früher Mädchen die „Bildungsverlierer", so sind es heute die Jungen. Um dem gegenzusteuern, nimmt die Schule seit 2008 auch Jungen auf und unterrichtet Jungen und Mädchen bis Klasse 10 in getrennten Klassen – nicht zuletzt auch, um den Bedürfnissen beider gerechter zu werden. Das Schulleben allerdings findet gemeinsam statt.

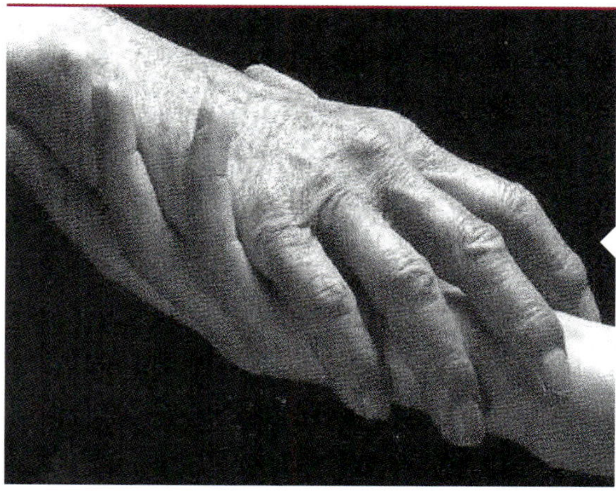

Sozialpraktikum aus dem Jahresbericht 2004/5.

Clara-Fey-Trikot
Von Schülerinnen gestaltet:
ein Ehrenerweis an Clara.

Auch im **Sozialpraktikum** wird ein Anliegen Claras deutlich. die besondere Sorge um Menschen in Not. Hier tritt es an die Stelle des in der 10. Klasse allseits üblichen Betriebspraktikums. Die Schule vermittelt ihren Schülern Plätze in Behinderteneinrichtungen, in Altenheimen und Krankenhäusern. Zum Auftakt des Praktikums gibt es religiöse Entlassfeiern, angebunden an Claras Motivation, so die Erfahrung des Kindertraums, als das arme Jesuskind einst zu ihr sprach: „Ich habe noch viele andere Brüder, die der Hilfe bedürfen."

Schließlich sind dann auch noch die **Schul-Aktionen** zugunsten weltweiter sozialer Zwecke. Alle drei Jahre findet ein Martinsmarkt statt für Projekte, die von den Schwestern vom armen Kinde Jesus angegeben werden, z. B. für Bogota. Jedes Jahr findet ein Sponsorenlauf statt. Allein im Jahr 2012/13 sind 30.000 Euro für soziale Zwecke eingekommen.

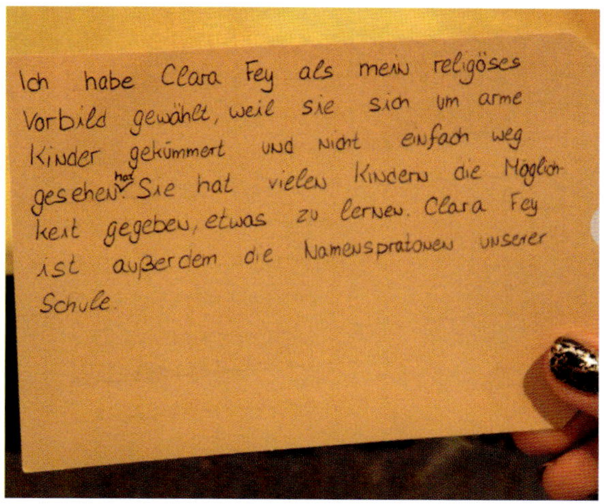

Haus Geisen, erste Vorläuferschule der Schwestern.

Schleiden, 1918

Seit 1902 gibt es in Schleiden eine von Bürgern gegründete Töchterschule. 1918 wird die „Höhere Mädchenschule" von den Schwestern übernommen, die sich in Schleiden niedergelassen haben. Sie wohnen zunächst im „kleinen Häuschen" (Haus Geisen) an der Blankenheimer Straße, wo sie trotz Enge noch Schülerinnen unterrichten.
Wegen starken Zulaufs wird die Raumfrage immer drängender. In verschiedenen Häusern der Stadt wird unterrichtet, 1918 gibt es einen Neubau.

Von den Nationalsozialisten 1939 geschlossen, kann die Schule nach dem Krieg als „Höhere Mädchenschule" der Schwestern wieder eröffnet werden. Sie erhält den Namen „Anna-Clara-Schule". 1955 wird ein neues Schulgebäude eingeweiht. 1968 kann das erste Abitur gemacht werden. 1973 übernimmt das Bistum die Trägerschaft als „Privates bischöfliches Mädchengymnasium" – mit dem Namen „Clara-Fey-Gymnasium". 1982 gibt es bereits 650 Schülerinnen. Ab 1989 wird die Koedukation eingeführt. Danach steigt die Zahl auf 900 Schüler und wird nochmals erweitert.

Was hat Clara Fey bei mir angestoßen?

Vor 500 Jahren hat Erasmus von Rotterdam formuliert: „Der erste Schritt zum Lernen ist die Liebe zum Lehrer, weil man die Liebe zur Wissenschaft von Heranwachsenden noch nicht erwarten kann."
Clara Fey mit ihrer Liebe zu den Aachener Mädchen hat eine emotionale Brücke zu ihren Schützlingen aufgebaut, die für mich immer noch wegweisend ist. Ermutigung zu vermitteln, für Mädchen und Jungen, unseren Schüler/innen das Gefühl zu schenken, dass ich mich für sie interessiere, dass ich an ihrer Seite bin, dass ich sie in allen Belangen stütze, ist für mich ein bleibendes Anliegen. Dieses Einfühlungsvermögen, gepaart mit Entwicklungsoptimismus und dem Bestreben, diese grundlegenden Ziele beharrlich umzusetzen, zieht sich leitmotivisch durch meine Art der Wissensvermittlung im Unterricht.

Roswitha Schütt-Gerhards,
Lehrerin am Clara-Fey-Gymnasium, Schleiden

Clara-Fey-Gymnasium heute.

Ökumenischer Abschlussgottesdienst.

Wie schlagen sich die Gedanken von Clara Fey bei uns nieder?

Eingebettet in den Erziehungs- und Bildungsauftrag einer katholischen Schule wie der unsrigen versuchen wir das, was Clara Fey uns vorgelebt hat, täglich neu umzusetzen. Bei der Gestaltung unserer Erziehung spielt Clara Feys Lebenshaltung im Rahmen der Umsetzung von Zielen, Methoden und Inhalten eine tragende Rolle.

Ganz vorne in unserem Wertekatalog stehen personale und soziale Kompetenzen wie religiöse Orientierungsfähigkeit, Toleranz, Ehrlichkeit, Höflichkeit, Respekt, Hilfsbereitschaft, Fairness, Disziplin, Zuverlässigkeit, Liebesfähigkeit, Selbstkontrolle, Leistungsbereitschaft, Selbstständigkeit, Teamfähigkeit und Verantwortungsbewusstsein.
Alle diese Werte und Kompetenzen waren für Clara Fey von zentraler Bedeutung, und in diesem Zusammenhang können wir ihre Vorbildfunktion für uns Lehrerinnen und Lehrer nicht deutlich genug herausstellen. Täglich neu stellen wir uns der Aufgabe, kreativ bei der Umsetzung zu sein und gehen optimistisch und mit Schaffensfreude an diese Aufgabe heran. Der wertschätzende Umgang mit unseren Schülerinnen und Schülern, das kontinuierliche Bemühen, ihr Selbstbewusstsein, ihre Leistungsbereitschaft und auch ihr Streben nach einem gelungenen Miteinander zu stärken, liegen uns sehr am Herzen. Die zutiefst menschlichen Kompetenzen im Sinne Clara Feys zu fördern, zieht sich wie ein roter Faden durch unsere Curricula, durch unseren Unterricht, ja, durch unser gesamtes Schulleben.

Roswitha Schütt-Gerhards

Großes Schulfest mit Bischofsbesuch zum 1.300sten Todestag von St. Suitbertus (7.7.2013)

Der Leitgedanke:
„Ihr sollt meine Zeugen sein!" (Apg 1,8).

Das von den Schwestern einst übernommene alte Kapuzinerkloster.

Die Mädchenschule Kaiserswerth, heute Erzbischöfliches Gymnasium.

Düsseldorf-Nord: Kaiserswerth, 1926

Hier haben sich Bürger um eine Schule für Mädchen bemüht, um ihnen den weiten Weg nach Düsseldorf zu ersparen. Als Standort bietet sich ein altes **Kapuzinerkloster** an, seit 1803 aufgelöst, das dann Heim für im Ruhestand befindliche Geistliche wurde.
Zwei Jahre nach ihrer Gründung als Höhere Mädchenschule übernehmen die Schwestern die Leitung (1925). Mit ihnen hält eine gewisse Strenge und Disziplin ihren Einzug, gepaart mit Respekt und Anerkennung. Da diese Mädchenschule jedoch nur bis zur 10. Klasse führt (bis 1960), bringen etliche Schülerinnen ihre „Schulkarriere" am Düsseldorfer Mädchengymnasium, der Anna-Schule, zum Abschluss. Nach vorübergehender Schließung (1939) können 1945 Kloster und Internat wieder eröffnet werden. 1949 wird die Schule in ein Lyzeum umgewandelt, 1951 wird sie Frauenoberschule bis zur Mittelstufe, 1956 Neusprachliches Gymnasium, 1960 erstmals mit Abitur.
1977 geht die Schule in Erzbischöfliche Hand über. 1979 verlassen die letzten Schwestern das Haus und die Schule wird vom Erzbistum übernommen. Seit 1993 ist die Koedukation eingeführt. 1983/85 wird umgebaut und erweitert. Heute hat die Schule etwa 1.100 Schülerinnen und Schüler.

Auch hier lebt der soziale Geist von Clara Fey fort.
Es gibt als Alternative zu den religiösen Besinnungstagen in der Oberstufe in der Jahrgangsstufe 12 das Angebot einer Sozialen Woche. Sie eröffnet die Möglichkeit, in unserer immer kälter werdenden Gesellschaft Erfahrungen mit dem Leben der Schwächsten zu machen: z.B. an Stätten der Betreuung geistig und körperlich Behinderter und Orten der Pflege von Alten und Kranken, erste Begegnung mit Leiden, Behinderung, Krankheit und Tod.
Zudem beteiligt sich die Schule an Misereor-Projekten und der Düsseldorfer Tafel.

EUROPÄISCHE NIEDERLASSUNGEN

Österreich

Im Wiener Haus in Döbling mit seinen über 100 Schwestern ist es mittlerweile eng geworden. Es fehlt an Raum und Mitteln, um die über 500 Kinder zu betreuen. Da bietet sich 1891 auf der anderen Donauseite in Stadlau entlastend das Josefskloster an. Hier können etliche Schwestern einziehen und sich nach ihren Bedürfnissen einrichten. 1891 wird Döbling zum Mutterhaus einer neu errichteten Ordensprovinz mit drei gutbevölkerten blühenden Klöstern (darunter auch Retz an der mährischen Grenze). Hier werden ständig mehrere 1.000 Kinder betreut; viele von ihnen sind arm und verwahrlost. Bis heute sind in Österreich große apostolische Werke erhalten. Die Schwestern arbeiten zusammen mit einem Trägerverein

Niederlande – Provinz Limburg

Die Schwestern in Simpelveld nehmen Holland kaum noch als Ausland wahr. Der Bischof von Roermond ist ihnen ein väterlicher Freund. Das Mutterhaus füllt sich immer mehr. Dennoch entwickeln sich Töchterschulen in den Städten. So werden in **Roermond** 1893 an die 70 Mädchen auf das deutsche Lehrerinnenexamen vorbereitet. Gleichzeitig unterrichten die Schwestern in einer Töchterschule, versorgen arme Kinder, leiten Elementarschule und Kindergarten.

In **Maastricht** versorgen sie gar eine Armenschule mit knapp 500 Kindern. Dazu einen Kindergarten für fast 250 arme Kinder. Dazu kommt eine Externenschule für Bürgertöchter mit Internat. 1889 kommt mit dem St. Josefskloster am Brusselseweg ein zweites Haus dazu. Für eine 1932 errichtete Schule entstehen bald weitere Gebäude. All diese Häuser haben bis 1989 Bestand, werden dann verkauft und sind heute Bestandteil der Universität. Im Laufe der Zeit werden die niederländischen Schwestern in vielen anderen Orten tätig, in den letzten Jahrzehnten mehr in pastoralen Aufgaben.

Belgien

In Belgien gibt es mittlerweile neben Brüssel noch zwei weitere Niederlassungen, eine

Das Steenen Traapen Haus in Roermond, früher.

Die Niederlassung der Schwestern in Maastricht, Brusselseweg 150, links das Josefskloster der Schwestern, 1889-1989; die großen Gebäude rechts wurden ab 1933 angebaut und waren in Händen der Schwestern bis 1989.

bei Antwerpen (Borsbeek) und eine in fast ländlicher Abgeschiedenheit (Moresnet) nicht weit von Aachen. Alles läuft günstig, Hauptproblem für die Schwestern sind die Sprachen. Neben Französisch ist auch Flämisch, Englisch und Deutsch vorgeschrieben. In zahlreichen Niederlassungen können die Schwestern im Laufe der Zeit apostolisch tätig werden. Auch ohne die Anwesenheit von Schwestern lebt der Geist Clara Feys weiter in den Werken. Borsbeek hat die längste Tradition.

Luxemburg

Über Echternach hinaus sind die Schwestern bald auch an anderen Orten gefragt und betreuen hunderte Kinder in unterschiedlichsten Schulprojekten. Kindergärten, Waisenhäuser und Internate dienen als Basis für die Arbeit in Elementarschulen, Höheren Töchterschulen und sogar weiterführenden Haushaltungsschulen für Schulentlassene.

England

Auch die Niederlassung im protestantischen Southam nimmt eine gute Entwicklung, allmählich sind die Schwestern im Lande bekannt. Selbst aus dem Londoner Armenhaus werden verwahrloste Kinder hierher geschickt. Vom Waisenhaus getrennt entsteht bald ein Internat für Schülerinnen aus besseren Familien, bedeutsam für die weitere Entwicklung. Die Zahl der Katholiken beginnt sich alsbald beträchtlich zu vermehren, auch wenn es vorerst nur ein Notkirchlein aus Eisenblech gibt. Das Gymnasium St. Michael in Finchley, an dem die Schwestern bis 1980 unterrichtet haben, hat sich gut weiter entwickelt. Der Schüleraustausch mit Gymnasien in Deutschland ist beliebt. Im Trägerverein ist die Mitarbeit einer Schwester geschätzt. Im Kloster, das bis heute in Southam erhalten ist, arbeitet eine Schwester (Amerikanerin) als Exerzitienleiterin. Sie wird auch von vielen Menschen aufgesucht, um geistlich begleitet zu werden.

Das Kloster in Southam erstrahlt in neuem Glanz.

Lettland

Im Jahr 1927 fassen die Schwestern sogar in Lettland Fuß, gründen ein Kloster und engagieren sich in Pastoral- und Sozialarbeit. Sie mühen sich um bedürftige Kinder, Jugendliche und deren Familien. Sie helfen ihnen bei der Beschaffung von Kleidung, Nahrung und Medikamenten, unterstützen sie mit Schulgeld und Unterrichtsmaterialien. Aber während der Besetzung des Landes durch die Sowjetunion wird den Schwestern jegliches Apostolat untersagt. Sie arbeiten im Untergrund. Nach der Wende werden das Gründungskloster von der Regierung zurückgegeben und neue Klöster gegründet.

Spanien

Im Jahr 1960 lassen sich auch Schwestern in Spanien nieder, in Salas de los Infantes. Es wird eine Schule gebaut, das Colegio San José, dazu ein Internat.

Frankreich

Von Nancy aus, wo Clara Fey 1876 ein Grundstück erworben hatte, entwickelt sich eine blühende Provinz. Die Schwestern nehmen sich der Erziehung und Bildung der Jugend an. Ein Jahrhundert später allerdings wird es dort nur noch wenige französische Schwestern geben. Sie werden in die Gruppe der Niederländerinnen aufgenommen.

WIRKEN AUSSERHALB EUROPAS

In den Spuren des Kindermissionswerkes

Seit vielen Jahren sind die Schwestern vom armen Kinde Jesus aus Aachen und Simpelveld mit ihren Kindern im Kindheit-Jesu-Verein. Nach den Leitlinien des Kindermissionswerkes wollen sie Kinder zur Weitergabe des Glaubens und zum Teilen ihrer materiellen Güter motivieren; und dies sollen die Kinder ganz besonders für die Kinder in den ärmsten Regionen unserer Erde tun. Gemeinschaftliche Gebete der Kinder, Opfergänge und Kindersegnungen am Dreikönigsfest sollen sie in dem Gedanken bestärken. Wiederholt kommen auch Missionare, sogar Missionsbischöfe zu Besuch: aus China (1886), Ceylon (1887) und Westindien (1890). Von dort kommt ein eindringlicher Ruf nach Schwestern. Schnell melden sich mehr als verlangt. Aber noch kommt Clara in Rücksprache mit dem Bischof zu dem Entschluss, es sei noch nicht an der Zeit, sich auf ein derartiges Unternehmen einzulassen.

▲ *Zeichnung von Sr. Beatriz Helena*

USA (Spanisch EEUU: Estados Unidos), 24.11.1923

Vier Schwestern aus England und drei aus Deutschland lassen sich 1923 in West Virginia nieder. Einheimische treten bei, und sie arbeiten in Schulen und Internaten.

Indonesien, 29.5.1932

Sechs Schwestern aus den Niederlanden fahren 1932 nach Java und gründen in Pasuruan das erste Haus.

Maronggela, East Nusa Tenggara (siehe katholisch markierter Teil).

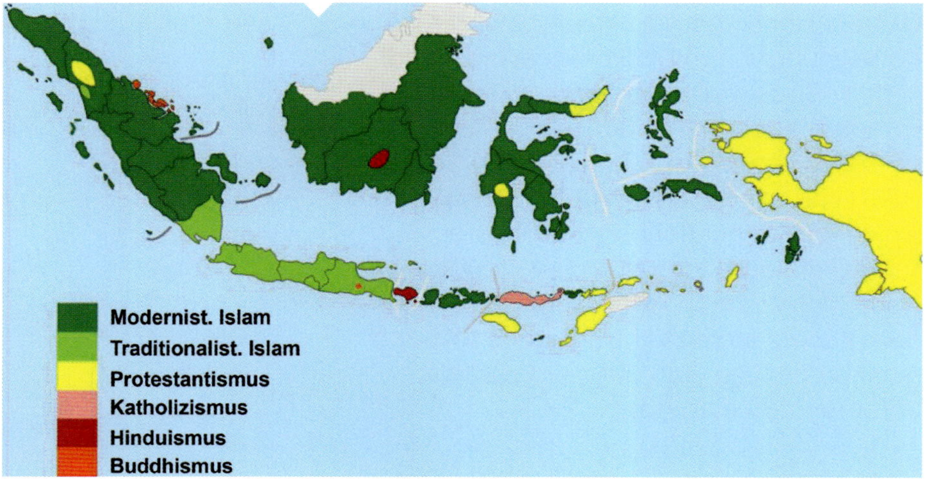

Die Schwestern berichten

„Seit mehr als 80 Jahren arbeiten unsere Schwestern in Indonesien. Die Provinz wurde von den Niederlanden aus gegründet. Viele Eintritte ermöglichen ein schnelles Wachstum. Inzwischen gibt es Konvente auf Jawa, Madura, Flores, Kalimantan und Sumba. Das apostolische Wirken der Schwestern ist ausgerichtet auf Bildung und Erziehung von Kindern und Jugendlichen. Sie unterrichten in Schulen vom Kindergarten bis zum Abitur. Viele Internate sind eingerichtet für junge Menschen, die im Urwald wohnend, keine Chance zum Schulbesuch haben.
In Exerzitienhäusern wird die religiöse Bildung vertieft.
Durch landwirtschaftliche Betriebe kann kostengünstig gute Nahrung für alle erwirtschaftet werden.
In drei Polikliniken mit Wöchnerinnenstationen helfen Schwestern als Hebammen.
Manche Schwester ist nach getaner Arbeit noch bereit, am Abend Kommunion- oder Firmunterricht zu erteilen."

Derzeit laufen dort etwa 20 verschiedene große Projekte: Kinderheime, Schulen, Internate, medizinische Zentren.

KATHOLISCHE SCHULE, „SANG TIMUR“
Der Name bedeutet „vom armen Kinde Jesus“

Als eine Einrichtung für die Erziehung hilft die Anwesenheit der katholischen Schule mit, die fortlaufende Schöpfung Gottes zu verkünden. Da Menschen Gottesgeschöpfe mit ihrem dynamischen Potential sind, sind die katholischen Schulen dazu berufen, den Schülern bei dem Finden ihrer Begabung zu helfen, damit sie exzellente Menschen werden, sowohl intellektuell, geistig als auch moralisch. Dies wird auch von der Schule „Sang Timur“ verlangt.
Neben diesen Aufgaben hat die „Sang Timur“ Schule auch den Auftrag zur Erhaltung und Aktualisierung des Erbes von Clara Fey. Wir haben eine Stiftung gegründet und geben uns ständig Mühe, unsere Schulen zu begleiten. Wir geben ihnen Impulse in alle Abteilungen, damit sie dynamisch bleiben und sich ihre Qualität steigert.
Auf das Gebiet der Spiritualität und Glaubenslehre, wie unsere Gründerin Clara Fey es tat, legen wir besonderen Wert. Schulgebet, Eucharistie, Beichte, Meditation, Wallfahrten schätzen wir. Wir haben eine Pastoralkommission, die in eigenen Exerzitienhäusern die Schüler Tage der Besinnung machen lässt.

Die Ordensschwestern und alle anderen Lehrer geben das gute Beispiel und wenden das selbstmotivierte Lernen an: Die Schüler stehen im Mittelpunkt.
Diese Lernmethode bietet den Schülern große Chancen, andere Individuen zu schätzen, Kreativität zu entwickeln und kritisches Denken.

Sr. Kristella PIJ, Leiterin der „Karya Sang Timur Pusat Stiftung“
Bisherige Aufgabe: Lehrerin in der Grund- und Mittelschule, Schulleiterin.

„Nicht ihr habt mich erwählt, sondern ich habe euch erwählt

Für mich persönlich war die Berufung durch Gott seit meiner Kindheit sehr einzigartig, aber sehr klar. Dieser Glaube wurde ständig durch Begleitung meiner Eltern aufgebaut, so dass meine Liebe zu Gott und zur Kirche gewachsen sind.

Was Gott angefangen hat, wird Er auch zu Ende bringen, die Berührungen Gottes haben mich immer wieder gefestigt, dass ich der Berufung Gottes in den „Sang Timur"-Orden bis heute gefolgt bin.

Ich möchte etwas über den Weg meiner Berufung erzählen. Ich wurde am 15. Mai 1965 geboren, als drittes Kind von 10 Geschwistern. Als Kleinkind haben meine Eltern mich beten gelehrt. Sie nahmen mich immer zur Eucharistiefeier mit und zu verschiedenen kirchlichen Aktivitäten. Dies ist die Saat, die von meinen Eltern gesät wurde.

Mein Verlangen, Ordensschwester zu werden, ist keine außergewöhnliche Erfahrung, wie

die Erfahrung des Hl. Paulus (Apg 9,1-9). Bei einigen Events in der Gemeinde kamen Ordensschwestern, um Musik nach der Eucharistiefeier zu machen. Ich interessierte mich sehr für ihre Freude und Freundlichkeit. In meinem Herz wuchs die Hoffnung, so zu sein wie sie. Sie waren da und haben ihre Freude mit vielen Leuten geteilt. Dies hat bei mir Spuren hinterlassen, dass es durch meinen Kopf schoss „ Ich möchte der Weg zum Segen für viele Menschen sein“, wie die Ordensschwestern, denen ich begegnet bin.
Die Zeit lief weiter, ich war fertig mit der Mittelschule und begann die Lehrerausbildung. Es wurde immer klarer, dass ich der Berufung folgen sollte, ins Kloster zu gehen. Gott hat mir einen Geistlichen geschickt, der mich mit der Kongregation Sang Timur bekannt machte. Am Ende waren meine Eltern einverstanden, und ich trat ein bei den Schwestern von Sang Timur.
Gott liebt mich außergewöhnlich. Meine Begeisterung von Anfang an bis heute ist wie ein schöner Berg, der Zum-hinauf-Wandern einlädt. Gottes Wort ist mein Halt. Ich bin mir sicher, die venerabilis Clara Fey bittet für uns.“

Schwesterr Yohana Baptista,
Schulleiterin „SDK Sang Timur Batu“, Batu, 24. Mai 2013

Sozialstation in Bogota: Schülerinnen vom Institut Clara Fey in Bosa

Kolumbien, 21.03.1937

Von Deutschland aus gründen die Schwestern 1937 eine Niederlassung in **Bogota**, der Hauptstadt Kolumbiens, einer Stadt der sozialen Kontraste in einem aufgrund der Höhe kälteren Klima. Heute leben hier über 7 Millionen Menschen. Dort entsteht das Stammhaus mit dem „Colegio Santa Clara". Über diese Schule für Mädchen aus dem Mittelstand sollen die Mittel für die Arbeit mit den Ärmsten der Armen aufgebracht werden. Bald weitet sich die Arbeit aus zu den Stadträndern, wo die Armut noch größer ist.

So kommt es 1952 in Bosa (einem Viertel von Bogota, gut 15 km westlich vom Zentrum) zu einer Sozialstation und der Gründung der Schule „Institut Clara Fey", heute eine höhere Haushaltungsschule mit Abiturabschluss mit 620 Schülerinnen.

1965 entsteht in Belén (ca. 15 km nordwestlich) ein weiteres soziales Zentrum mit Kindertagesstätte und Mädchengrundschule. Insgesamt werden hier an die 500 Kinder versorgt bzw. unterstützt.
Um diese Zeit entsteht auch eine Sozialstation im Viertel Boyaca (etwas nördlicher, ca. 15 km

Armenviertel Cazuca.

vom Zentrum) mit einer Grundschule und einer Handelsschule für 600 Mädchen, die bis 2013 Bestand haben wird.
Die Aktivitäten der Schwestern erstrecken sich bald auch weiter bis ins umliegende Bergland. Dort – 50 km von Bogota – entstehen um 1970 für die schwache Landbevölkerung Kindergarten, Grundschule und eine Fachschule für Landwirtschaft, wo ca. 300 Schüler/innen unterkommen. Schließlich kann 1988 in Facatativá (30 km nordwestlich) eine weitere Schule eröffnet werden, das „Colegio Santa Maria de la Esperanza" mit zwölf Jahrgängen bis zum Abitur.

Besonders erwähnenswert ist die Arbeit in **Cazuca**. Hier leben auf einem Hügel am westlichen Stadtrand von Bogota in einem von tiefer Armut geprägten Viertel hauptsächlich Flüchtlingsfamilien, die aus anderen Regionen vor der Bedrohung durch Guerillakämpfer (paramilitärische oder militante Verbände) fliehen mussten. Diese Familien sind ausgesprochen kinderreich, doch müssen sie meist ohne Väter auskommen.

Hier gründen die Schwestern 2005 die Kindertagesstätte „Clara Fey" wo sie 100 Kinder im Alter zwischen 2 und 4 Jahren betreuen,

160 unterrichten und ihnen bei der Hausaufgabenbetreuung helfen.

In Pereira (ca. 350 km von Bogota entfernt) gibt es eine bischöfliche Kindertagesstätte, wo die Schwestern 120 oft sehr arme Kinder betreuen.
So tun die Schwestern vom armen Kinde Jesus ihren Dienst als Lehrkräfte, Ärztinnen und anderweitige Helferinnen.

„Ich bin Schwester Claudia Alexandra P.I.J. und 27 Jahre alt. Vor sieben Jahren trat ich in die Kongregation ein. Als ich vor der Wahl einer Kongregation stand, entschied ich mich für die von Mutter Clara, weil mich die Einheit von kontemplativem und aktivem Leben anzog, von der in Artikel 52 unserer Lebensregel die Rede ist. Die Zeiten von Meditation und Anbetung sind für mich Quelle und Kraft für meine apostolischen Aufgabe. Ein zweiter Grund war das Apostolat bei Kindern und Jugendlichen.“

Schwester Claudia Alexandra

„Ich entschloss mich in unsere Kongregation einzutreten, weil ich mit Gottes Gnade durch die Schwestern in die Spiritualität Mutter Claras eingeführt wurde. Ich war acht Jahre alt, als ich in eine der Schulen in Kolumbien kam. Als ich mit 24 Jahren meine Berufung zum Ordensleben erkannte, sagte mir mein Vater, dass er gerne sähe, wenn ich auch andere Kongregationen kennenlernte, aber ich hatte innerlich die Gewissheit, dass ich eine TOCHTER MUTTER CLARAS sein würde. Innerhalb meiner Einführung in die Spiritualität PIJ weckten die Nähe Jesu im Tabernakel, die Eucharistiefeiern, der Sinn dafür, die Armen als Brüder und Schwestern zu lieben, und die Schlichtheit, mit der wir mit Jesus sprechen dürfen, meine Aufmerksamkeit. Nach und nach wurden wir schon als Kinder angeregt, mit IHM wie mit einem Freund zu sprechen. Die Liebe, die ich zur Kongregation empfinde, ist sehr groß, und ich möchte dieses Gespür bei denen wecken, die der Herr mir anvertraut hat.“

Schwester Ana Carolina

„Ich lernte die Schwestern mit (etwa) acht Jahren kennen, denn einige von ihnen kamen in mein Stadtviertel, um die Novene zu beten. Jahre später luden sie uns zur weihnachtlichen Katechese ein und dazu, die Novene in einer ihrer Schulen zu beten. Durch Gottes Gnade konnte ich genau in diesem Kolleg die höhere Schule besuchen. Das tägliche Gebet, die wöchentliche Feier der Eucharistie, die marianischen Feiern brachten mich Gott näher. Ich glaube, es war vom neunten Schuljahr an, gehörte ich zur apostolischen Gruppe: Mit einer Schwester besuchten wir Kranke und brachten ihnen die Hl. Kommunion. Im elften Schuljahr luden sie uns ein, Katechetinnen zu sein für die Erstkommunionvorbereitung der Kinder, die in der Nähe wohnten (fast alle waren arm). Auch das trug sehr zu meiner Entscheidung bei. All das drängt mich zu der Aussage, dass ich in die Gemeinschaft eintrat (ein Jahr nach meinem Abitur), denn es waren die Schwestern vom armen Kinde Jesus, die mich lehrten, Jesus zu lieben und ihn in den Kindern und Ärmsten zu erkennen.“

Schwester Viviana Marcela

„Dass ich Schwester vom armen Kinde Jesus bin, hat seine Wurzel ein wenig in der Tatsache, dass ich in der Pfarre, zu der ich gehörte, Katechetin war. Das führte mich dahin, Klarheit zu haben über zwei grundlegende Schwerpunkte in meinem Leben. Der eine ist die Arbeit bei Kindern und Jugendlichen. Sie bestand nicht nur darin, sie auf den Empfang der Sakramente vorzubereiten, sondern sie dahin zu führen, die Gegenwart Gottes unter uns zu erkennen. Der andere ist das Gebet, meine persönliche Begegnung mit dem Herrn. Meine Berufung begann sich zu entwickeln. Da spürte ich, dass es das Zeugnis einiger Schwestern war, das mich dahin führte, in eine Kongregation einzutreten, die ich noch gar nicht gut kannte und zu der ich nur fünf Monate Kontakt gehabt hatte. Ohne Worte sprachen sie mir vom Gebet, von der Anbetung, vom Stundengebet, von ihrem persönlichen Gebetsleben, dem Dienst an den Schülerinnen, von ihrem Engagement und Einsatz für den Nächsten und von ihrer Freude. Ich spürte: Es waren „normale" Menschen, die ihr Leben im Dienst an den Ärmsten einsetzten und dass sie – was ich später verstand – in der Gegenwart Gottes lebten."

Schwester Rosa Yanire

Schwestern bereiten ein Buffet vor, um mit den katholischen Familien dort zu feiern.
Anlass: Aus den Niederlanden ist ein Kloster geschenkt worden, das im Konvoi von mehreren Lastwagen von Niederlande nach Makinsk gebracht worden war.

Kasachstan, 22.4.1962

Als die Schwestern ihr Kloster in Lettland verlassen müssen, gehen fünf von ihnen freiwillig nach Kasachstan. Dort wirken sie im Untergrund in Pastoral-, Jugend-, Sozialarbeit. Nachdem Kasachstan mit Mauerfall und „Wende" frei geworden ist von sowjetischer Unterdrückung, können die Schwestern nach Lettland zurückkehren. Dies wollen aber einige nicht. Sie bleiben in ihrem Kloster in Makinsk (200 km nordwestlich der Landeshauptstadt Astana).
Seit Jahren dürfen sie ihre Tracht wieder offiziell tragen. 1995 werden zwei weitere Schwestern dorthin versetzt, eine deutsche und eine russlanddeutsche. Von den Niederlanden aus werden 1997 alle Materialien für den Aufbau eines Klosters nach Kasachstan gebracht. Bis heute dürfen die Schwestern ihren Glauben nicht so ausüben, wie sie es wollen. Missionierung ist ihnen ausdrücklich verboten. Die Zukunft einer Entwicklung ist unsicher.

Doch bleiben wir beim Positiven: Die Schwestern dort sorgen sich um die Ernährung armer Kinder und ihrer Familien, helfen bei der Beschaffung von Kleidung und Lebensmitteln, und unterstützen alleinerziehende Mütter. Sie unterhalten eine Armenküche. Die Zahl der Besucher dort liegt seit Jahren im Schnitt bei 300 Personen am Tag. Solche Hilfe ist nur dank großzügiger ermutigender Spenden zu leisten, vor allem aus Deutschland, den Niederlanden und Österreich.

„Ein Gott und Vater aller,
der über allen und durch alle
und in allen ist."

(Eph. 4,6)

Dieses Pauluswort ist wie ein Leitmotiv für die Schwestern, und sie schreiben dazu: „In diesem Wort des hl. Paulus wissen wir uns mit den Menschen Kasachstans verbunden: mit Juden und Christen aller Konfessionen, mit Muslimen und Buddhisten, auch mit Menschen, die keiner bestimmten Religion angehören."

Peru, 2.2.1994

In 1994 bestand die Kongregation 150 Jahre, und Clara Fey war vor 100 Jahren gestorben. Diese beiden Fakten veranlassten die Generalleitung, eine Neugründung zu machen. Es erreichte sie der Hilferuf eines Bischofs aus **Iquitos**, das im Urwald von Peru liegt. Der Bischof suchte für ein Mädchenheim Schwestern. Die Mädchen wohnen in diesem Heim, damit sie eine Schule besuchen und Kenntnisse in Haushaltsführung erhalten können. Alle Schwestern erfuhren von diesem Apostolat. Diejenigen, die sich dazu berufen fühlten, meldeten sich. Es kam ein internationaler Konvent zustande. Die Schwestern kümmern sich auch um die Familien der Mädchen, soweit das möglich ist. Sie laden alle zu Festen ein, nehmen auch pastorale Aufgaben in der Gemeinde wahr.

In 2005 gründete das Generalat eine Filiale in Lima, der Hauptstadt von Peru. Dort arbeiten zwei Schwestern in einem Armenviertel.

__Iquitos__ (roter Punkt) ist mit über 400.000 Einwohnern die größte Stadt im tropischen Regenwald des südamerikanischen Anden-Staates Peru und die Hauptstadt der Region.

Beim Handarbeiten in Iquitos.

Dieses Mosaikbild von Clara Fey wurde 2009 in einer Schülergruppe der zehnten Klassen des Clara-Fey-Gymnasiums in Bonn konzipiert und realisiert.
Obwohl es eines der klassischen Portraits der Clara Fey verwendet, versucht es durch Farben, ihr Andenken dem Schwarz-weiß-grau des Verstaubten zu entreißen, Clara und ihr Anliegen „heutig" werden zu lassen. In der Buntheit drücken sich aber auch noch mehr Momente aus: so die Buntheit des Andersseins, jeder ist anders und darf anders sein, und dennoch passt alles zusammen und bildet eine Ordnung. Gerade dadurch erst entsteht ein Bild, das in seinen Farbtönen die Farben des Lebens widerspiegelt. Während Schülerinnen dieses Projekt realisierten, setzten sie dies auch bewusst in den Kontext des gleichzeitig stattfindenden Sozialpraktikums.

HEUTIGE ORGANISATION DER KONGREGATION

Heute wirken im Orden weltweit etwa 500 Schwestern, verteilt auf Europa, Amerika und Asien. Sie sind insgesamt in 14 Ländern vertreten.

Die zahlenmäßig größte Gruppe lebt in Indonesien, wo es eine Provinz und eine Region gibt. Eine zweite Provinz ist in Kolumbien.

In Europa gibt es Regionen in Deutschland, Österreich und Lettland. In den Niederlanden, Belgien, Spanien, Luxemburg und England sind Niederlassungen.

Die Schwestern von Peru und Kasachstan und eine internationale Gruppe stehen direkt unter dem Generalat. Im Generalat in Aachen leben 6 Schwestern, die Generaloberin mit 4 Assistentinnen und der Ökonomin.

In Frankreich und USA, in denen früher Provinzen waren, leben heute nur noch einige Schwestern.

Die Kongregation setzt sich für schulische und außerschulische Bildungsarbeit, für Sozialarbeit sowie für die geistliche Begleitung in allen Lebenslagen ein.

Die Kongregation gliedert sich in Provinzen, Regionen, Niederlassungen, Konvente und Filialen.

Sie wird geleitet von einer Generaloberin und ihrem Rat.

WIR NÄHREN UNS AN EINEM TISCHE

Wir nähren uns an einem Tische, von einem Brote, das da ist der Leib Jesu Christi, wodurch wir ein Leib werden. Wir sind zu ein und derselben Lebensweise berufen, haben ein Ziel, wandern einen Weg.
Wenn wir dies wohl erwägen, werden wir einsehen, mit welch vorzüglicher Liebe wir uns untereinander lieben sollen, und dass nichts auf der Welt uns lieber sein darf als unsere Schwestern, mit denen der Herr uns selbst auf die innigste Weise vereinigt und verbunden hat.
(Clara auf einer Konferenz, 6.5.1855)

Wie wünschte ich, dass wir alle dem Herrn und Meister anhängen und ihn lieben aus ganzem Herzen, aus ganzer Seele und aus allen Kräften und dass wir untereinander e i n Herz und e i n e Seele seien.
(Clara Fey, Konferenz 10.6.1853)

Gott, wir sagen dir danke.
Unter diesem Thema stand ein Gottesdienst des Schleidener Clara-Fey-Gymnasiums, mit dem die Schülerinnen und Schüler in die Ferien geschickt wurden. Die **Brote** stehen für Eucharistie und Mahlgemeinschaft.
Das farbenprächtige Schirmtuch, auf dem die Brote liegen, ist eigentlich ein Sportgerät für Gruppen zum gemeinsamen Spielen. Mit ihm verbindet sich eine vielfache symbolische Bedeutung. Zum einen stehen die Farben für die Vielfalt unserer Schüler, aber auch für die ökumenische Mahlgemeinschaft, und die weltumfassende Liebe Gottes, die ins Blickfeld gerückt werden soll. Das kann am ehesten gelingen mit bunten, ansprechenden Farben in einem Kreis angeordnet. Das Schirmtuch hat im übertragenen Sinne aber auch die Bedeutung des Schutzes, hier den Schutz des Brotes vor dem einfachen Schulhofboden, aber auch umgekehrt vermag der Schirm Schutz bieten wie ein Regenschirm, weiter ist es ein Material, wie er bei Fallschirmen zu finden ist, hier nur in Miniaturformat, der zu tragen imstande ist. Und schließlich hat dieser Schirm die Grund- oder Primärfarben, für alle bunten Dinge im Leben und in den Ferien, die strahlen und leuchten mögen.

HEIMGANG DER GRÜNDERIN

Abschied in Würde

ABSCHIEDE, DIE LEERE SCHAFFEN

Als das alte Wohnhaus Fey in der Bendelstraße zusammenstürzt, versteht Clara es so, dass auch ihr „irdisches Wohnhaus“ zu bröckeln beginnt.

Ein jegliches hat seine Zeit,
und alles Vorhaben unter dem Himmel hat seine Stunde: geboren werden hat seine Zeit, sterben hat seine Zeit; pflanzen hat seine Zeit, ausreißen, was gepflanzt ist, hat seine Zeit; ...abbrechen hat seine Zeit, bauen hat seine Zeit; weinen hat seine Zeit... klagen hat seine Zeit, tanzen hat seine Zeit, ... suchen hat seine Zeit. (Kohelet 3,1-6, dem weisen König Salomo zugeschrieben)

Vieldeutig ist das Rad, das Schüler des Clara Fey-Gymnasiums in Schleiden als Plastik zum Leben ihrer Schulpatronin angefertigt naben. Es ist das „Rad des Lebens“, Symbol für Werden und Vergehen. Es ist zugleich ein Symbol für Gott, für die Sonne, das Licht der Welt und seine Unendlichkeit. Zweimal acht Speichen haben sie ihm gegeben wie das Sechzehneck, das sich um den Dom zu Aachen legt. Am achten Tag ist Jesus auferstanden.

Tod der Mitbegründerinnen der ersten Stunde

1888 waren alle vier Gründerinnen der Genossenschaft (1844) noch am Leben. Die Gefährtinnen aus der Anfangszeit sterben eine nach der anderen

Sr. Aloysia (Luise Vossen, 1816-1889)

In jüngeren Jahren war sie Oberin in Bonn, Köln, Neuss, Burtscheid. Sie hatte den Kindheit-Jesu-Verein zur vollen Blüte gebracht. Spuren des Alters werden stark bemerkbar, im April 1889 zunehmendes Unwohlsein, Tod am 8.4.89, beigesetzt am Geburtstag Claras.

Sr. Theresia (Leocadia Startz, 1819-1890)

Jahrzehnte war sie Stellvertreterin Claras, treue Stütze Claras an ihrer Seite, immer freundlich und aufmerksam, voller Sorgfalt und Selbstlosigkeit. Als große Beterin hatte sie dafür gesorgt, dass an passenden Stellen religiöse Bilder und Statuen aufgestellt wurden. Wenngleich sie im Kulturkampf infolge fortgesetzter geistiger Überanstrengung von großer innerer Trostlosigkeit ergriffen wurde, hielt sie es dennoch für ihre wichtigste Aufgabe zur Stärkung der Mutter Clara da zu sein. Sie war es, die – ohne Claras Wissen – rastlos darauf hinarbeitete, dass Aufzeichnungen über sie gemacht und Material gesammelt wird. Sie lebte mehr für Clara als für sich selbst.
Am Ende war sie halbblind und voller Gebrechen, dennoch blieb sie stets heiter und

raffte sich trotz schwerer Krankheit immer wieder auf. Doch als dann 1890 eine Influenza-Epidemie im Haus ausbrach, ging alle Hoffnung verloren. Dem Tod nahe sprach sie noch mit Clara über die finanzielle Situation und über die Ernennung einer geeigneten Nachfolgerin. Clara, die Zelle an Zelle mit ihr wohnte, saß manche Stunde an ihrem Krankenbett. Und wenn sie gegangen war, sagte sie manchmal zu den Schwestern: „Was habt ihr für eine Mutter! Nein, Kinder, ihr wisst nicht, welche Mutter ihr habt!" Sie starb ruhig, umgeben von Clara und den weinenden Schwestern (2.9.1890).

Für Clara war es eine schmerzliche Lücke, und sie gestand: „Ich empfinde die Leere so sehr!"

Sr. Dominika (Wilhelmine Istas, 1814-1893)
Sie war Mitbegründerin der Kongregation und vierzig Jahre lang Vorsteherin bedeutender Klöster; am Ende in Roermond. Sie war „der würdigen Mutter am ähnlichsten". 1889 durfte sie noch die Einweihung der neuen Kapelle in Roermond erleben. 1890 nahm ihr die schmerzhafte Gicht immer mehr an Bewegung, bis sie fast gelähmt war und 1891 ihr Amt aufgeben musste. Wenn auch ihr Leib fast eine einzige Wunde war, war sie doch bis zum Ende geistig klar und suchte bis zum Tod mit Heldenmut treu nach der Ordensregel zu leben. Wegen ihrer Verdienste wird die Verstorbene zum Mutterhaus überführt und dort beerdigt.

Tod vieler die Gemeinschaft tragenden Gefährtinnen

Mutter Philomena
Oberin im nahen Moresnet, hatte das Haus zur Blüte gebracht und war Clara eine wichtige Stütze gewesen. Sie starb im Januar 1892.

Sr. Bernarda
eine der beliebtesten Persönlichkeiten der Kongregation, etwas ungeschickt im praktischen Leben, dafür umso bewanderter im inneren Leben und bekannt für ihre aufmunternden Scherze und Neckereien starb im September 1892.

Sr. Felicitas
Laienschwester und eine der wenigen Zeuginnen der ersten Jahre, gleichaltrig mit Clara, starb im Februar 1893.

Gelobt seis Du, Herr
Durch die, so vergeben um deiner Liebe willen
Pein und Trübsal geduldig tragen.
Selig, die's überwinden im Frieden:
Du, Höchster, wirst sie belohnen.

Von Hoffnung in Trübsal
Ausschnitt aus dem Sonnengesang des hl. Franziskus; 2011 gestaltet von Oberstufenschülerinnen in der Kapelle Marienberg, Gymnasium Neuss.

Sr. Liboria
war eine erprobte Lehrerin, Novizenmeisterin, dann Oberin in Köln und seit 1870 Generalassistentin unmittelbar an Claras Seite. Sie galt als die eigentliche Urheberin des Simpelvelder Internats. Sie leitete die Hausdruckerei. Schließlich wurde sie Stellvertreterin Claras, war eine ihrer tatkräftigsten Stützen. Sie starb, vermutlich an einem Schlaganfall, im Oktober 1893.

Sr. Petra
war als Konvertitin durch viele Kämpfe gegangen, ehe sie zur Kongregation stieß. Mit ausgezeichnet praktischem Talent kümmerte sie sich um die Armenschulen Aachens. Sie hatte die Wachsgießerei ins Leben gerufen und mit der Herstellung von Wachsfiguren begonnen, woraus sich bald ein wahrer Industriezweig entwickeln sollte. Als das Mutterhaus auf- und alsbald ausgebaut wurde, war sie die Bauleiterin und zeigte ausgesprochenen Geschäftssinn. Geschickt verstand sie es mit gewöhnlichem Volk umzugehen und ihr heiteres, witziges Wesen vermochte viel zur Unterhaltung der Gemeinschaft beizutragen. Zumal in den letzten Monaten, als Clara schwach und leidend ans Bett gefesselt war, schickte sie Trostworte an die Kranke. Sie, die Clara so nahestand, starb dann aber noch vor ihr im Januar 1894. Clara war tief ergriffen.

Um Clara ist es leer geworden. Von den Gefährtinnen der Anfangszeit leben nur noch vier, Sr. Magdalena und Sr. Martha, beide jedoch im fernen England. Sr. Assumpta in Wien und in Simpelveld einzig Sr. Franziska.

Clara, 75 Jahre alt, letztes Foto von ihr.

Claras Arbeitszimmer

KRAFT DER SCHWACHEN

Trotz schwacher Gesundheit geistig frisch und rege

Von Jugend an war Clara von schwacher Gesundheit, hatte Jahr für Jahr vorübergehende Schwächezustände, wiederholte Ohnmachtsanfälle, meist auch schwere Erkrankungen. Dennoch ist sie mit 72 Jahren fast noch besser bei Kräften als 50 Jahre zuvor.

Der friedliche Aufenthalt in Loreto scheint ihr wohl zu tun. Noch geistig frisch und arbeitsam, versucht sie sich bis ins hohe Alter an Hausarbeiten zu beteiligen, wenngleich das jedes Mal eine „Palastrevolution" hervorruft. Denn die wöchentlichen Konferenzen und „lauten Betrachtungen" zehren genug an ihren Kräften. Auch die ausgedehnte Korrespondenz versucht sie noch lange ohne Hilfe zu führen, bis sie schließlich die Hilfe einer Sekretärin in Anspruch nehmen muss. Bis ans Ende steht Clara in der Tat der Kongregation vor, und die Schwestern wachen über ihr teures Leben.

Wendepunkt der letzten Jahre

Das Jahr 1890 ist für Clara ein Wendepunkt. Mit dem Tod von Schwester Theresia muss man sich Sorge um ihr Leben machen. 1891 erklärt sie ihr Bischof zum Pflegefall. Ihre Briefe werden seltener. Im Juli wird ihre Erschöpfung zum Dauerzustand. 1892 rafft sie sich nochmals auf und reist trotz angeschlagener Gesundheit zweimal nach Aachen. Ihren Geburtstag kann sie, wie es scheint, sogar „in fast jugendlicher Frische" begehen.

Sie gibt anderen Kraft, soweit das in ihren Kräften steht

1893 folgen wieder beunruhigende Einbrüche. Ihren 78. Geburtstag kann sie jedoch noch freudig begehen. Auch am Weißen Sonntag nimmt sie lebhaften Anteil und schenkt jedem Erstkommunionkind ein Bild vom guten Hirten. Sie schafft es noch, sich zu einem längeren Schreiben aufzuraffen, darin dankt sie allen und findet Worte wie diese: „Herr, was willst du, das ich tun soll?“ „Nur Mut und Vertrauen, liebe Kinder. Verzeihen Sie meine Eile und beten Sie treu für Ihre alte Clara vom armen Kinde Jesus.“

Sie wird von anderen getragen und Kraft empfangen

Im Mai verschlimmert sich ihr Zustand weiter. Sie ist hinfällig und immerzu müde. Der Arzt stellt eine große Herzschwäche fest und verlangt äußerste Ruhe, viel Liegen und Ausruhen, um leichter zu Kirche und Garten zu kommen. Doch am Chorgebet und den geistlichen Lesungen kann sie schon nicht mehr teilnehmen. Die Mattigkeit hält an. Der Arzt erklärt, dass „leider das Alter die schlimmste Krankheit sei“ und verordnet ihr absolute Ruhe.

Dazu kommt, dass in den Sommermonaten viel abzuwickeln ist: die Renovierung des Aachener Kirchleins, die Eröffnung bzw. Wiedereröffnung neuer Häuser in Bonn und Köln. Zudem zieht es hohe Besuche nach Simpelveld, Bischöfe und Generalobere; viele rechnen damit, Clara sprechen zu können. Inzwischen tut die Gemeinschaft für Clara das Menschenmögliche. Man lässt sie länger ruhen, fährt sie mit dem Rollstuhl durch den Garten und lässt sie dort ruhig sitzen und verweilen. Schon vor der Haustür warten die Kleinsten der Pflegekinder. An Festtagen kommen auch die größeren Kinder dazu, brechen in Jubel aus und stimmen Lieder an. Die Rundfahrt gleicht einem Triumphzug. Alle strahlen vor Freude und Glück, der geliebten Mutter Ehre zu erweisen. Clara nimmt es mit natürlicher Würde und belohnt die Kinder mit mütterlichem, fast überirdischem Blick. Gewöhnlich zieht das junge Volk bis zur Haustür mit und stimmt dort die „Clara-Hymne“ an oder ein für Mutter Clara rührendes Lied mit dem Refrain: „Wir haben dich lieb! Wir haben dich lieb!“ Der kleine Arthur, ein begabtes gutes Kind, ist alsbald ihr regelmäßiger Begleiter bei Ausfahrten.

Durch alle Tiefen des Lebens fühlt sich Clara vom guten Hirten getragen. Die Seidenstickerei der Schwestern ist eingebettet in ein Wort aus dem Johannesevangelium (10,14):

„Ego sum pastor bonus:
et cognosco meas,
et cognuscunt me meae.“

Ich bin der gute Hirt
und kenne die Meinen
und die Meinen kennen mich.

Aber ihre Kräfte beginnen wieder zu wachsen. Sie nimmt wieder lebhafteren Anteil an allem. Sie hat wieder die Kraft, hohen Gästen persönlich zu begegnen und bei hohen Festen Schwestern und Kinder zu trösten. Am Claratag ist das ganze Haus festlich geschmückt. Das Internat schenkt ihr ein neues Wägelchen für Ausfahrten. Ehemalige Hauskinder überreichen ihr eine Stiftungsurkunde, auf dass fortan am Lichtmesstag, dem Geburtstag der Kongregation, eine besondere Messe gefeiert werde. Am Morgen ziehen die Gratulanten an ihr vorbei. Am Nachmittag nimmt sie alle Kraft zusammen, um Kinder und Schwestern aufzusuchen und ihnen gütig Zuspruch zu geben.

„Ich bin der Weinstock, ihr seid die Reben. Wer in mir bleibt und ich in ihm, der bringt viel Frucht; denn ohne mich könnt ihr nichts tun...“

(Joh 15,1-8)

Schüler des Kunstkurses der Jahrgangsstufe 11 des Clara-Fey-Gymnasiums in Bonn haben das Lieblingswort der Gründerin, zugleich den Wahlspruch der Kongregation, in ein großes Wandbild zu übertragen:

„Manete in me!“
„Bleibt in mir“

Auf der Liebe, die Gott uns in Jesus eröffnet hat, gründen zu dürfen, das ist für Clara die Quelle nie ersterbenden Lebens. Dies darf sie bis ans Ende selbst erfahren und sucht es weiterzugeben an die Gemeinschaft.

Das Bild entstand anlässlich der Pädagogischen Woche des Erzbistums in Köln zum Thema „Eucharistie“ (2012).

DIE LETZTEN TAGE, 1893/94

Auf dem Weg zum Goldjubiläum

Im Oktober verliert Clara zwei ihrer besten Stützen. Schwester Liboria stirbt und Sr. Magdalena wird gelähmt. Doch es ist, als gäben ihr diese Schicksalsschläge neue Lebenskraft. Sogleich lässt sie eine Neuwahl für die Verstorbene vornehmen, erscheint zur unbeschreiblichen Freude der Schwestern zum Kapitel, um die neugewählte Assistentin zu proklamieren. Sie fühlt sich sogar stark genug, auf drei weiteren Kapiteln eine längere Ansprache zu halten. Die Schwestern sind, so spätere Zeugnisse, tief ergriffen: „Es schien, als versammelten wir uns zu einem Feste... Ihre lieben, sanften Worte, die sie bis in ihr hohes Alter zu reden wusste, wie gingen sie zu Herzen!"
Dennoch bleibt das große Zittern, ob Mutter Clara das Goldjubiläum der Kongregation noch erleben wird. Stürbe sie vorher, würde es zum Trauertag. Entsprechend lange werden die Einladungen hinausgeschoben.
Doch Clara besteht die Kraftprobe. Sie nimmt an der Nikolausbescherung teil, lässt sich zu jedem der kleinen Kinder herab, spricht die größeren persönlich an, nimmt Platz inmitten der Kinderschar und hält eine herzliche Ansprache. Auch die nächste Kraftprobe besteht sie: Als kurz vor Weihnachten 28 Novizinnen ihre Profess ablegen, empfängt Clara jede einzeln, und versammelt tags darauf alle im großen Saal, um sich mit ihnen zu unterhalten.
An Weihnachten vermag sie noch an allen Gottesdiensten teilzunehmen, dazu noch an vier Weihnachtsbescherungen hintereinander. So kann das Jahr mit fröhlichen Kinderfesten zu Ende gehen.

Auch der Neujahrstag beginnt verheißungsvoll am frühen Morgen mit einer Andacht. Danach erscheint sie zur Überraschung aller im Krankensaal, um ihre Neujahrswünsche auszusprechen und begrüßt zum Mittagessen zu Besuch erscheinende Geistliche.
Doch bald schon muss sie mit Fieberschauern und heftigem Husten in ihre Zelle getragen werden.
Trotz ihres Schwächezustandes sucht Clara weiterhin ihres Amtes zu walten, lässt sich Geschäftsdinge vorlegen und nimmt Ernennungen vor: Schwester Innocentia wird zur Stellvertreterin (nur wenige Monate später die neue Generaloberin).

Josef mit dem Jesuskind, von Clara selbst gestickt.

Der sterbende Josef fühlt sich im Tod geborgen in den Armen seiner ihm vertrautesten Menschen Maria und Jesus. Eine seltene Darstellung; Dieses Bild hing im Büro von Mutter Clara.

Das Fest des hl. Josef (4. April)

Seit Jahren ist es Brauch, dass die Schwestern am Josefstag (19. März) ihr Gelübde erneuern. Dazu gehört immer auch eine geistliche Vorbereitung, in diesem Jahr durch einen Redemptoristenpater. Damit auch die kranke Clara daran teilnehmen kann, kommen die Schwestern nicht im großen Saal zusammen, sondern in einem Raum nahe ihres Krankenzimmers. Doch Mutter Clara ist bereits viel kränker als angenommen, Atemnot hat sich eingestellt und sie ist kein einziges Mal imstande auch nur an einem der Vorträge teilzunehmen. So hält sie still für sich Einkehr und tut das unter dem Gedanken „Vorbereitung auf den Tod". Davon erzählt sie aber zunächst niemandem etwas.

Da der Josefstag in diesem Jahr mitten in die Karwoche fällt, wird er mit der Erneuerung des Gelübdes auf den 4. April verlegt. Den Schwestern zum Trost möchte Clara zumindest die Mittagspause mit ihnen verbringen. Diese erschrecken, als sie die Mutter erstmals wiedersehen, so stark hat sie sich verändert und sitzt da, das Leiden ins Gesicht geschrieben.

Von Anfang an ist Josef der väterliche Patron der Schwestern bei ihrer Sorge um die armen Kinder. Jetzt in der Zeit des Abschiednehmens mag er für Clara zudem „Patron für ein gutes Sterben" werden.

Diese Rolle hat Josef nunmehr seit gut hundert Jahren inne, seit der Zeit des Barock. Damals empfanden die Menschen den Tod allgegenwärtig, und Josef wurde immer häufiger als Sterbender dargestellt.

Das geschah wohl auch in der Annahme, dass Josef im Augenblick seines Todes auf zwei himmlische Gesichter blicken durfte: Da war Maria, die ihm mit gnadenerfülltem Blick in seinem Leiden Erleichterung verschaffte. Und da war vor allem aber auch Jesus, der ihn anblickte und für ihn tiefste Kraftquelle war.

Darum gilt in christlicher Tradition sein Sterben als ein überaus trostvolles, und Josef wird ein Beispiel für einen guten Tod und Schutzpatron der Sterbenden.

Maria mit offenen Armen.

Jesus als guter Hirte (Seidenstickerei der Schwestern).

Erstkommunion der Kinder (8. April)

Clara lässt sich morgens um 11 Uhr in die Nähstube fahren, wo sich die Kommunionkinder versammelt haben. Die Schar der Kleinen bringt sie zum Strahlen und freundlich mahnt sie die Kinder, doch nie von ihrem Herrn zu lassen, der heute in ihr Herz eingekehrt sei. Dann verteilt sie an alle Kommunionandenken. Es ist wie ein lieber und sinnerfüllter Abschluss ihres Lebenswerkes, in dem sie sich fast 60 Jahre lang um das Glück armer Kinder gekümmert hat. Sie wird die Kinder nicht wiedersehen.

Claras Geburtstag (11. April)

Schon umdüstert von Todesschatten vollendet Clara ihr 79. Lebensjahr. Noch einmal wollen die Schwestern ihr nahe sein. Wenngleich bereits ganz hinfällig und nur mühevoll in ihren Sessel gelehnt, ist sie doch noch voller Teilnahme und lässt kleine Andenken austeilen und ist schon bald am Ende ihrer Kraft.

Jesus! Maria! Joseph!

Auch ihr habt jetzt zwar Trauer; aber Ich werde euch wiedersehen und euer Herz wird sich freuen und eure Freude wird Niemand von euch nehmen.
Joh. Cap. 16.

†

Im Jahre 1894 nach der gnadenreichen Geburt unseres Herrn Jesu Christi, am 8. Mai, Nachmittags 4 Uhr, entschlief im Haus Loreto zu Simpelveld, versehen mit den hh. Sterbesakramenten der römisch-katholischen Kirche, unter dem Gebete des Priesters und der Mitschwestern,

unsere geliebteste und sehr ehrwürdige Mutter und Generaloberin

Clara Fey,

Stifterin der Genossenschaft vom armen Kinde Jesus.

Geboren zu Aachen, den 11. April 1815, stiftete sie im Jahre 1844 die Genossenschaft zur Rettung armer und verwahrlosten Kinder, denen allen sie die liebevollste und besorgteste Mutter war, bis zu ihrem seligen Hinscheiden.

Das Heil der Kinder war ihre Freude und ihr Trost.

Selig die Sanftmüthigen, denn sie werden das Erdreich besitzen. Matth. 5. Cap.

Selig die Barmherzigen, denn sie werden Barmherzigkeit erlangen. Matth 5. Cap.

Machet meine Freude vollkommen, daß ihr gleichgesinnt seiet, indem ihr dieselbe Liebe habet, einmüthig das Eine im Sinne tragend, in Demuth einander wechselseitig für höher achtend.
Paulus ad Phil. II. 2—4.

EHRENVOLLER ABSCHIED

Aufbahrung

Der Leichnam wird im großen Saal unter Palmen und Blumen aufgebahrt. Er wird geschmückt mit dem goldenen Kränzchen der Profess. In majestätischer Ruhe liegt sie da, „schön wie im Leben". Schwester Innocentia schreibt: „Die liebe Mutter lag in ihrer sterblichen Hülle wie verklärt da und wurde immer schöner, so dass man fast hätte glauben mögen, sie schlafe nur. Weder in der Sterbezelle, noch im Leichenzimmer, noch sonstwo konnte man den geringsten Leichengeruch bemerken; so rein wie im Leben, so auch im Tode! Auffallend besonders nach einer Krankheit, die naturgemäß das Gegenteil zur Folge haben musste. Dem Herrn sei Dank dafür, der dadurch schon anfing, seine Dienerin zu verherrlichen."

Der Zudrang ist außerordentlich. Der Saal füllt sich mit Betenden. Sie versuchen fortwährend, den Leichnam mit Rosenkränzen, Bildern u.a. zu berühren. Derweil sind die Schwestern glücklich, die Hand der Mutter noch einmal küssen zu können. Auch von Aachen kommen zahlreiche Verehrer. So geht es Tag für Tag. Selbst in den Nächten bleibt das Leichenzimmer gefüllt. Schwestern und Kinder lösen sich im Gebet ab.

Beerdigung

Am Freitagmorgen, dem 11. Mai, findet die Beerdigung statt. Ranghöchster im Trauerzug ist der befreundete Nuntius Spolverini; ihm folgen 35 Priester, Vertreter verschiedener Ordensgemeinschaften, u.a. Franziskaner, Redemptoristen und Oblaten. Auch viele angesehene Laien aus Aachen sind gekommen, dazu 100 arme Pflegekinder, gefolgt von 80 Internatsschülerinnen.

Sie trauern um eine unersetzliche Frau, mehr als um eine Mutter. Sie hinterlässt ein Werk, festgegründet und völlig eines Geistes, eine Gemeinschaft, die in hoher Blüte steht und auch in deutschem Vaterland nach dem Kulturkampf wieder Wurzeln geschlagen hat.

Beileidsbekundungen mit hoher Wertschätzung

Aus einem der vielen Beileidsbriefe:

„Bis jetzt waren Sie ‚Schwestern vom armen Kinde Jesus'; die goldene Mutter Clara hat Sie dazu gemacht. Jetzt aber sind Sie ‚arme Kinder', denn Sie haben ihre Mutter verloren. Ach Gott, wie teile ich und wir alle Ihren Schmerz, Ihre berechtigte Trauer! O ja, Sie haben eine würdige Mutter verloren! Sie haben eine überaus gute Mutter verloren.

Aber wie der göttliche Heiland von den Seinigen schied und ihnen seinen Geist zurückließ, den Heiligen Geist, geradeso hat Ihre gute Mutter gesorgt, sie hat Ihnen ihren guten Geist zurückgelassen: den Geist der Freude und des Friedens, den Geist der Barmherzigkeit mit anderen und der Gewissenhaftigkeit mit sich selbst, den Geist christlicher Einfachheit verbunden mit heiligem Eifer für alles Gute. Das Beispiel der guten Mutter, das Gebet Ihrer Mutter und noch mehr ihr Segen vom Himmel her, das ist nichts Geringes für Sie, das muss Sie stärken und ermutigen, das muss Ihnen Sporn sein, um ihr im Streben nach Heiligkeit gleich zu kommen."

Grab Claras auf dem Klosterfriedhof in Simpelveld.

Erinnerungsstätten

Das Grab auf dem Klosterfriedhof, wo Clara beigesetzt worden ist, fortan eine Pilgerort für viele Schwestern. Das kleine Wohnzimmer, das Clara noch bis vor einem Jahr innehatte, wird in ein Oratorium umgewandelt. Die arme Zelle, in welcher sie litt und starb, bleibt eingerichtet, wie sie zu ihren Tagen gewesen ist, darin die Gegenstände, die sie in Gebrauch gehabt hat.

WÜRDIGUNG NACH DEM TOD

Päpstliche Verleihung „Heroischer Tugendgrad“

„HEROISCHER TUGENDGRAD“

Kanonisierungsprozess

Der Ruf der Heiligkeit, der Clara Fey schon zu Lebzeiten anhing, nimmt nach ihrem Tod noch zu, nicht nur innerhalb der Kongregation der Schwestern vom armen Kinde Jesus, sondern auch bei Außenstehenden.

Deshalb eröffnet 1916 der Bischof von Roermond das Kanonisierungsverfahren. Am 12. Juli 1916 wird auf Antrag der Diözese der Seligsprechungsprozess von Clara Fey eingeleitet. Von 1916 bis 1924 wurde der ordentliche Informativprozess geführt.

1933/34 folgte ein Ergänzungsprozess.

1951 wird der Seligsprechungsprozess für Clara Fey erneut angestoßen und 1958 beim Vatikan eingeleitet. Danach kommt es von 1963 bis 1967 zum apostolischen Tugendprozess, dessen Rechtsgültigkeit durch das Dekret vom 16. Juli 1976 anerkannt wird. Nachdem die Positio erstellt ist, schreitet man den Normen gemäß zur Prüfung der Tugenden. Mit der Zuerkennung des „heroischen Tugendgrades“ durch Papst Johannes Paul II. am 14. Mai 1991 findet die Würdigung der Ordensgründerin ihren bisherigen feierlichen Höhepunkt.

Sicher auch in diesem Zusammenhang werden am 23. August 1934 die sterblichen Überreste Claras vom Simpelvelder Klosterfriedhof in den Sakralraum der Klosterkirche überführt.

Grabmal Claras, fast einem Altar gleich, in der Klosterkirche.

CONGREGATIO DE CAUSIS SANCTORUM

DECRETUM

RUREMUNDEN.

CANONIZATIONIS

SERVAE DEI

CLARAE FEY

FUNDATRICIS

CONGREGATIONIS SORORUM A PAUPERE IESU INFANTE

(1815-1894)

SUPER DUBIO

An constet de virtutibus theologalibus Fide, Spe et Caritate tum in Deum tum in proximum, necnon de cardinalibus Prudentia, Iustitia, Temperantia et Fortitudine eisque adnexis in gradu heroico, in casu et ad effectum de quo agitur.

Aus dem Dekret zum Kanonisierungsprozess

Das Dekret beginnt mit der „Frage, ob im vorliegenden Fall der Beweis erbracht ist, dass die göttlichen Tugenden des Glaubens, der Hoffnung und der Gottes- und Nächstenliebe sowie die Kardinaltugenden der Klugheit, Gerechtigkeit, Mäßigkeit und Starkmut und die ihnen zugeordneten Tugenden in heroischem Grad geübt worden sind...

Auch die Dienerin Gottes Clara Fey widmete sich mit Liebe und mütterlicher Sorge der Erziehung der armen und vernachlässigten Kinder...

Um dieser schweren gesellschaftlichen Notlage abzuhelfen, gab sich die Dienerin Gottes ganz dem Dienst Christi zugunsten der Kinder hin. So setzte sie die Worte des Evangeliums in die Tat um: ‚Wer ein solches Kind um meinetwillen aufnimmt, der nimmt mich auf.‘ (Mt 18,5) und: ‚Was ihr für einen meiner geringsten Brüder getan habt, das habt ihr mir getan.‘ (Mt 25,40)

Unter ihrer sorgsamen und klugen Leitung nahmen Mitgliederzahl und Werke des neuen Instituts schnell zu. Wie es häufig bei den Werken Gottes geschieht, fehlte es nicht an Schwierigkeiten der unterschiedlichsten Art die von den verschiedensten Seiten auf das Werk einstürmten...

Was die Dienerin Gottes ihre Mitschwestern lehrte, war Frucht ihrer Lebenserfahrung und des ausdauernden Einsatzes, mit dem sie sich von Jugend an in der Nachfolge Christi und im Zeugnis der Nächstenliebe übte. Diese mit reichen Gaben der Natur und der Gnade ausgestattete Frau stellte all ihre Fähigkeiten in den Dienst des Reiches Gottes...

Sie war groß in der Nächstenliebe, besonders gegenüber den Schwestern, den armen Kindern, den Kranken, den alten Menschen und den Leidenden. Freundlich und ansprechbereit wandte sie sich allen zu, die ihrer Hilfe bedurften, auch wenn diese lästig oder feindselig eingestellt waren...

Der Ruf der Heiligkeit, der ihr schon zu Lebzeiten anhing, nahm nach ihrem Tod noch zu, nicht nur innerhalb der Kongregation der Schwestern vom armen Kinde Jesus, sondern auch bei Außenstehenden...
Über all das legte der unterzeichnete Kardinalpräfekt dem Heiligen Vater Johannes Paul II. einen genauen Bericht vor, wonach Seine Heiligkeit die Urteile der Kongregation für Heiligsprechungsverfahren ratifizierte und den Auftrag gab zur Abfassung des Dekretes über die heroischen Tugenden der Dienerin Gottes.

... hat der Heilige Vater am heutigen Tag feierlich erklärt, der Beweis sei erbracht, dass die Dienerin Gottes Clara Fey, Gründerin der Kongregation der Schwestern vom armen Kinde Jesus, die theologischen Tugenden des Glaubens, der Hoffnung, der Gottes- und Nächstenliebe sowie die Kardinaltugenden der Klugheit, der Gerechtigkeit, der Mäßigkeit und des Starkmuts und die ihnen zugeordneten Tugenden in heroischem Maße geübt habe..."

Rom, den 14. Mai im Jahr des Herrn 1991
Angelo Kardinal Felici, Präfekt
Eduard Nowak, Titularerzbischof von Luni,

Mit dieser Erklärung kann der Seligsprechungsprozess nochmals auf den Weg gebracht werden. Es gibt sogar Menschen, die empfinden es wie ein Wunder, dass die Kongregation den rigorosen Vernichtungskampf überlebt hat, ja sogar mächtig gestärkt daraus hervorgegangen ist.

Verfahren

Die Kirche verleiht diesen „Tugendgrad" an Kandidaten eines Selig- und Heiligsprechungsverfahrens, welche die christlichen Tugenden Glaube, Hoffnung und Liebe gelebt haben. Zu diesen Dreien müssen auch die vier klassischen Kardinaltugenden kommen, wie die vom Evangelium hergeleiteten Tugenden Demut, Armut, Keuschheit und Gehorsam.
Die Feststellung des heroischen Tugendgrades ist eine wichtige Etappe auf dem Weg zur Selig- und Heiligsprechung. Lässt sich dieser nicht erweisen, geht der Prozess nicht weiter. Nachdem der Seligsprechungsprozess einige Jahre geruht hat, ist er am 18. November 2013 offiziell im Bischof-Hemmerle-Haus wieder eröffnet worden. Auf die Fürsprache von Clara Fey ist ein Wunder geschehen, das in Rom vorgelegt werden kann.

***„Discite a M“** („Lernt von mir“)*
So steht auf dem Spruchband, auf das Jesus mit seiner Linken weist, während seine Rechte auf sein Herz weist. In der Haltung seiner beiden Hände liegt ein Glaubensbekenntnis: Die Drei verweist auf den verborgenen dreieinigen Gott, die Zwei auf sein Kommen in Christus: Gott und Mensch zugleich.

Stickerei aus Wien

„Der Herr will nicht meine Gabe,
er will mich selbst.
Nie gebe ich genug,
gebe ich nicht mich.“

(Clara Fey)

WORIN HAT DIESE AUSZEICHNUNG IHREN GRUND?

Zutiefst verankert in Gott

Dem Herrn in die Augen sehen

Im Zentrum von Mutter Claras Denken steht ein stiller, verborgener Wandel vor Gott: „getreu dem Herrn nach den Augen sehen“.

Alle übrigen Tugenden haben hier ihre Wurzel. Im Zeugnis ihrer Gefährtinnen klingt das so:

„Man brauchte sie nur zu sehen, allzeit machte sie den Eindruck einer innig mit Gott vereinigten Seele. Jedoch in all dem war nichts Gesuchtes, nichts Steifes und Gezwungenes, alles erschien an ihr natürlich, anmutig und lautere schlichte Einfalt, die von sich selbst nichts wusste.“

Allein ihr inneres Leben erklärt auch das Geheimnis ihres Auftretens.

Ausstrahlung auf festem Fundament

Ein Anker, der Würde verleiht

„M. Clara war keine gewöhnliche Frau. Ich habe andere, auch hochangesehene und vielverehrte Ordensoberinnen gekannt, bei aller Tugend und Tüchtigkeit waren es eben doch Frauen des gewöhnlichen Schlages. Aber Clara Fey war keine gewöhnliche Frau, sie hatte etwas Höheres." So beschreibt sie ein welterfahrener Ordenspriester.

Auch ihre Gefährtinnen geben ein beredtes Zeugnis:
„Mit großer Leichtigkeit wusste sie jedwede ernste und gediegene Unterhaltung zu führen. Gleichviel ob sie mit Bischöfen, Fürsten oder sonst wem zu reden hatte, sie war immer gleich, nie verwirrt, ja nicht einmal berührt davon, weil sie stets auf Gott sah und ihr deshalb jede andere Würde gering vorkam. Ihre ganze Haltung war sehr edel und würdevoll, ihr zu nahe zu treten war kaum möglich."

„Ihre ganze Erscheinung war eine fürstliche, auch wenn sie mit Königen oder Königinnen zu reden hatte."

Eine Ruhe, die Autorität ausstrahlt

„Ihr beständiger Verkehr mit dem Herrn war ja ihr besonderer Weg, auf dem zu wandeln sie in allen Ermahnungen, Konferenzen, Betrachtungen unablässig uns mahnte und einlud... Bei aller Sammlung des Geistes war die liebe Mutter nie absent, sondern ganz bei der Sache. So machte sie auch nie Fehler beim Vorbeten, erst in ihrem hohen Alter begegnete ihr dies zuweilen. Sie sah und achtete auf alles."

Dem Wandel mit Gott, so heißt es, verdankte sie ihre wunderbare Ruhe. Hier folgt sie dem Grundsatz **Franz von Sales**, „nie zu übereilen". Dies sucht sie auch den Schwestern einzuprägen: „Dieser große Lehrmeister hatte die wahre Goldgrube gefunden. Er lebte und wandelte vor seinem Gott und Herrn... Jeden Augenblick war er sich der Absicht bewusst: ‚Mein Herr und Meister will jetzt dies von mir, ich will es also zu seiner Ehre tun, so gut ich kann, ohne an Ferneres zu denken und ohne alle Übereilung.' Gegen diese Übereilung warnt der Heilige oft und oft: ‚Hüte dich, dass du dich übereilest, sonst wirst du deinen Faden verwirren und deine Spindel in Unordnung bringen.'"

Franz von Sales (1567-1622)
(ein Bild, das in Simpelveld gehangen hat)

Dieser Heilige, Ordensgründer, seit 1877 Kirchenlehrer, ist für Clara und ihre Schwesterngemeinschaft großes Vorbild. Er beeindruckte die Menschen durch seine große Sanftmut und Herzlichkeit. Doch so feinfühlig er auch gegenüber seinen Mitmenschen war, so asketisch hart war er gegen sich selbst. Ein wichtiges Wort salesianischer Spiritualität ist die Gelassenheit. Zu ihr gehört, sich täglich eine Stunde Zeit zur Stille zu geben.

Eine Zeiteinteilung, die Gelassenheit gibt

Es ist bewundernswert, wie sich Clara diese Lehre sich selbst zu eigen gemacht hat. „Bei allen Geschäften, mochten ihrer noch so viele und schwierige sein, nie ging sie mit Hast oder Ungestüm daran… sie tat, was jeder Tag, jede Stunde mit sich brachte, nicht mit Langsamkeit, aber ruhig und in Frieden, gut und ganz, als wenn für nichts anderes zu sorgen wäre".

„So hielt sie geflissentlich mal inne, wenn sie auch sehr pressiert war, und machte eine kleine Pause, um nach dem Rate des hl. Franz von Sales alles im Geiste der Ruhe zu tun. Wenn sie am Morgen in ihr Schreibzimmer trat, kniete sie erst einige Augenblicke nieder… erhob sich dann, küsste das Bild (der Tod des hl. Josef), das über der Kniebank hing – dann erst ging die liebe Mutter an die Arbeit."
Sie ist den Schwestern wirklich ein Vorbild. „Die würdige Mutter hielt genau die von der Regel bestimmte Tagesordnung ein …es sei denn in einem ganz vereinzelten Falle, wo es anders durchaus nicht möglich war."
„In ihrer hohen Stellung fand M. Clara nie das Recht, sich über die kleinste Vorschrift hinwegzusetzen." Diese durchzuhalten ist für Clara bei schwacher Gesundheit und im fortgeschrittenem Alter nicht immer leicht. Bis zu ihrem 78. Jahre erscheint sie noch in aller Frühe zum Chorgebet. Selten kommt es vor, dass sie einmal wegen zu großer Erschöpfung nicht mit andern aufsteht. Das regelmäßige Gebet ist wichtig für sie. Ihre ehrerbietige Haltung beim Gebet in der Kirche ist häufiger Gegenstand der Erbauung und Bewunderung für die Schwestern. „Das ist ein Anblick, den man nie vergisst".

Eine leere Zelle in Simpelveld nach dem Auszug der Schwestern.

„Die heilige Katharina von Siena erbaute sich eine Zelle in ihrem Inneren, worin sie bei allen äußeren Beschäftigungen sich zurückzog und innerlich gesammelt blieb."

Clara in einem Brief, 1887

Armut und Einfachheit

Gelebte Armut

Mutter Clara möchte ihrem und dem Innenleben ihrer Schwestern ein Gepräge der Einfachheit geben. Sie möchte die „Armut der Zelle" auf die innere Zelle des Herzens übertragen und schreibt dazu: „Wenn selbst unser Verstand und Gedächtnis, diese Kräfte unserer Seele, uns zu viel in Anspruch nehmen wollen, so dürfen sie in das Innere unserer Seele nicht eindringen, sondern wir müssen sie draußen gleich einem Hündchen bellen lassen. Überhaupt je einfacher und einsamer die Seele innerlich mit ihrem Gott lebt, desto weiter wird sie voranschreiten im geistlichen Leben… Dahin gehe denn unser Bestreben, die Kräfte unserer Seele, auch Verstand und Gedächtnis im Zügel zu halten, damit sie nicht nach allen Seiten hin ausschweifen. In den meisten Fällen können wir uns sagen: das geht mich nichts an, ich habe nur eins zu tun, nämlich Gott zu lieben und mit ihm zu verkehren."

Überzeugende Schlichtheit

Clara duldet kein gekünsteltes oder geziertes Wesen, stattdessen Einfachheit. In der Sprache wie im Ganzen soll Einfachheit herrschen. Lob sollen die Schwestern getrost in „Kindeseinfalt" gerne hinnehmen. Hochtönende Worte zu gebrauchen, missfallen ihr dagegen sehr. Dafür weiß sie zu schätzen, wenn sie sich freimütig und in aller Offenheit äußern und ermutigt sie darin: „Glauben Sie nicht, dass ein aufrichtiger, freimütiger Brief mich ungehalten macht, im Gegenteil! Schreiben Sie mir nur immer, wie Sie es meinen."
Auch in Kleidung und Hauseinrichtung achtet Clara auf Einfachheit. Sie selbst trägt gern geflickte und abgenutzte Kleider. Und als man sie während ihrer Krankheit besonders bedient und ihr Speisen auf Porzellan vorsetzt, verbietet sie das. Auch die Zimmerausstattung kann nicht einfach genug sein.

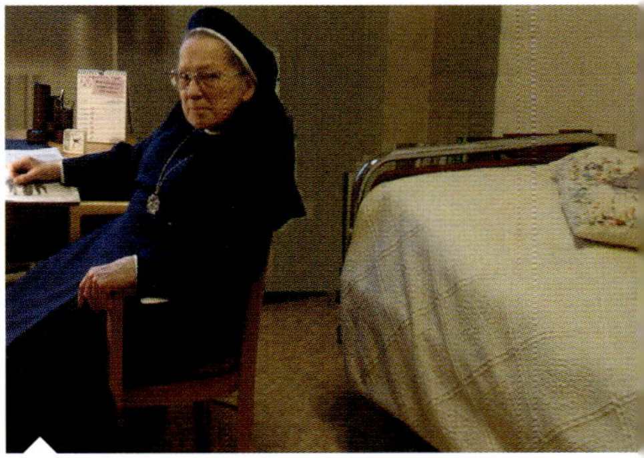

Ein bewohntes Schwesternzimmer.

Heitere Lebensfreude

Gerade diese Anspruchslosigkeit ist für Clara der Boden für Lebensfreude. Stets freundlich dreinschauend, liebt sie es, alles um sie herum fröhlich zu sehen und versteht es, von Herzen heiter zu sein. „Wenn M. Clara um der heiligen Armut willen uns manchmal zur Sparsamkeit ermahnte, lag ihr doch nichts ferner als die Schwestern zu drücken. Tat sie es zuweilen um der Notwendigkeit willen für unser zeitliches Auskommen, so merkte man ihr immer eine gewisse Sorge an... Wir aber sollten von keiner Sorge mitbelastet sein... wie harmlose Kinder sollten wir durchs Leben gehen, nur treu unsere Pflicht erfüllend."

„Sie ließ uns alle lachen und scherzen, soviel wir wollten, machte auch selbst in liebenswürdigster Weise mit. Wenn wir so rechtes Kinderspiel trieben, Seifenblasen machten oder unsre ‚Bas' (eine originelle, gutherzige Schwester) nach besten Kräften neckten, sah unsere Mutter mit Vergnügen zu." Nur selten griff sie zur Schelte. „Kinder, nicht zu laut!" Sie überraschte als Meisterin im Lösen von Rätseln. Leichtigkeit und Raschheit des Findens waren verblüffend.

„Auf kindliche Äußerungen und Ideen ging sie gerne ein, wie sie sich auch gerne an kleinen leichten Vorfällen und Erlebnissen in den Erholungsstunden abspannte und erheiterte. Für alles zeigte sie Interesse, nahm den lebhaftesten Anteil an allem, auch am kleinsten, wenn es nur recht unschuldig war... Je älter sie wurde, je mehr ließ sie sich zu den Schwestern herab, namentlich in der Erholungsstunde, in kindlichster Weise."

Klarer Ordnung verpflichtet

Zu dieser harmlosen Frohnatur scheint zunächst gar ihr Sinn für Reinlichkeit und Ordnung nicht zu passen. Doch er verbindet sich mit dem Drang nach nutzbringender Tätigkeit. Mit ausgeprägter Gradheit hält sie treu fest an gegebenen Zusagen, an einmal kundgegebenen Entschlüssen. Hat sie einmal etwas abgelehnt, lässt sie sich nicht mehr davon abbringen, denn so etwas „schwächt den Willen".
Zu ihrem Ordnungssinn gehört auch Verschwiegenheit und Diskretion. „So mitteilsam und ohne alle Geheimnistuerei sie für Dinge war, die den Schwestern Freude bereiten

konnten, so streng geheim hielt sie alles und jedes, was jemand auch nur in etwas ungünstiges Licht gestellt hätte." So ein musterhaftes Verhalten wird allseits bewundert, auch von Bischof Laurent: „Eure Mutter schweigt wie ein Grab." Und aus dem Kreise der Schwestern kommen die Worte: „Ja, wie die Mutter schweigt. Von der Mutter müssen wir alle noch lernen!" Zuweilen verbietet sie es, bestimmte Vorfälle oder Persönlichkeiten zum Gegenstand des Gesprächs zu machen, um Ehrabschneidung oder üble Nachrede im Keim zu ersticken.

Hier zeigt sich aber auch ihre ängstliche Gewissenhaftigkeit, die zeitweise überängstlich reagiert. Doch auch dieses hat etwas Liebenswürdiges und die Schwestern können sich eher lächelnd daran erbauen, als sich dadurch drücken zu lassen. Da holt sie die Speisen, die dem Bischof Laurent bereits aufgetragen worden sind, wieder vom Tisch, weil sie glaubt, sie entsprächen nicht der Fastenordnung. Um sich zu beruhigen, geht sie sonntags mit wahrem Spürsinn daran, dass nicht unnötige Arbeit geschehe. Hauptgebiete dieser Ängstlichkeit sind Fragen der klösterlichen Armut und der Nächstenliebe.

Strenge gegen sich selbst

Bei einer so gebrechlichen Gesundheit wie der von Clara bedeutet allein schon die Anpassung an die gemeinsame Lebensweise einen hohen Grad an Abtötung. Dazu kommt, dass sie großen Wert nicht nur auf die Beherrschung des Inneren, sondern auch auf äußere Bußen und strenge Übungen legt. Ausdrücklich verbittet sie sich, dass man für sie als Oberin Ausnahmen macht, auch dann nicht, wenn sie von Krankheit gezeichnet ist. Sie gibt entsprechende Anweisungen zu ihrer Behandlung. Sie möchte, den Schwestern gleichgestellt, nichts Besonderes aufgetischt bekommen. Sie will keine bessere Kleidung tragen als die letzte der Schwestern, auch kein extra Kissen haben für ihre Kniebank. Mit dem Fasten hält sie es schon seit Kindertagen sehr genau. Jetzt sucht sie das Gebot selbst auf Reisen genau zu beachten. Im Rückblick sagen die Schwestern zu Claras Einstellung: Sie „schien keinen eigenen Willen mehr zu haben, sie ließ den Herrn mit sich machen."

Sicheres und umsichtiges Auftreten

Im ganzen Auftreten war sie jedoch ruhig und sicher. Nie Anzeichen von Verwirrung und gestörtem inneren Frieden. Eine Zeitzeugin berichtet:

„In Einfalt des Herzens, ohne das Lob der Menschen zu achten oder ihren Tadel zu fürchten, ging M. Clara allzeit gerade durch; sie beachtete nur eins: den Willen und das Wohlgefallen Gottes. Hatte sie dies erkannt, war niemand und nichts imstande, sie davon abzuhalten in großen und kleinen Dingen. Menschenfurcht kannte sie nicht. Auch hochgestellten Persönlichkeiten, selbst Priestern und Bischöfen gegenüber sprach sie, wenn es erforderlich schien, entweder im Interesse der Genossenschaft oder von Personen, für die sie verantwortlich war, mit edlem Freimut ihre Meinung ehrerbietig aus. ‚Wenn gesprochen werden muss, muss man sprechen', meinte sie einmal."

Entschlossen und unerschütterlich wehrt sie sich gegen Versuche von außen, sich bevormundend in die inneren Angelegenheiten ihrer Klöster einzumischen.

Ungewöhnliche Umsicht und Klarheit zeigt M. Clara auch in Geschäftssachen. Ein Notar, der zu Kulturkampfzeiten viel mit ihr zu tun hatte bei den Häuserauflösungen, äußert sich über sie, er „habe noch keine Frau getroffen, die so viel Umsicht und Verstand in den Geschäften habe". Doch die eigentlichen Finanzfragen überlässt sie immer ihrer Stellvertreterin (Sr. Theresia) und macht ohne deren Zustimmung keine Ausgabe „Die würdige Mutter verschenkte keinen Silbergroschen, ohne dass sie Sr. Theresia um Erlaubnis fragte." Auch von den Tochterhäusern verlangt sie Einsendung von Verträgen, Kostenanschläge für Bauten. Die Finanzlage der einzelnen Häuser kannte sie genau.

Ehemalige Gefährtinnen bringen es nochmals auf den Punkt: „An die Gegenwart und den vertrauten Umgang mit dem höchsten Herrn gewöhnt, erschien unsere Mutter nie verlegen und eingeschüchtert durch irgendwelche irdische Größe, ganz unbefangen und einfach verkehrte sie mit den hochgestellten Persönlichkeiten, so zwar, dass ihre demütige Bescheidenheit der Hoheit, die aus ihrem ganzen Wesen sprach, keinen Eintrag tat."

Herzensgüte ohne Grenzen

Ausstrahlung über das Kloster hinaus

Ihr Wesen hat etwas Wohltuendes. Für viele Menschen ihrer Umgebung scheint sie nur zu leben, um Frieden und Freude zu verbreiten, jedes Leid zu lindern. Immer bereit zu freundlichem Wort im rechten Augenblick, unerschöpflich reich an kleinen Aufmerksamkeiten, vergeht wohl kein Tag, an dem sie nicht anderen tröstlich sein kann.
Eine namhafte christliche Künstlerin ihrer Zeit erinnert sich noch lange nach Claras Tod an ihre Begegnungen mit ihr: „Sie war wahrhafte Mutter, mir erwies sie wahre Mutterliebe. Ihre hohe, kräftige Gestalt imponierte jedem. Besonders aber, wenn sie ihr klares, seelenvolles Auge auf einen lenkte – da ging einem das Herz auf. Welche Milde, welche Güte bei so wahrer Seelengröße." Es war ein Blick, der „bis ins Innerste der Seele traf".

Begegnung mit den Schwestern

Ganz Ähnliches erzählt eine Mitschwester: „Wenn sie manchmal beim Begegnen einen ihrer liebevollen, herzdurchdringenden Blicke auf mich richtete, war mir, als ob der liebe Heiland mich selbst angeblickt… Besonders

Wenn sich der Tabernakel in der Simpelvelder Klosterkirche öffnet, erscheint an seiner Rückfront auf einer Seidenstickerei ein Pelikan.

Nach mittelalterlicher Legende nährt er seine Jungen mit dem eigenen Blut, bis er stirbt. Er wurde daher zum weitverbreiteten Symbol für den Opfertod Christi.

Immer wieder findet sich das Pelikansymbol auf Seidenstickereien der Schwestern. Es ist wie Einladung und Ansporn für die Schwestern, in ähnlicher Weise für Andere da zu sein.

Pie pelicane Jesu
Frommer Pelican Jesus
Domine me immundum
Herr, reinige mich Unreinen
Munda tuo sanguine
durch dein Blut
Cuius una stilla salvum
von dem ein Tropfen
Facere totum mundum
die ganze Welt heil/gesund
quit ab omni scelere
machen kann von allem Verbrechen/Übel.

Es ist sicher kein Zufall, dass dieses Bild der noch jugendlichen Mutter Clara im Eingangsbereich des heutigen Mutterhauses in der Jakobstraße hängt.

Es ist für die Eintretenden wie eine Einladung, sich der „Kleinen" dieser Welt anzunehmen, sie ans Herz zu drücken, um sie zu glücklichen Menschen zu machen.

Auf diesem Bild sind es allerdings keine armen Kinder, die sie in den Arm nimmt, sondern die Nichten von Bischof Laurent.

geschah dies einmal nach langer innerer Trostlosigkeit und Finsternis, so dass ich vor Freude weinen musste."

Ihre Aufmerksamkeit gilt vor allem denen, die im Hintergrund stehen, denen, die besonders betrübt sind oder in innerer Zerrissenheit leben. Ihnen sucht sie in liebevoller Aufmerksamkeit und tröstend zur Seite zu stehen, ob sie nun als Schulschwestern beim Lehrerinnenexamen durchgefallen waren oder krank zu Bett liegen müssen. Auch denen, die unter Minderwertigkeitsgefühlen zu leiden haben oder ihr als Oberin viel Leid bereitet hatten, bleibt sie in unverbrüchlicher Liebe zugewandt: „Auch sie sind meine Kinder!"

Liebe zu den Kranken

Besonderen Anteil an ihrer Zuneigung haben die Kranken, ausnahmslos, ob Schwestern oder Hauskinder. Und wenn da jemand schwerstleidend in der Klinik oder fern in einem Tochterhause daniederliegt, schreibt Clara Trostbriefe.
Wie sie sich darüber hinaus im Mutterhaus einsetzt, daran erinnert die Schwester Franziska: „Sehr teilnehmend war sie bei körperlichen Leiden und Krankheiten der Schwestern und sorgte wie eine Mutter für alle. Sie unterließ nie, die Kranken zu besuchen, auch wenn sie ansteckende Krankheiten hatten, wie es im Jahre 1867 der Fall war, wo sehr viele Schwestern ein heftiges Nervenfieber (Typhus) hatten. Nur die zur Pflege der Kranken nötigen Schwestern dürfen zu denselben gehen, sie aber geht täglich hin und steht ihnen auch im Tode bei. Sie sterben schier alle unter ihren Augen, doch voll Vertrauen."
Als dann 1890 im Kloster eine Virus-Epidemie ausbricht und in Loreto an die 100 Kranke daniederliegen, bleibt die bereits 75jährige ihrer Linie treu und besucht in opfermutiger Liebe und trotz großer Ansteckungsgefahr die kranken Schwestern, ja selbst die kranken Kinder.

Die Schülerinnen und Schüler des Clara-Fey-Gymnasiums in Schleiden haben sich von Gedanken Claras anregen lassen, dass es die vordringliche Sorge der Bessergestellten sein sollte, sich um die Armen zu kümmern. Man könnte meinen, dass in den beiden Keramikplastiken, die im Schulflur nebeneinander hängen, auch eine tiefe Botschaft liegt: Geben und Nehmen ist keine Einbahnstraße. Der Nehmende darf immer auch ein Gebender sein (das adelt ihn); und der Gebende ist immer auch ein Nehmender (das macht ihn bescheidener und reicher).

Fürsorge um die Ärmsten und Geringsten

In einer Ansprache von 1849 begründet Clara ihre Liebe zu den Armen und ruft die Schwestern dazu auf: „Ja, nachdem der Erlöser auf Erden arm gewesen, sind nach dem Ausspruch eines großen Mannes die Armen als die ersten Kinder der Kirche anzusehen; denn die Reichen werden nur aufgenommen, um ihnen zu dienen."

Auch in selbst für das Kloster schweren Zeiten sollen die Armen an der Klosterpforte nicht leer ausgehen. Clara selbst erkundigt sich, ob den Armen das Essen schmecke und sie „zufrieden seien".

Wenn Verwandte von Schwestern in Not geraten, sucht sie ihnen nach Kräften zu helfen. Dazu lässt sie Kleidungsstücke für arme Leute zurechtmachen, vor allem Mäntel und Kapuzen.

Sie sorgt sich um die in Armut lebenden Familien der von ihr versorgten Kinder und stellt fest: „Es ist in dieser Zeit viel Armut da, und es tut mir weh zu denken, wenn eine arme Mutter ... nicht einmal für ihre Familie genug Kartoffeln zu essen hat." Dann bittet sie ihre Schulschwestern: „Erkundigen Sie sich doch... wir müssen barmherzig sein, wir müssen da auf der Seite der Armen stehen!"

Claras Namenspatronin auf einer Stickerei der Schwestern, Teil aus einem Messgewand.

Die Heilige hält eine weiße Lilie in der Rechten. Sie ist ein Symbol für Licht, Reinheit und Unschuld. Sie ist Ausdruck für Würde und selbstbewusste Unantastbarkeit. Das Überreichen einer weißen Lilie soll heißen: „Du bist himmlisch!" Die weiße Lilie ist aber auch Symbol der Entsagung und damit des Todes. Als Blume des Guten gilt sie auch als wirksames Kraut zur Abwehr des Bösen.

Clara-Tag – ein Fest mit den Armen

Nachdem in Simpelveld die ersten Sorgenjahre überstanden sind, wird es seit 1883 zu einem festen Bestandteil des seit jeher froh begangenen Clara-Festes, dass arme Leute festlich bewirtet werden. In der Hauschronik lesen wir:

„Inzwischen bereitete man der lieben Mutter die größte Freude, indem nämlich die armen Leute, welche täglich das Essen hier holen kommen, komplett mit ihren Kindern und Kinderchen erschienen, und außer Gemüse und Kartoffeln gebratenes Fleisch erhielten, dazu jede Frau großen, gut gebackenen Weck nebst 1 Mark, und jedes Kind, das sie auf den Armen trug, 1 Sgr. in die Hand gedrückt. Der Jubel war unbeschreiblich, die Leute meinten, noch nie einen so freudigen Tag gehabt zu haben, und konnten sich dabei nicht satt sehen an der würdigen Mutter, die ihnen selbst die Brote austeilte und huldvoll die kleinen Blumensträuße abnahm, welche Kinderhändchen ihr entgegenhielten. Sie selbst war ganz bewegt und konnte nicht genug sagen, wie wohl ihr diese Feier getan."

Die Zahl der Beschenkten wächst von Jahr zu Jahr an.

Kind und Schwester, beide füreinander ein Sonnenschein, gemalt von einem Kind aus Kolumbien.

Arme Kinder haben den Vorrang

Unter all den genannten Armen stehen für Clara die Kinder an oberster Stelle. Entsprechend auf sie ausgerichtet ist auch der Endzweck der Kongregation.
In einer Ansprache zu den Schwestern formuliert es Clara so: „In vielen Fällen ist auch in den Kindern, besonders in den armen Kindern, etwas von der Liebenswürdigkeit des Jesuskindes anzutreffen. Sieh doch einem getauften Christenkind in die Augen, da siehst du oft mehr, als die ganze Erde bieten kann. In den Augen eines kleinen Kindes ist oft etwas, was an das Jesuskind erinnert."

Plastik einer Schülerin des Gymnasiums Marienberg, Neuss.

Das Jesuskind, die Fülle der Welt in der Hand haltend, gibt ihr seinen Segen.

Aus eigener Erfahrung kennt sie sehr wohl, dass manch ein Kind nicht so liebenswürdig ist, sondern „oft manche Fehler hat, oft so hässlich, so voll Schmutz, so voll Elend". Doch gerade solche Kinder erinnern sie umso mehr an „den Heiland, der diesem Kind zuliebe den Himmel verließ, diesem Kind gleich geworden ist." „Wie der Herr Knechtsgestalt angenommen, so hat er auch die Gestalt des Kindes angenommen. Er selbst ist ein Kind geworden, und damit er jedem Kind ähnlich sehe, bis zur Verwechslung ähnlich, ist er arm und gering geworden, ärmer als das ärmste Kind."

Clara verlangt von ihren Schwestern in den Armenschulen liebevolles Verhalten. Doch das ist bei so vielen Unarten der vernachlässigten Kinder nicht immer leicht. Manche, die mit diesem Problem nicht zurechtkommen, werden von Clara nicht zugelassen. Sie selbst redet solchen Kindern recht eindringlich zu, wenig tadelnd, eher in freundlich mütterlichem Ton, etwa: „Das muss das Häschen sich noch abgewöhnen!" Bei schlimmen Vorfällen kommt es Clara nur auf die Sinnesänderung an. Zeigt das Kind guten Willen, schlägt ihre Strenge in Freundlichkeit um.

Auch sehr unartige Kinder wie solche, die den Schwestern viel Last machen, werden nicht ausgeschlossen. Geduld trägt oft den Sieg davon. Besonders teilnahmsvoll behandelt Clara schwachsinnige oder geisteskranke Kinder. Mit ihnen freundlich umzugehen, ist ihr ein Herzenstrost. Besonders ans Herz gewachsen ist ihr das Haus in Landstuhl, wo sich Schwestern seit 1889 fast ausschließlich mit der Erziehung von behinderten Kindern abmühen. Deshalb werden sie von Clara mit Auszeichnung behandelt. „Der liebe Heiland wird es Ihnen reichlich lohnen, was Sie für seine ärmsten Schäfchen tun. Alles für Jesus! Nicht wahr?"

Empfangsbereit in der Klosterpforte steht das Kind Jesus (IHS, griechisch JESus) mit angedeuteter Krone und von einem Kreuz überragten Weltkugel in seiner Hand.

„Ich bin das Tor zum Leben"

Die Darstellung wurde Logo der Clara-Fey-Hilfe e.V., die mit ihren Sammlungen und Aktionen in der Schule die Arbeit der Schwestern vom armen Kinde Jesus in Kolumbien tatkräftig unterstützt.

Erstaunlich ist auch, wie Clara ihren ehemaligen Hauskindern über die Zeiten verbunden bleibt. Schwester Franziska beschreibt das so: „Zum Bewundern ist es, wie sie Kinder, die in früheren Jahren aus dem Kloster entlassen worden und draußen einen nicht löblichen Wandel geführt hatten, in aller Liebe aufnahm, ihnen zusprach, sich zu bessern, in ihrer Armut ihnen Almosen und Kleider spenden ließ, wie denn auch manche sich zu einem christlichen Leben bekehrten. Darüber hatte sie dann die größte Freude, und sie sprach niemals von ihren Vergehen."

Kraft des Kreuzes

Schon als Kind gerät Clara mit ihrer Familie durch harte Schicksalsschläge auf den Weg des Kreuzes. Mit fünf Jahren verliert sie den Vater, mit 15 ihre sieben Jahre ältere Schwester. Dabei werden sie und ihre Geschwister vorbildlich begleitet von ihrer Mutter, über die Bruder André schreibt: „Die gute Mama… auf Gott allein ihre Hoffnung setzend. Ja, sie hatte das Zeugnis, dass sie Trübseligen Handreichung getan… So haben wir sie wandeln gesehen." Damit lernt Clara schon in jungen Jahren mit dem Kreuz umzugehen und anderen Leidgeprüften das Kreuz tragen zu helfen. Die Seelenstärke und Frömmigkeit ihrer Mutter ist Claras größte Mitgift.

Mein Blut – für die vielen vergossen
Clara in den Fußspuren Jesu (gestickt von Schwestern in Wien).

Aus dem Kreuzesgedanken entspringt die Motivation, sich mit gleichgesinnten jungen Freundinnen um arme leidgeprüfte Kinder zu kümmern. Dabei tragen sie bewusst nicht nur einfache Kleidung, sondern dazu auf der Brust auch noch ein Kreuzchen. Als die Gruppe dann in das ehemalige Dominikanerkloster einziehen kann, wo auf dem Gang die Kreuzwegstationen hängen, beten sie von Zeit zu Zeit mit den Kindern gemeinschaftlich die Stationen.

Die Schriften des **hl. Johannes vom Kreuz** bestärken Clara auf ihrem Weg des Kreuzes und geben ihr Weisung:

Im Leiden erfährt der Mensch Gottes Kraft, im Handeln baut er zu sehr auf sich und wird schwach. Im Leiden wird er geläutert und daher weise und besonnen.

Seidenstickerei der Wiener Schwestern.

Trotz ihrer – von Kindheit an – schwankenden Gesundheit setzt sie sich voll ein und gerät immer wieder an den Rand ihrer Kräfte. Es gibt kaum ein Jahr, ohne dass sie für eine Zeit von schwerer Krankheit geplagt wird. Als 36-Jährige klagt sie einmal ihrem Beichtvater: „Von mir kann ich nichts sagen, als dass ich mich kaum mehr ansehen und ertragen kann, so elend, so ganz nichtig komme ich mir vor, ich glaube, es ist auf ein Sterben abgesehen. Das Kreuz, die Dornen, der Rohrstängel trösten mich." Kurz darauf führt sie diesen Gedanken weiter:

„Ich will mich bemühen, tapfer zu werden. Ich weiß, ich bin des Herrn schwächstes Kind, kann nicht auf eigenen Füßen stehen… Ein elenderes Gefäß und Werkzeug konnte sich der Herr nicht erwählen für sich und seine Gnade… Und doch will ich Mut fassen und mich gänzlich dem überlassen, der sich selbst dem Wurm gleich gemacht, damit auch der Schwächste hoffen könne, ihn in seiner Gesellschaft zu haben. Und bin ich mit ihm, ist er mit mir und in mir, dann muss ich über alles zufrieden sein. Möge er leben in Ewigkeit in uns!"

Zu diesem Denken sucht sie auch ihre Mitschwestern zu mahnen und zu ermutigen: „Deshalb Mut gefasst! Das Herz weit offen der Kreuzesliebe, den Entsagungen, Entbehrungen, Demütigungen. Schwestern, wollt ihr heilig werden? Nur zu!"

Christus schaut aus tiefster Not auf die Not der Menschen.

Kreuz aus dem ehemaligen Mutterhaus in Simpelveld, heute im jetzigen Mutterhaus in der Jakobstraße.

„Lasst uns auch unsere ganze Sorge dahin werfen, wo und wie wir diese Kinder retten können. Scheuen wir keine Mühe, keine Opfer! Da hängt der Herr am Kreuz und sieht uns an mit seinen betrübten, blutigen, halbgebrochenen Augen. ... Es ist eine große Erbarmung des Herrn, dass er auf uns gesehen hat, seine blutigen Augen auf jede einzelne… und erwählt hat, mit Hand anzulegen an diese große Arbeit, diesem Übel abzuhelfen. Es geschieht viel zu wenig; auch das was wir tun, ist nichts im Vergleich mit dem, was Not tut."

So eindeutig und fest sie zu diesem Glaubensbekenntnis vom Kreuz als einem Zeichen des Heils auch steht, ein Leben lang werden ihr harte Prüfungen abverlangt. Da ist die erzbischöfliche Visitation (1869) und der lange kräftezehrende Kampf um den Geist der Kongregation, der in eine feste Regel eingebunden werden muss. Da ist der Verlust von Heimat und Wirkungskreis zur Zeit des Kulturkampfes, zurückbleibende Waisenkinder und der Verlust eines vollen Drittels des Vermögens; die materielle Basis zur Betreuung der Kinder steht auf dem Spiel. Doch ihr bleibt der „Sonnenblick in all den Wolken".

Stein vom Ort der Verkündigung in Nazareth.

Am Ende muss sie Abschied nehmen von den geistlichen Weggefährten, die sie ein Leben lang begleitet haben: Sartorius (+1880). Ihr Bruder Josef (+1881), Bischof Laurent (+1884) und Bruder André (+1887). Es folgen die drei Mitbegründerinnen: Schwester Aloysia (Vossen, +1889), Schwester Theresia (Startz, +1890) und Schwester Dominika (Istas, +1893) und weitere langjährige Begleiterinnen, kurz vor ihrem Tod auch noch der geistliche Direktor (8.5.1894).

So schwer es Clara auch fällt, bis zum Tod hält sie fest an der Verehrung des Kreuzes.

Am Karfreitag 1893 lässt sie sich nicht davon abbringen, gestützt auf zwei Schwestern die Verehrung des Kreuzes vorzunehmen.

Kurz vor ihrem letzten Weihnachtsfest bekommt sie von dankbaren Schwestern aus Jerusalem ein Kästchen mit Reliquien geschenkt: ein Stechkreuz aus Perlmutt, das sogleich einen bevorzugten Platz am Krippenaltar bekommt und ein Reliquienkreuz, mitsamt Rosenkranz unter Glas gefasst, das einen Ehrenplatz in Claras Büro erhält.

Dazu lässt sich die greise Mutter auch von den Kleinsten, die gerade ihr Händchen heben können, mit dem Kreuz bezeichnen. Dazu muss sie ihnen den Arm führen, wohl mit den Worten: „Das ist ein Segen vom Jesuskind."

Vom Kreuz mit Reliquien vom Kalvarienberg zum Perlmuttkreuz hinab schwingt sich der Rosenkranz.

Tugenden zum Mitnehmen.

*Kreuz als Zeichen der Hoffnung, angefertigt 2009 von Lucia Herden (*1963).*

Nachklang des Kreuzgedankens

Das Clara-Fey-Gymnasium in Bonn erhielt 2009/10 dieses neue Kreuz.

Wenn Schülerinnen, Schüler und Lehrer die Schule betreten, empfängt sie am Eingang das große Glaskreuz. Sie werden mit einer Vielzahl daraufstehender Tugenden konfrontiert. Da sind zum einen die drei göttlichen urchristlichen Tugenden Glaube, Hoffnung und Liebe. Dazu kommen die klassischen Kardinaltugenden Weisheit, Mäßigung, Tapferkeit und Gerechtigkeit.

Mit diesem Schulkreuz verbindet sich die Grundfrage:
Wie kann mein Leben gelingen?

Dabei sind die Tugenden wie leuchtende Wegweiser in den Dunkelheiten des Alltags, in der Komplexität der Welt, die viele Menschen durch ihre hohen Leistungsansprüche überfordert und an die Ränder der Gesellschaft zu drängen droht.

Die Tugendworte auf dem zerbrechlichen Glaskreuz sollen uns täglich aufs Neue hinweisen, was Grundlage unseres Lebens ist. Kleine Kreuze, die puzzleartig dem großen Kreuz entnommen werden, hängen in jeder Klasse, geben gewissermaßen den Klassen einen Auftrag für das Schuljahr mit, da diese Kreuze auch die Schriftzüge, kleinen Textfragmenten gleich, enthalten.

Am Ende des Schuljahres heftet der Schulseelsorger die Klassenkreuze wieder ans Schulkreuz.

PÄPSTLICHE GRATULATION

Het 150-jarig bestaan van de Congregatie der
Zusters van het Arme Kind Jezus (2 februari 1994)
en de honderdste herdenking van de sterfdag der
Stichteres Clara Fey (8 mei 1994) bieden Mij
de gelegenheid, aan de Generale Overste en alle
Zusters mijn Pauselijke Zegen te schenken
als onderpand van Gods zegen en bijstand bij de
verdere uitbloei van de apostolische zending van
de Congregatie in Kerk en wereld.

Uit Vaticaanstad

2 februari 1994

Joannes Paulus PP. II

Zum 2. Februar 1994 kommt aus Rom eine Würdigung der Kongregation.

Papst Johannes Paul selbst ist es, der zum 150-jährigen Bestehen gratuliert und des 100. Todestages Mutter Claras gedenkt.

HEIMKEHR UND NEUANFANG

HEIMKEHR NACH AACHEN

Öffnung des Grabes

Am 29. August 2012 wird unter den Augen von vereidigten Zeugen, von rund 40 Ordensschwestern, dabei auch der Bischof von Roermond und der Weihbischof von Aachen, das Grab Claras geöffnet. Drei Handwerker stemmen die schweren Granitplatten des Grabes los. Es ist – ganz besonders für die Schwestern – ein bewegender Moment.

118 Jahre nach ihrem Tod

Am 1. September 2012, einem Samstagmorgen, gegen 9 Uhr, kommt der Sarg in Aachen an. 134 Jahre nach der Ausweisung aus Preußen kehrt Clara zurück nach Aachen – und wieder wird die Generalleitung in der Jakobstraße sein.

Auf einer Rollbahre wird der **Holzsarg**, in dem 1934 die Umbettung Clara Feys stattgefunden hatte, vor den Mittelgang gefahren und versiegelt. Mit diesem Ritual will man den Respekt vor der Toten zum Ausdruck bringen.

Die Schwestern stehen Spalier vor dem Dom und warten auf den ankommenden Sarg.

Für die Schwestern ist es ein bewegender Moment, als sie selbst den Leichnam in den Dom hineinbegleiten dürfen.

Clara wird in den Dom geführt unter den Augen des Gnadenbildes. Die Kleider, die Maria und ihr Kind Jesu an diesem Tag tragen, stammen aus der Paramentenstickerei der Schwestern.

Beisetzung in der Bischofsgruft

Für eine knappe Stunde wird der Sarg in der überfüllten Nikolauskapelle aufgestellt, damit sich die Schwestern aus 14 Ländern von Clara Fey verabschieden können. Dann wird die Ordensgründerin unter Ausschluss der Öffentlichkeit in die Bischofsgruft herabgelassen, wo sie vorerst Ruhe finden soll. Weihbischof Johannes Bündgens feiert anschließend eine feierliche Messe für sie.

Abschied von Simpelveld

Es ist Pfingstsamstag 2013. Die letzten Schwestern verlassen Simpelveld.

NEUBEGINN

Abschied mit Ausblick

Der Bischof von Roermond hatte Clara tags zuvor in Simpelveld verabschiedet, indem er in seiner Predigt betonte: Dies ist nicht das Ende einer Epoche, sondern markiert vielmehr den Beginn von etwas Neuem.
Der Weihbischof von Aachen spricht in der Nikolauskapelle des Domes von einem „aufregenden und bedeutenden Tag" für die Stadt und das gesamte Bistum. „Für uns ist es eine Erinnerung an Clara Feys Charisma und die sozial-diakonische Tradition der katholischen Kirche in Aachen." Die Beisetzung im Dom, dazu noch in der Bischofsgruft, findet er als besonders bemerkenswert, denn in jüngerer Zeit seien keine Frauen im Dom bestattet worden. Andere nennen den Moment gar „historisch".

Für die Schwestern wiegt der Einschnitt schwerer, geben sie doch mit der Umbettung Claras auch das Kloster in Simpelveld auf. Doch man empfindet das nicht nur negativ. Die Generaloberin Maria del Rocio beschreibt, wie die Gemeinschaft über den Umzug von Simpelveld nach Aachen denkt: „Für mich ist es ein neuer Anfang. Die Kongregation hat hier einen Teil ihrer Geschichte erlebt und nun müssen wir diese Geschichte weiterleben. Ein Neubeginn, der uns für die Hoffnung öffnet."
Schließlich lassen die Schwestern vom armen Kinde Jesus nicht alles hinter sich.

Kapelle mit Madonna

Seit den 1990er Jahren sind Klosterkirche und Klostergebäude in der Aachener Jakobstraße Eigentum des Bistums Aachen. „Die Kirche ist täglich geöffnet für alle, die Stille suchen und einen Raum zum Gebet", erklärt Schwester Ingrid.

Im Vorraum steht eine Madonna. Sie trägt den Titel:

„Hoffnung der Hoffnungslosen".

Sie befindet sich seit 1880 im Besitz der Schwestern. Es ist eine aus Belgien stammende Kopie, die Mutter Clara mitgebracht worden ist. Sie wird bis heute von den Aachenern viel besucht.

Erinnerungsstätte

Es gibt Dinge, die einfach zu wichtig sind, als dass sie beiseite gestellt werden. Dazu gehören auch Arbeits- und Sterbezimmer Clara Feys, die seit ihrem Tode im Jahr 1894 unberührt geblieben und jetzt mit nach Aachen gezogen sind. Die Schwestern suchen die Erinnerung an Clara wachzuhalten und haben gegenüber dem Mutterhaus in den Räumen vom Pfarramt St. Paul einen Ort für den Nachlass der Kongregation der Schwestern vom armen Kinde Jesus errichtet, um das Andenken ihrer Gründerin auch in der Bevölkerung Aachens wach zu halten.

Gottesdienst zum Gedenken

Gedenkgottesdienst zum Sterbetag Claras im Dom zu Aachen am 11.5.2013.

Nach der Kommunion wird ein Text von Clara Fey vorgelesen:

*„Wer Christus finden will,
muss bei Maria suchen;
das Kind ist nicht ohne die Mutter.
Sie kennt den Weg des inneren Lebens.
Sie ist mit Christus gewandelt wie niemand.
Suchen wir von ihr zu lernen,
und gehen wir mit Jesus!
Sie ist die Mutter der Liebe,
und ihre Freude ist es,
die Herzen der Menschen
in der Liebe zu Jesus erglühen zu sehen.“*

AUF DEN SPUREN CLARAS DURCH AACHEN

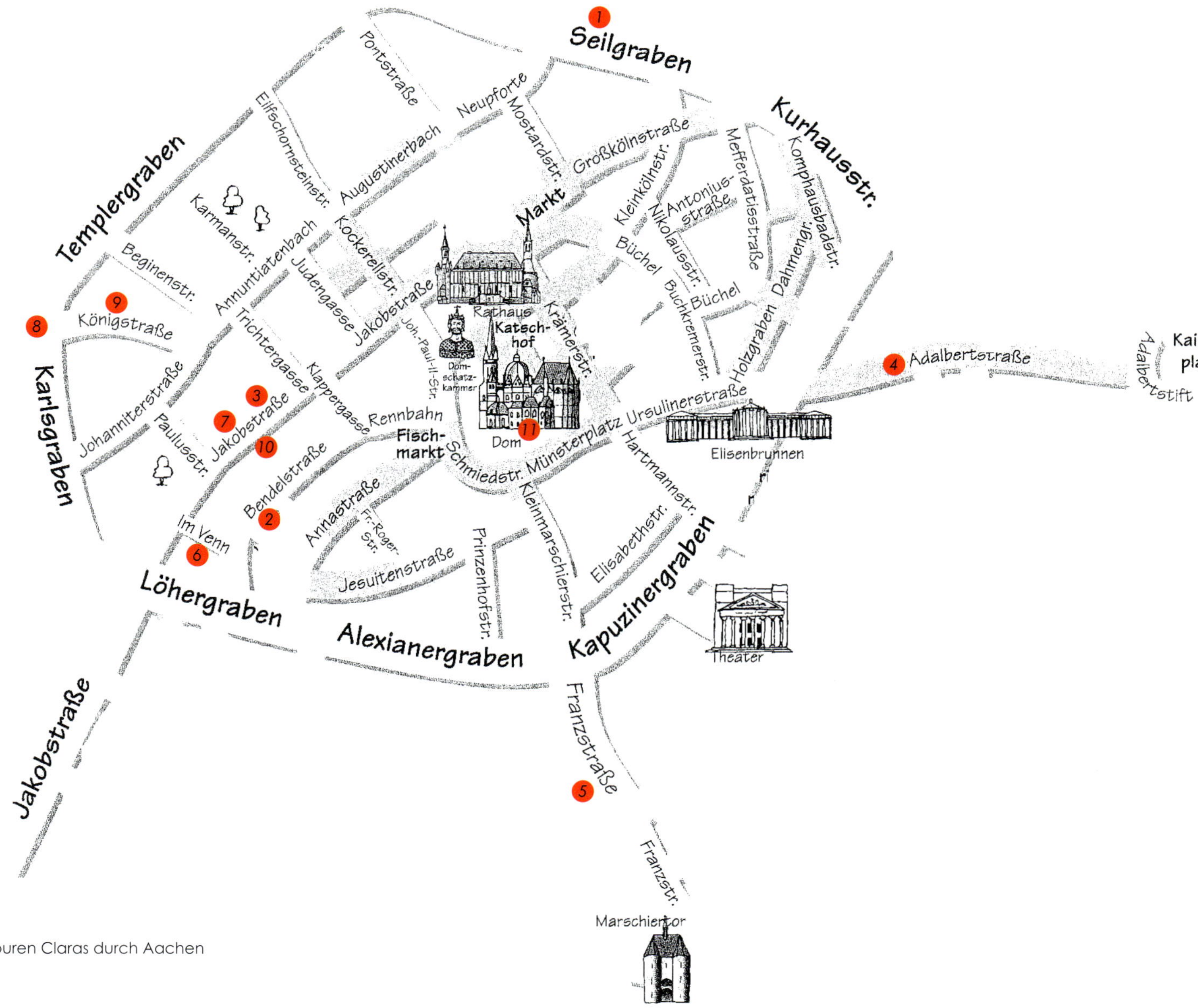

1 Haus Fey am Seilgraben

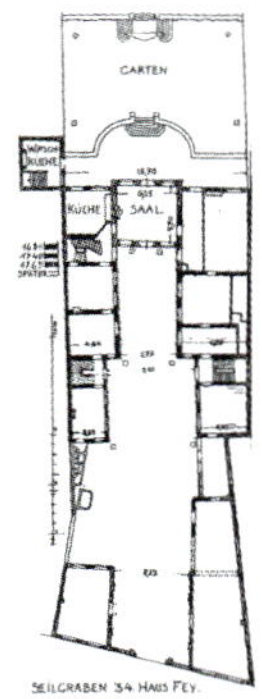

Dieses Haus am **Seilgraben 32/34** wurde vom Urgroßvater Claras 1765 erworben; es spiegelt den Reichtum der **Familie Fey**.
Hier haben Claras Vater und ihr Onkel nach dem frühen Tod ihrer Eltern Kindheit und Jugend verbracht.
Es braucht schon viel Einfühlungsvermögen, um sich das langgestreckte Anwesen, von dem nicht mehr viel steht, vorstellen zu können.

2 Bendelstraße

Elternhaus, Fenster Claras: mit Kreuzchen.

Gleiche Perspektive heute.

Hier in der **Bendelstraße Nr. 23** stand einst das **Elternhaus** Claras, hinter dem sich auch ein Garten befand. Hierhin waren Vater und Mutter nach der Hochzeit gezogen. Hier trafen sich Clara und ihre Geschwister mit Freundinnen, Freunden und ihren Seelsorgern. Hier wurde der Grund gelegt für Claras späteres Wirken.

3 Kirche St. Paul

Alte Ansicht ...

... und 2013.

Dies ist die nahe des Elternhauses gelegene **Pfarrkirche** St. Paul. Hier wurden Clara und ihre Geschwister getauft und gingen zur ersten Kommunion.
Bruder André feierte hier seine Primiz und wurde alsbald Seelsorger an St. Paul und geistlicher Berater von Claras Gemeinschaft. Seit Ostern 2009 ist die Kirche geschlossen und wartet auf eine neue Funktion.

4 Schule Adalbertstraße im Kloster der Pönitentinnen

In der **Adalbertstraße** befand sich eine Schule, ehemals einem Kloster angegliedert. Hier unterrichteten eine Lehrschwester und zwei Gehilfinnen etwa 50 Kinder. Auch Clara (ab 1820) und Netta erhielten hier ihren ersten Unterricht. So dürften Kloster und Schule um 1850 ausgesehen haben. Beides war 1838 in Wohnhäuser und ein Fabrikgebäude umgewandelt worden, in das eine Näh-, Stecknadel- und Knopffabrik eingezogen war. Heute steht dort ein Bekleidungsgeschäft für Jugendliche.

5 Realschule für Mädchen – St. Leonhard

Realschule für Mädchen, 1902.

Städt. kath. Klaus Hemmerle-Hauptschule, 2013.

In der **Franzstraße Nr. 59-68**, gleich am Marschiertor, besuchte die 12-jährige Clara die weiterführende städtische „Realschule für Mädchen" **(„St. Leonhard-Institut")**. Sie war eine der begabtesten Schülerinnen. Hier war Luise Hensel Lehrerin, die einen großen Einfluss auf Clara haben sollte. Hier entwickelten sich viele bedeutende Freundschaften zu Mitschülerinnen.
Übrigens haben wir ein Schulzeugnis von Luise Vossen. Da findet sich keine Adresse, der Name der Schule: „St. Leonhard-Institut"

6 Das „Schülchen" – Ecke Venn/Bendelstraße

Straße nach links: Venn / Straße nach rechts: Bendelstraße.

Nur ein paar Schritte vom Elternhaus,
Im **Venn Nr. 5-7**, etwa an der Ecke zur Bendelstraße, entstand Claras erstes Projekt für die Aachener Straßenkinder. Hier mietete sie mit ihren Freundinnen einen Raum für ihr „Schülchen", die erste Armenschule Aachens. Obwohl die jungen Frauen für diesen Beruf nicht ausgebildet waren, brachten sie den Ärmsten Lesen, Schreiben und Handarbeit bei.

7 Dominikanerkloster

Mit dem Anwachsen der Schülerzahl stellte die Stadt der Gruppe um Clara das ehemalige Dominikanerkloster – gleich an die Pfarrkirche St. Paul angrenzend – als Schulraum zur Verfügung.
Hierhin strömten viele arme kleine Mädchen aus der ganzen Stadt. Deshalb reichte schon nach fünf Jahren auch hier der Raum nicht mehr aus.
Zutritt dorthin möglich über das Franziskuskloster, **Paulusstraße 10.**

8 Haus Königstraße

In der oberen **Königstraße Nr. 44**, Ecke Templergraben, hatten die Schwestern ein Haus angemietet, in das sie 1844 mit 10 Pflegekindern umziehen konnten.
Hier gründeten sie am Tag nach dem Einzug am 1.2.1844 die Kongregation der Schwestern vom armen Kinde Jesus.

9 Königstein

Früher

heute

Dieses Haus in der **Königstraße Nr. 20-22** mit einst dahinterliegendem schönen Garten bot sich als Ausweichquartier für die wachsende Schar der zu betreuenden Kinder an. Es wurde gekauft und seitdem „Königstein“ genannt. Es bot zwei Schlafräume und einen Raum für Sonderaufgaben. Dazu wurde in ihm eine Hauskapelle errichtet.

10 Kloster in der Jakobstraße

Hier in der **Jakobstraße Nr.19-21**, also mitten in der Stadt, konnten 1848 zwei Häuser gekauft werden, eins davon ein aufgegebenes ehemaliges Frauenkloster, das samt Klosterkirche übernommen und fortan zum Mutterhaus der Kongregation wurde.

11 Der Dom – Wallfahrts- und Gedächtnisstätte

Nur wenige Schritte vom Elternhaus liegt der Dom mit dem Schrein, der die Heiligtümer bewahrt (darunter die „Windeln" des armen Jesuskindes), mit dem Gnadenbild der Gottesmutter, der Patronin der Kongregation.

Und schließlich befinden sich hier in der Bischofsgruft unter der Gedächtniskapelle seit 2012 die Gebeine von Mutter Clara.

Gnadenbild

Kapelle über der Bischofsgruft.

© Domkapitel Aachen,
Foto: Viscom/Luftbild P. Sondermann

DER AUTOR

Hans Jürgen Roth, Jahrgang 1940, ist Priester des Erzbistums Köln, bis zu seiner Pensionierung Studiendirektor am Gertrud-Bäumer-Gymnasium in Remscheid und ehrenamtlicher Leiter des dortigen katholischen Schulreferates der Stadt. Er unterrichtete Katholische Religionslehre und Geschichte.

Während seiner eigenen Schulzeit war er mit Leib und Seele Pfadfinder; die Erlebnisse von Gemeinschaft, Kreativität und vielfältigen Aktivitäten prägten ihn nachhaltig. So war der Wunsch Priester zu werden mitbestimmt durch die Vorstellung, junge Menschen in ihrem Leben und Glauben begleiten zu wollen. Freude am Planen und Gestalten hatte ihn vor dem Abitur zunächst an den Architektenberuf denken lassen.

Die Schulzeit glaubte er mit Beginn seines Studiums für immer abgeschlossen zu haben. Außerhalb der Schule wollte er mit jungen Menschen Leben und Glauben teilen.
In der Zeit des Aufbruchs nach dem Zweiten Vatikanischen Konzil wurde er Kaplan in Engelskirchen. Indem er mit Jugendlichen umging, wurde er wieder an den Ort geführt, an dem sie eine große Zeit ihres Lebens verbringen, nämlich in der Schule.

Er erkannte die Chancen einer engagierten Erziehung und Bildung im Raum der Schule und begann daher die Zusatzausbildung zum Gymnasiallehrer. Während dieser Zeit mussten die Kaplanstätigkeit in Remscheid und 22 Unterrichtsstunden an zwei Gymnasien mit dem Studium der Geschichte an der Universität Köln in Einklang gebracht werden.
Nach dem Zweiten Staatsexamen war er für fast drei Jahrzehnte der einzige Lehrer für Katholische Religionslehre am Gertrud-Bäumer-Gymnasium Remscheid und unterrichtete dort das Fach in allen Jahrgangsstufen.

Aufgrund seiner ausgeprägten Schulerfahrung wurde er Schulreferent des Erzbistums Köln und übernahm damit die Verantwortung für die Fortbildung und Beratung von Religionslehrerinnen und Religionslehrern aller Schulformen. Daraufhin erhielt er die Berufung zum Fachberater für Katholische Religionslehre an Gymnasien im Bereich der Bezirksregierung Düsseldorf. Zudem wurde er Fachleiter für Katholische Religionslehre an den Studienseminaren für das Lehramt an Gymnasien in Essen und Wuppertal. Weil er die übernommenen Aufgaben fundiert und kreativ erfüllte, wurde er häufig als Referent für Vorträge und Seminare innerhalb und außerhalb des Erzbistums Köln eingeladen, etliche Einladungen führten ihn bis heute in das Bistum Aachen.

Ein großes Anliegen war ihm stets die Vernetzung der verschiedenen Lernorte des Glaubens. In dem Sinne engagierte er sich durchgehend in der Gemeindeseelsorge und der kirchlichen Erwachsenenbildung. Den Erwachsenen erschloss er hier die Vorstellungswelt der Schülerinnen und Schüler und gab diesen umgekehrt in der Schule Einblick in die Denkart und Anliegen der Erwachsenen. Im Rahmen von jährlichen Besinnungstagen in der Adventszeit hat Hans Jürgen Roth vielen Schülergruppen den Aachener Dom vor Augen geführt. Daraus ist ein Buch: „Haus zweier Welten – 1200 Jahre Aachener Dom" erwachsen, dessen zwei Auflagen in kurzer Zeit vergriffen waren. Das reiche Wissen des Autors und seine ausgeprägte Vermittlungskompetenz haben ihren Ausdruck in zwei weiteren Publikationen über den Aachener Dom gefunden: „Auf den zweiten Blick – Der Aachener Dom im Detail", und: „Abbild des Himmels".

Durch viele Vorträge und Studienreisen erschließt Hans Jürgen Roth unzähligen Menschen aktuelle Zugänge zum Verstehen der Geistesgeschichte und Wirkungsgeschichte des christlichen Glaubens.

Herausgeber:
Bischöfliches Generalvikariat Aachen
Klosterplatz 7, 52062 Aachen

Aachen, im Dezember 2013

ISBN 978-3-00-044406-7